ŒUVRES COMPLÈTES
D'EDGAR QUINET

LA GRÈCE MODERNE

HISTOIRE DE LA POÉSIE

QUATRIÈME ÉDITION

PARIS
LIBRAIRIE HACHETTE ET Cⁱᵉ
79, BOULEVARD SAINT-GERMAIN, 79

ŒUVRES COMPLÈTES

D'EDGAR QUINET

LIBRAIRIE HACHETTE ET Cⁱᵉ

ŒUVRES COMPLÈTES D'EDGAR QUINET

en 30 volumes

Tomes.
I. . . . Le Génie des Religions.
II. . . . Les Jésuites. — L'Ultramontanisme.
III. . . . Le Christianisme et la Révolution française.
IV. . }
V. . . } Les Révolutions d'Italie (2 volumes).
VI. . . Marnix de Sainte-Aldegonde. — Philosophie de l'Histoire de France.
VII. . . Les Roumains. — Allemagne et Italie.
VIII. . . Premiers travaux. — Introduction à la Philosophie de l'Histoire. — Essai sur Herder. — Examen de la vie de Jésus.
IX. . . La Grèce moderne. — Histoire de la Poésie.
X. . . . Mes vacances en Espagne.
XI. . . . Ahasvérus.
XII. . . Prométhée. — Les Esclaves.
XIII. . . Napoléon. Poème (Épuisé).
XIV. . . L'Enseignement du peuple. — Œuvres politiques. Avant l'Exil.
XV. . . Histoire de mes Idées (Autobiographie).
XVI. . }
XVII. . } Merlin l'Enchanteur.
XVIII. . }
XIX. . } La Révolution (3 volumes).
XX. . }
XXI. . . La Campagne de 1815.
XXII. . }
XXIII. . } La Création (2 volumes).
XXIV. . Le livre de l'Exilé. — La Révolution religieuse au XIXᵉ siècle. — Œuvres politiques pendant l'Exil.
XXV. . Le Siège de Paris. — Œuvres politiques après l'Exil.
XXVI . La République. — Conditions de régénération de la France.
XXVII. . L'Esprit nouveau.
XXVIII. Vie et mort du Génie grec. — Appendice. Discours du 29 mars 1875.
XXIX. . }
XXX. . } Correspondance. Lettres à sa mère (2 volumes).
Lettres d'Exil d'Edgar Quinet (4 volumes), Calmann Lévy, éditeur, 1885.

OUVRAGES DE Mᵐᵉ EDGAR QUINET

Mémoires d'Exil (2 volumes), éditeur Lacroix, 1863 (Épuisés).
Paris, journal du Siège (1 volume), éditeur Bentu, 1873.
Sentiers de France (1 volume), éditeur Bentu, 1875.
Edgar Quinet avant l'Exil (1 volume), éditeur Calmann Lévy, 1888.
Edgar Quinet depuis l'Exil (1 volume), éditeur Calmann Lévy, 1889.
Le Vrai dans l'Education (1 volume), éditeur Calmann Lévy, 1891.
Ce que dit la Musique (1 volume), éditeur Calmann Lévy, 1893.
La France Idéale (1 volume), éditeur Calmann Lévy, 1895.

ŒUVRES COMPLÈTES
D'EDGAR QUINET

LA GRÈCE MODERNE

HISTOIRE DE LA POÉSIE

QUATRIÈME ÉDITION

PARIS
LIBRAIRIE HACHETTE ET Cⁱᵉ
79, BOULEVARD SAINT-GERMAIN, 79

A
MADAME MARIE CANTACUZÈNE

AVERTISSEMENT[1]

Qui se souvient aujourd'hui de l'émotion qu'éveillait le nom seul de la Grèce, de 1821 à 1829 ? J'ai partagé cet enthousiasme ; j'ai désiré passionnément être un des soldats de la guerre sacrée. Dieu merci, je suis arrivé encore à temps pour assister aux derniers jours du siège d'Athènes.

Mon seul avantage sur mes devanciers, c'est d'avoir visité la Grèce dans un moment unique, qui ne reviendra plus. J'ai été mêlé un instant, dans la foule, à l'un des événements qui honorera le plus notre siècle, à la délivrance d'une nation. Ce spectacle est le sujet de ce livre. Le peuple avait-il péri dans sa victoire ? Y avait-il encore

[1] Ce premier ouvrage a été refondu en grande partie. J'ai cherché à y mettre la clarté qui manquait trop souvent.

une nation, un avenir sous cette blanche poussière d'ossements humains, qui couvrait littéralement les rivages et la place des villes? On pouvait en douter. Il n'a pas été inutile de tracer à la fois le tableau de l'extermination et celui du réveil de la Grèce en 1829.

Si la nation grecque n'a pu réaliser déjà toutes les espérances que l'imagination du monde avait conçues, je n'obéirai pas à la passion de dénigrement qui a saisi notre temps. Je ne renierai pas ce que j'ai senti. Je ne blasphémerai pas la résurrection d'un peuple.

En relisant ce tableau, on avouera que jamais peuple n'est descendu plus avant dans la mort. Pourquoi demandons-nous à ce blessé la force que nous-mêmes n'avons pas? Il vit. C'est plus qu'il n'était raisonnable d'espérer.

Mais la Grèce, dit-on, n'a pas tiré tous les résultats promis par ses révolutions? Après s'être relevée, la voilà retombée. Elle languit, elle végète.

Qui dit cela? Nous-mêmes, voudrions-nous être jugés par ces paroles? Où est la nation en Europe, qui n'ait point fait de chutes? Quelle est celle qui est sans péché pour lapider la Grèce?

L'Europe qui accuse le peuple grec a-t-elle accompli envers lui tout ce qu'elle lui devait? Elle l'a assisté au dernier moment. Cela est vrai. Mais depuis lors, qu'a-t-elle fait?

On remarquera que dans les circonstances où j'ai parcouru la Grèce, j'ai joui de la plus parfaite sécurité, au milieu de la plus affreuse désolation.

L'intérêt que chacun prenait à la chose publique tenait lieu de police, d'armée, de gouvernement.

Un certain ordre naissait de l'excès même du péril. D'ailleurs chacun était dans l'attente; on vivait d'espérance.

Il semble que dans cette observation se trouve le remède aux maux intérieurs dont la Grèce a été désolée depuis que la paix y règne. Intéressez les hommes à l'État nouveau, à la patrie grecque, à la liberté grecque. Donnez un but à leur besoin d'action. L'ordre intérieur reparaîtra de lui-même.

Je crains que les frontières artificielles de l'État nouveau, et les conditions qui lui sont imposées, n'aient pour effet de l'empêcher de se développer. De là, une situation fausse pour les Grecs et une éternelle tentation d'en sortir. S'ils tendent la main à leurs frères restés sous le joug, ils excitent la colère de leurs protecteurs; s'ils se résignent à rester ce qu'ils sont, ils se trouvent réduits à une certaine impossibilité de vivre, sans débouchés, sans commerce, sans relations ; et leurs frères les accusent de les avoir livrés.

Où trouver un point d'appui? La religion peut attirer l'État nouveau vers la Russie. Mais de ce côté, il est repoussé par une trop grande antipathie des institutions politiques. Le voisinage, l'intérêt immédiat le ramènent dans les liens des puissances de l'Occident. Mais de ce côté aussi que d'entraves et d'obstacles de toutes sortes!

La Grèce, si elle est quelque chose, est un État maritime ; et c'est ce que l'Angleterre ne veut pas. La Grande-Bretagne, la reine des mers jalouse Hydra et Poros. La puissante Angleterre, la chrétienne Angleterre a fait tout ce qu'il fallait pour étouffer au berceau le peuple qui venait au monde. A peine né, elle le rançonnait déjà, elle l'emprisonnait pour dettes.

Dans cette situation, que faire, que devenir? Recevoir la vie à condition de ne pas en user. Tel est jusqu'ici le sort de la Grèce sauvée. On s'oppose à l'explosion de la race grecque; toute l'Europe occidentale comprime ce mouvement, et dans le même temps, on reproche à la race grecque son impuissance.

Voilà certes de grandes contradictions, mais

elles ne doivent pas décourager ceux des Grecs qui ont conquis la liberté. Ils ressemblent à ces orphelins qui sont placés sous la tutelle rude et avare d'un étranger. Aucune de leurs faiblesses n'est pardonnée. Au contraire, chacune d'elles est exagérée et passe pour un crime irrémissible. Quant à eux, ils se défient en secret de ceux qu'ils sont obligés de caresser en public. Mais souvent dans ce dur apprentissage, ils acquièrent des qualités qui leur auraient manqué dans une éducation paternelle.

Tout le monde a travaillé à former l'État grec. On l'a considéré comme une nécessité de notre temps; et cet État a peine à subsister au milieu des combinaisons actuelles. C'est une preuve que ces combinaisons seront modifiées tôt ou tard par la force des choses.

Après tout, ce commencement de vie nationale qu'on reproche si souvent aux Grecs comme un bienfait, ils le doivent à eux-mêmes. C'est l'ouvrage de leurs mains. L'Europe n'est intervenue qu'après sept ans et rassasiée du spectacle du carnage. Une si lente extermination donne un droit à celui qui a survécu. Une plante arrosée de tant de sang ne peut plus être extirpée par personne. En dépit des médisances et de la mobilité du monde, elle croîtra. La race grecque en sera abritée un jour.

Au milieu de la plus grande destruction d'hommes et de choses que l'on verra jamais, je me suis trouvé, dans mon voyage, en face de la nature seule ; et la nature m'a ramené aux scènes les plus anciennes de l'histoire, aux premières migrations, aux premiers établissements civils, aux premières religions des Hellènes. C'est là l'explication que je puis donner du jour sous lequel m'a apparu l'antiquité parmi les ruines récentes.

L'anéantissement de tous les vestiges humains m'a rejeté comme malgré moi dans les temps où l'homme prenait pour la première fois possession de la Grèce. Sur une terre nue, je me suis senti poussé à rechercher de préférence les premiers pas de l'espèce humaine.

La détresse était telle qu'il m'eût été impossible de m'attacher au souvenir des époques brillantes de la société grecque. Partout la barbarie présente me ramenait à la barbarie antique.

Dans un monde redevenu primitif par l'effet du carnage et de la déprédation, je n'aurais pu parler de Périclès, de Sophocle, de Socrate. Je revenais comme naturellement aux Pélasges mangeurs de glands et aux dieux d'Arcadie à têtes de loups.

Que ce soit là mon excuse, si j'ai franchi les temps classiques pour m'arrêter aux temps de la Grèce primitive. Peut-être aussi était-ce le seul moyen de se frayer un chemin nouveau à travers des sujets déjà parcourus tant de fois.

EDGAR QUINET.

Schweizerhalle, 11 juillet 1857.

LA GRÈCE MODERNE

ET

SES RAPPORTS AVEC L'ANTIQUITÉ

CHAPITRE PREMIER.

LES CÔTES DE LA MORÉE. — L'ILE DE SPHACTÉRIE. — NAVARIN. — MODON.

Après un long calme dans le golfe de Salerne, un soir toutes les voiles s'arrondirent autour des mâts en coupoles vivantes, qui respiraient sous la brise de l'Italie. Le tambour avait interrompu un chœur de matelots corses ; l'équipage était descendu sur ses hamacs, et le croissant de la lune commençait à poindre à demi sur les flots comme la barque égarée de quelque pêcheur qui rejoint sa cabane. Des promontoires un troupeau de marsouins s'élançaient par bonds, et se suspendaient aux pavillons d'écume que la frégate traînait à la remorque. A l'arrière, une corvette qu'à peine il y a un moment on hélait du porte-voix, s'enfuyait déjà au bout de l'horizon. Qu'ils sont loin, ces îlots décharnés de Palmaria, de Ponce, de Monte-Christo, et les goélands qui les habitent ; et par delà les déchirements de leurs murailles, ce long nuage des Apennins, et le Vésuve qui versait sa conque de fumée sur les sommets de Caprée et d'Ischia! Maintenant, à minuit, la sentinelle n'aperçoit plus que le volcan de Stromboli, qui de temps en temps jaillit du milieu des vagues, et rougit la mer, et l'écueil, et le ciel, et les agrès, de la lumière sanglante d'un incendie.

Le lendemain, dès le point du jour, nous étions en face du canal de Messine, cette triomphale entrée du monde homérique. Un coup de canon de notre bord appela un pilote côtier; il vint nous gouverner au milieu des courants, qui changent là selon les heures, et je remarquai qu'en serrant de près les côtes de la Calabre, il nous fit faire la même route que Circé recommandait à Ulysse. A la place du monstre aux trois gueules, quelques barques étaient échouées sur la rive, et le petit village de Scylla, de la couleur d'une avenue de nopals, grimpait et retombait autour d'un rocher à pic. Le gouffre de Charybde est comblé par un banc de sable, d'où s'élève le phare. Sur cette plage, la longue et blanche façade de Messine ressemble à une nappe d'écume roulée sur la grève. Au-dessus des mâts du port s'amoncellent de fraîches collines, avec des pastèques et des oliviers; puis plus haut des flancs plus rudes et une végétation plus foncée, de noirs pins avec quelques sillons de neige; encore plus haut un long bandeau de glace; puis de lourds nuages où se perd la fumée de l'Etna; en sorte que, depuis le bleu de la mer jusqu'aux crêtes argentées des montagnes, l'intervalle est rempli par une continuelle dégradation de couleurs et de climats. Sur l'autre bord, à une demi-lieue, les côtes sont plus âpres, les versants moins ombragés, les sommets plus blancs et plus sauvages; mais les terrains s'y succèdent de la même manière; pour peu qu'on s'éloigne, ils se confondent; et, tant que je les vis, je distinguai sur les deux rives, aux mêmes élévations, ou une mer azurée avec des vaisseaux qui montaient ou descendaient, ou des rocs scintillants, ou des bouquets de forêts, ou des neiges désertes. C'est ainsi qu'en Calabre et en Sicile se retrouvent dans l'histoire un génie analogue, les colonies de Tarente et de Messine, de Métaponte et d'Agrigente, la pensée de Pythagore à Crotone, et celle de Platon dans Syracuse.

Au sortir du détroit, un vent frais d'ouest souffla pendant trois jours, et le 2 mars 1829 au soir, nous étions en vue des côtes de Navarin. Les bruits sinistres depuis peu répandus, l'image encore vivante de la bataille, donnaient alors à cette arrivée une solennité qu'elle perdra bientôt, et dont je voudrais, à cause de cela, conserver le souvenir.

La discipline d'un vaisseau de guerre, le silence subit de l'équipage, quelquefois une voile carguée, ou le bruit de la sonde jetée à l'avant, puis le vaisseau amiral qui arrivait précisément à notre droite, voilà la première impression. Monté sur les haubans, je n'apercevais qu'une pâle bande de vapeurs. Des souvenirs confus, le long désir de ma jeunesse enfin près de s'accomplir, Ibrahim, Thucydide, l'Odyssée, tout se remuait indistinctement en moi avec les vagues qui nous berçaient et nous faisaient lentement dériver vers les côtes. Mais une fois que je distinguai nettement les deux îles de Prodano et de Sphactérie, nues et étendues comme deux cadavres flottants, et de l'autre côté des cônes de sable entassés les uns sur les autres, au loin des murailles de rochers calcinés sans un brin d'herbe, ni un village, ni un sentier, des baies désertes et sans ombre, je sentis une invincible pitié pour cette terre; tout ce que je pus faire, fut de retenir mes larmes, quand le contremaître me dit à voix basse, en hissant son signal : Qu'allez-vous faire dans cet effroyable pays?

A travers plusieurs lignes de vaisseaux, nous laissâmes tomber notre ancre à portée de voix de l'amiral Miaulis, survenu depuis peu pour fêter l'armée française. Bientôt le bruit des tambours qui battaient aux champs, les salves d'artillerie, l'écho trainant des trompettes dans les montagnes, puis les cris des déserteurs que les bâtiments se renvoyaient l'un à l'autre, et qu'à leur arrivée l'on fouettait jusqu'au sang, se confondirent ; le port se remplit de fumée, de canots, de banderoles de fête, et des longs hurlements d'un bagne.

A l'entrée de la rade, sur le penchant d'un roc vif, les murs de Navarin, avec leurs meurtrières, leurs petites portes sombres et les décombres entassés, ressemblaient à un cimetière de campagne dont les tombes auraient été ouvertes et labourées. Au sommet, le blanc minaret d'une mosquée écroulée et couchée sous un palmier, figurait un pacha assis à mi-côte, qui regarde de là sur la mer et sur les îles. Dans cet amphithéâtre de près d'une demi-lieue, qui se creuse pour former le port, rien ne repose la vue qu'un sol usé, çà et là une flaque d'eau corrompue, des cimes dentelées, l'îlot blanc où les prisonniers mouraient de faim, et, au fond de la baie, une barque qui, après quinze mois, cherchait encore dans la vase les débris de la bataille. A l'autre extrémité de cet arc, le dernier des pics était armé de la carcasse d'un donjon que les croisés français ont jeté là sur les fondements encore visibles de la Pylos de Thucydide.

En face serpente l'île de Sphactérie, blanche, nue, étroite; elle clôt le port, et refoule au fond de l'anse les souvenirs de tous les âges qui débordent incessamment et à grands flots de cette enceinte. Les bords en sont si proéminents, qu'ils forment un grand nombre d'échos; la moindre explosion dans l'air, un coup de vent, une rafale subite, le clapotement des grèves, le cri des hommes, et chaque pensée que chacun de ces bruits réveille, s'y enflent et y grossissent indéfiniment, comme le son dans un porte-voix. Soit cette circonstance, soit la nature même de ces rivages, je ne connais encore à présent aucun lieu qui joigne à tant de majesté réelle une si vague et si hideuse terreur. La grandeur d'une scène homérique, la nudité d'un bagne, l'horreur d'un campement d'Arabes, moitié un désert, moitié un lac; partout des rocs qui recèlent des histoires de famine et quelque mort fameuse. Maintenant que les uns après les autres, les Hoplites de Sparte, les Moréotes de Tzamados, les Égyptiens d'Ibrahim, ont été lentement et à plaisir égorgés dans cette baie, je ne sais encore si ces longs meurtres égalent la funèbre et inextinguible tristesse de ces rivages.

Le lendemain, vers dix heures, nous touchâmes terre à côté de la baraque d'un hôpital, au milieu d'un cercle de malades qui tremblaient là au soleil blafard du mois de mars. Dans un labyrinthe de murs renversés par les boulets et par le feu, je ne distinguai rien d'abord qu'un vieillard turc croupissant dans une mare, l'odeur cadavéreuse des ruines, et le son d'une musique toujours plus sépulcrale, à mesure qu'elle traversait ces décombres. Blottis sous les maisons écroulées des cadis, des agas et des derviches, ces mêmes hommes qui avaient apporté là, il y avait quelques mois, l'ardeur et l'éclat de la France, ne sortaient plus qu'à regret de leurs casemates souterraines, où ils se mouraient du mal du pays. Quant aux habitants, il n'en paraissait pas un seul dans l'intérieur des murs. Mais au sortir de la porte du Sud, environ trois cents hommes, à demi nus, efflanqués, haletants, de longs cheveux bouclés sur les épaules, à la ceinture des pistolets et des poignards, charriaient des terres vers un glacis. Les plus vieux, appuyés sur leurs bâtons recourbés, semblaient, ainsi que les travailleurs, ne s'intéresser en rien à l'œuvre qu'ils devaient surveiller. Là où la chaîne finissait, des femmes entassaient en cercle des pierres et des monceaux de boue, qu'elles recouvraient ensuite de lambeaux de manteaux et de draps, pour s'abriter, elles et leurs enfants, sous cette toiture. Il y en avait quelques-unes auxquelles on avait prêté des tentes; mais le plus grand nombre étaient debout autour de grandes chaudières, sous des cavernes creusées à mi-côte dans la montagne.

Ces feux à l'entrée des grottes, disséminés dans les ravins à diverses hauteurs, et qui se réfléchissaient sur quelques bouquets flétris de glaïeuls et d'euphorbes ; ces figures blanches qui s'agitaient alentour, mêlaient à cette première vue de la Grèce l'idée d'une migration de sauvages. Si l'on en approchait, on s'apercevait que toute cette population, dont une partie était des esclaves nouvellement délivrés, était encore sous un joug de terreur, qui la rendait presque incrédule au bien qu'on voulait lui faire ; le nom et l'image d'Ibrahim, se grossissant incessamment de tous les maux publics et privés, causaient partout une frayeur prodigieuse.

Il faut ajouter que cette scène d'angoisse, qui peut-être a déjà changé et disparu, se passait sur le fond immortel et béni des scènes de l'Odyssée, en face des grèves où s'étendaient les festins, les vases d'or, les tapis paresseux, et les discours sans fin de Nestor à son hôte. Quand je fus un peu remis du premier étonnement, je finis par comparer ce hasard de la nature au procédé du peintre, qui, sur des groupes tourmentés, et sur un tableau de deuil, ouvre au loin une perspective enchantée de repos et de lumière (1).

(1) Je suis ici l'opinion générale. Sans reprendre la discussion des trois Pylos il est difficile à celui qui jette l'ancre devant le vieux Navarin, de douter que ce soit là la Pylos sablonneuse, inaccessible, d'Homère, ἡμαθόεις, πτολίεθρον. Dans ces derniers

Un soir, monté à cru sur l'un de ces chevaux affamés que les Égyptiens ont abandonnés sur le rivage, et qu'on traîne chaque jour à la voirie, je pris la chaussée vénitienne de Modon, à travers les couches de cendre et les troncs brûlés des oliviers dont la vallée était autrefois ombragée. Quelques cavernes s'ouvrent tristement sur le chemin. A la place des villages, des kiosques et des tours qui pendaient à mi-côte, on ne voit plus que de longues murailles calcinées, et les huttes

---

temps on l'a cherchée de nouveau d'après Strabon, et malgré Pausanias, dans le marais d'Arcadia. La persistance des noms de la Pylos de Thucydide et encore à présent du village de Pyla, semblerait indiquer que la tradition épique s'est perpétuée là le plus longtemps, sans compter que la plus magnifique rade de tout le Péloponèse a dû être le centre principal du culte de Neptune, qui était celui de la ville des Néléides. Je ne dirai rien de la grotte que l'on montre encore sous le nom de l'étable de Nestor. Dans le port même j'ai lu à plusieurs reprises le commencement du quatrième livre de Thucydide ; et si la beauté attique de ce langage ne rend peut-être pas au vif l'entière et repoussante nudité de ces parages, il n'est cependant pas un trait qu'on ne puisse reconnaître : ἐν χωρίῳ ἐρήμῳ, τὸ δυσέμβατον... ξύμμαχον γίγνεται ; il n'y a à changer que le bois qui couvrait l'île de Sphactérie, et qui à ce qu'il paraît n'a pas repoussé depuis la nuit où il a été consumé. Il est d'ailleurs permis de s'étonner que les commentateurs rendent sans nul étonnement ces mots : καὶ τῶν νεῶν οὐκ ἐχουσῶν ὅρμον par ceux-ci : il n'y avait pas de rade capable de contenir la flotte, quand chacun sait que toute la marine de la Méditerranée mouillerait là à l'aise sur un excellent fond de quinze à vingt brasses

Thucyd., IV, III, 26 ; Strab., lib. VIII, c. III ; Pausan., *edid. Siebelis*, vol. II, p. 302, adnot. 175 ; Ot Müller, *Orchom.*, 363 ; Mannert, *Géographie*, p. 528, 8 *ter Theil* ; *Odyss.*, lib. III, v. 4, 8, 22, 23 ; W. Nitzsch, *Erklœrende Anmerkungen zu Homers Odyssee*, I, p. 132-136.

des troupes du pacha en forme de barques d'argile, amarrées au pied des montagnes. Une fois je me dirigeai vers les restes d'une église byzantine, où je croyais voir des marbres écroulés ; il se trouva que le porche et le circuit étaient jonchés de blancs squelettes. En arrivant à la porte de la ville moderne, j'allai chercher à environ dix minutes au sud l'emplacement de l'ancienne Méthone, qu'il est facile de reconnaître sur un petit promontoire. On distinguait, il est vrai, quelques murailles en briques, et des terres arrondies en stade ; mais tout cela embarrassé par les fours des Arabes, et par les manteaux des pestiférés qui pourrissaient au loin sur l'herbe. Je descendis vers la mer pour y chercher le port ; là encore je ne vis sous une nuée de corbeaux que des ossements d'hommes et de chevaux, des débris d'armes et de vêtements que la vague, qui était alors très forte, rejetait avec les pierres et entassait en poussière jusque vers les piliers de l'aqueduc.

De la colline d'Homère le génie maritime de Venise a fait descendre la ville moderne au milieu de la rade, et l'a poussée sur une étroite langue de terre, comme une longue carène sur le chantier. L'écueil qui autrefois fermait le port est plus qu'à demi rongé, et laisse ce mouillage ouvert à tous les vents. Dans ce paysage découpé et varié, en face de l'île Sapienza, c'est là qu'une armée d'Europe donnait le paisible spectacle de la fondation d'une colonie agricole: dans la plaine, des bœufs de Calabre, gardés par des soldats ou prêtés aux laboureurs; des cavaliers démontés, leurs chevaux et leurs armes donnés aux klephtes de Napoli; des terres incessamment remuées et portées à bras ; et quand on avait maudit toute la semaine le climat et les fièvres, des danses avec les misérables Messéniennes au pied de leurs murailles qu'on relevait.

Pour achever le tableau, n'oublions pas la familiarité des vieux officiers de la Moskowa et de Waterloo, avec les capitaines d'Hydra et de Londari. Déjà l'on faisait monter les pertes de l'armée à plus de quinze cents hommes. Aussi l'ennui était-il profond; mais les plaintes ne passaient guère le seuil. Une foule d'ingénieuses précautions les déguisaient au dehors, et, soit le lieu, soit les hôtes, nulle part nous n'avions trouvé la France plus aimable et plus belle qu'à travers ces décombres de mosquées, de môles et de plafonds écrasés.

De douze cents qu'ils étaient (1), réduits alors à

(1) La haute Messénie compte quatre places principales; le dénombrement de la population n'a plus été fait depuis 1821. Le cercle d'Arcadia (ancienne Cyparissie) renfermait alors 96 villages, 3,500 familles; il est encore gouverné par 46 démogérontes, une démongérontie provinciale, et 15 préfets ou éparques. Navarin avait dans sa banlieue 25 villages et 400 familles; la ville même comptait 800 habitants grecs, dont 300 sont aujourd'hui réunis.

moins de la moitié, les habitants vivaient encore tout entiers en proie à leurs souvenirs ; c'est à peine s'ils avaient l'air de remarquer ce qui se passait autour d'eux. Dans un lieu peu fameux, déjà décrit, et par des pluies continuelles, il ne restait guère qu'à profiter de cette disposition pour recueillir quelque fait de l'histoire de ces dernières guerres ; entre plusieurs, je n'en citerai qu'un seul, étranger à la Morée, mais qui résume tous les autres. Quand Missolonghi fut aux abois, et que ses communications furent à demi rompues avec la flotte de Miaulis, après mille tentatives, quelqu'un de l'équipage vint à se rappeler le stratagème employé en pareille circonstance par les Platéens contre les Thébains, et décrit au second livre de Thucydide. L'amiral se fit apporter le volume, qui était à fond de cale ; il lut à haute voix le passage en question sur le pont. L'expédient fut trouvé excellent. Un matelot se chargea de faire passer le livre dans les murs de la ville. Aussitôt les assiégés se mirent à l'œuvre, et l'on a vu de nos jours une troupe de Roméliotes, abandonnés du monde entier, chercher dans le texte d'un contemporain de Périclès un reste d'espoir et un auxiliaire imprévu, qui prolongèrent en effet

---

Au cercle de Modon appartenaient 31 villages et 600 familles ; à Coron, 60 villages et 1,500 familles. Cette population était évaluée en général à 40,000 hommes et a diminué d'un quart.

leur défense de plusieurs jours et les auraient infailliblement sauvés s'ils avaient eu des vivres (1).

Le jour même où les pluies cessèrent, le 12 mars au matin, je partis avec deux officiers (2), un peu après le lever du soleil. Nous formions ensemble une petite caravane. Nos guides couraient à côté de nous avec leurs ceintures d'acier et leurs amulettes de pain bénit; ils chantaient depuis le moment du départ. Pour moi, s'il faut le dire, ce que j'avais vu jusque-là m'avait rendu indifférent à l'antiquité; tant de malheurs présents m'avaient presque fait oublier le passé du pays où j'étais. Mais ces souvenirs me revenant peu à peu, à mesure que nous avancions, il me sembla que ma pensée s'épanouissait à tout un monde de tradition et de merveilles avec les anémones qui s'ouvraient au soleil, les renoncules qui s'emplissaient de gouttes de rosée, les voiles du port que les bateliers déliaient des mâts, et qui se gonflaient aussitôt de la brise du matin.

Courons vite, mes braves guides. Avant que la rosée soit tombée, avant que l'alouette soit levée, avant que les vipères soient sorties des rochers; allons voir si vraiment ces vieilles villes

---

(1) Je tiens ce récit d'un témoin oculaire, du secrétaire même de Miaulis. Voy. Thucyd., lib. II, c. LXVII.
(2) Le lieutenant-colonel du génie Vivier et le chef de bataillon d'artillerie Hennoque.

sont endormies, comme on le dit, sur les sommets, ou à mi-côte, ou dans la plaine. La Grèce tout entière est une fleur du matin éclose dans la nuit. Vite, allons la cueillir sous ces broussailles, sous ces forêts que vous savez. Le soir du monde approche, son parfum va finir. Et nous pressions nos chevaux des lames de nos étriers turcs, en quittant la redoute et le plateau de Sismani.

De là on aperçoit déjà les sommets de neige du Taygète. Toute cette côte de la Messénie n'est qu'une suite d'âpres et fauves vallées, où pendent çà et là quelque hutte de crin, un tombeau turc, une tour blanche et ruinée. Sur les hauteurs de Gossi nous reprîmes haleine dans les décombres de la tour d'un aga. Une cascade bouillonnait dans la montagne. Les bois des environs d'Asine, où les Spartiates venaient construire leurs machines de guerre, avaient été brûlés depuis peu, et élevaient des colonnes d'ébène sur le bord d'un ruisseau. Nos chevaux allaient chercher quelques herbes sur ces couches de cendre, sans que personne s'en inquiétât, et ce fut ainsi qu'ils se nourrirent tout le reste du voyage. Au loin la mer scintillait à nos pieds, découpée par plusieurs anses et de petits promontoires; vous auriez dit de l'île déserte de Cabrera d'une grande felouque naufragée et brisée à la pointe du cap Santo-Gallo. Toujours en suivant le chemin de l'incendie, nous arrivâmes le soir sur le mamelon de Coron, assez tôt pour voir le pavillon grec flotter au-dessus du lion de saint Marc.

Des soldats achevaient de démolir, une à une, pour se chauffer pendant la pluie, le peu de maisons qui restaient sans habitants. L'artillerie, remontée avec tant de soin par les Français, pourrissait de nouveau sur les remparts. Un démogéronte tout mutilé nous établit magnifiquement dans les galeries et les chambres peintes et dorées des femmes d'Ibrahim. Sous nos fenêtres, une feuille d'arbre promenée par le vent sur les remparts, le soupir d'une femme, un murmure suppliant, n'auraient pas fait un bruit plus léger que toute cette mer de Messénie, qui creuse là un port de plus de huit lieues jusqu'à Calamata. Pendant que nos palichares égorgeaient un mouton sur les galeries, je regardai le coucher du soleil. Les sommets de glace du Taygète perçaient une voûte de lourds nuages, et étaient tout en feu. Cet éclat des neiges et ce reflet d'un incendie contrastaient fortement avec le bleu du golfe. En s'éloignant, les montagnes prenaient la même teinte azurée ; puis, toujours en s'abaissant, elles allaient à la fin se perdre et s'engouffrer dans les flots vers le cap Ténare.

Si les beaux lieux appellent autour d'eux les grandes choses, celui-là devrait être des plus fameux; mais les peuples de la Messénie, faits pour l'intérieur des terres, ont négligé les côtes (1), et la nature est ici plus riche que l'histoire. Le moyen âge, il est vrai, a rempli aussitôt des flottes de Venise et de Gênes, des merveilles des croisés, de l'or et du sang des pachas, les baies et les endroits écartés que l'antiquité avait laissés par hasard vides et déserts. Aujourd'hui, que tant de civilisations ont passé là, et que la nature y semble enfin comblée et obsédée partout des pensées du genre humain, je connais encore dans cet inexplicable pays des lieux nouveaux, où le voyageur n'entend et ne trouve que lui dans leurs souvenirs éclos d'hier.

(1) Sur les côtes, la seule ville de Pylos qui ait eu une véritable importance, ne l'a eue que dans l'antiquité homérique, avant l'arrivée des Héraclides. Il en est de même des sept villes promises par Agamemnon à Achille, et qu'il est si difficile de retrouver sur ces parages dans les temps historiques. Même Modon, Asine, Colonides, étaient des fondations tout à fait étrangères aux Messéniens; ce qu'il y a d'étonnant, c'est que dans les meilleures géographies de notre temps, telles que celle de Mannert, une fausse analogie de son fasse encore prendre Coron pour Coroné, au lieu du bourg de Colonides, quand d'ailleurs cette erreur est si manifeste et Pausanias si précis sur ce point.

CHAPITRE II.

MESSÈNE. — L'ITHÔME.

Au lieu de continuer le voyage par terre, si l'on s'embarque à Coron, on perd la vue des bords du [g]olfe, qui est une des plus charmantes et des plus inattendues de la Grèce. Nous ne fîmes pas cette faute. Le lendemain, dès que nous sortîmes des bois [b]rûlés de Caracoupio, et que nous eûmes laissé derrière nous le campement d'Aravochorio, ou ville [d]es Arabes, nous commençâmes à entrer sous de [f]rais bocages de grenadiers, de lauriers, de myr[t]es, d'arbousiers, qui tantôt par larges masses, [t]antôt par de longues et nonchalantes allées, se [reco]urbent sur un sable fin, couvert de coquillages, [s]ur des ruisseaux murmurants, au niveau de la [m]er, et jusque sur les flots tout unis, dont ils font la [b]ordure. Quelquefois les palissades d'une avenue [d]e nopals y forment de grands enclos, où un berger [e]st couché à côté de son long fusil. Pour peu que [l]es bosquets s'entr'ouvrent, on aperçoit, à travers [l]es réseaux d'or des ébéniers sauvages, les neiges [d]e la Laconie, un oiseau de mer posé sur un écueil, [u]ne tour blanche au haut d'un promontoire, et en face le col azuré de l'Ithôme. Tout mon regret est qu'aucun poète n'ait célébré ces bocages.

Là où ils commencent à s'éclaircir près des masures de Pétalidi, nous montâmes à mi-côte du mont Thématias vers les ruines de Coroné, l'une des villes qu'Agamemnon promit à Achille. Chemin faisant, nos guides nous contaient avec chagrin comment ces belles maisons ont été renversées jadis par les Maïnottes. Ce fut là que nous vîmes les premiers fûts de colonnes : des chapiteaux que des myrtes enveloppent d'ombre, un souffle léger qui agite ces rameaux comme une âme qui s'exhale des pierres, partout l'asphodèle décoloré des morts, l'aigle planant à mi-côte, une barque échouée dans l'anse. Je reçus là pour la première fois l'impression distincte de la Grèce antique.

Tout ardentes et désertes que sont ces grèves, non, ce ne sont pas les grèves de l'Afrique ni de l'Asie ; si c'était l'Arabie, il y croîtrait des arbres à encens ; si c'étaient les steppes de la Perse, les ruisseaux y rouleraient des sables d'or ; si s'étaient les marais de l'Égypte, je m'y reposerais contre le tronc des dattiers. Ce n'est pas l'Arabie, ni la Perse, ni l'Égypte, mais la terre où toutes ces contrées et leurs génies divers se rencontrent, mêlés, tempérés et changés l'un par l'autre, dans les fleurs, dans les sables, dans le limon des vallées, et dans l'histoire des hommes.

Un peu après, nous descendimes jusqu'au Bias, que nous passâmes sur deux troncs d'arbres. Un homme à cheval y pressait un troupeau de femmes pliées sous leurs bagages. A la tombée du jour, nous arrivâmes à Nissi, et avec la protection du démogéronte, que j'allai chercher à l'église, nous trouvâmes à coucher sur les planches d'un petit grenier, où nous entendîmes toute la nuit le cri du hibou et le coassement des grenouilles.

Nous quittâmes Nissi au lever du soleil. Les maisons basses en terre rougeâtre sont entourées d'une triple lisière de figuiers d'Inde. Cette triste plante, privé d'ombre et de mouvement, et que ses lourds cartilages font ressembler à un arbre d'argile, est de la même couleur que le village; elle donne à ce coin de la Messénie l'air de dénûment et de mort d'un campement d'Afrique. Après avoir passé ce retranchement, nous entrâmes dans le pays ouvert que les anciens appelaient la plaine heureuse. Une longue traînée de vapeurs s'élevait à environ une demi-lieue à notre droite au-dessus du cours du Pamisus, que nous suivions parallèlement. Sur des hauteurs de l'autre côté du fleuve, quelques bouquets de cyprès et des feux allumés çà et là indiquaient la place de petits villages. Au nord, le sommet de l'Ithôme et celui du mont Évan, au lieu de paraître en pic, se confondaient et formaient un trapèze nettement détaché du reste des montagnes. Le prolongement du Taygète et les dernières croupes du mont Témathias se déroulaient concentriquement à sa base; au point où ils vont se rejoindre, ils l'enveloppaient, au bout de l'horizon, d'un arc de vapeur pareil à celui qui s'étend le soir au pied d'une île.

Le sol que nous traversions était un marais presque impraticable. Il est semé de joncs, de plantes à oignons et de petites fleurs d'étangs. Quelques sillons, qui en écorchaient à peine la surface, tracés de loin à loin, puis brusquement abandonnés, témoignaient qu'on venait pour la première fois, après de longs siècles, de prendre possession de cette terre, à la hâte et comme au hasard. Nous ne trouvâmes dans toute cette plaine, au lieu d'habitations, qu'une fontaine turque. Dans la Morée entière, ces petits édifices sont les seuls que les vainqueurs et les vaincus aient laissés debout. Leurs murs plats, terminés en arc de cercle, portent un verset du Coran, et sont le plus souvent ombragés par deux cyprès. Le règne sanglant des Orientaux n'aura laissé dans ce pays que ces monuments de fraîcheur et de paix, où l'on ne peut s'empêcher de placer en passant la scène de l'une de leurs mélancoliques idylles.

Nous étions dans le chemin qu'avaient suivi pendant cinq cent ans les invasions des Lacédémoniens. Je courais de butte en butte, songeant à la richesse des traditions de la Messénie. Plus le cours de ses destinées a été promptement tari, plus elle a avidement recueilli ses souvenirs fabuleux. Sur le vaste plan de son époque héroïque, son histoire n'a pas grandi en proportion de ses commencements. Nous la comparions au mont Ithôme, qui, large et verdissant à sa base, nous paraissait d'ici tronqué et dépouillé à son sommet.

Je m'étais un peu écarté et je venais de traverser sur des collines au couchant le village d'Anadgiari, lorsque le palichare que j'avais laissé par derrière arriva tout éperdu : il s'était persuadé que je me sauvais au galop avec son cheval et qu'il ne le reverrait de sa vie ; son étonnement et sa joie en me retrouvant me retracèrent mieux que toutes les paroles à quelles avanies lui et ceux de sa nation étaient accoutumés.

Nous commençâmes à gravir le pied d'une montagne ; on y voyait des restes de petites chapelles, des murs écroulés et la place d'un village rasé et abandonné. Un groupe de caroubiers étendaient un peu plus haut leurs branches aussi nonchalamment que nos châtaigniers ; la terre était couverte de masses de rochers détachés. Vers la gauche, un ruisseau descendait en formant autour des flancs de la montagne une ceinture qui tantôt se repliait, tantôt se dénouait et tombait négligemment, avec un mélange de la couleur pourprée de la bruyère et du jaune doré de l'ébénier sauvage qui croissaient au-dessus de son eau et étaient alors tous deux en fleurs. Nous montâmes pendant environ une heure et demie par un chemin raide et tortueux; à cette hauteur, la végétation était vive et fourrée, quoique basse; des bouquets d'arbousiers enveloppaient des blocs de calcaire; on entendait sortir de ces retraites le sifflement des merles, le cri des geais, la voix nasillarde de la pie.

Au-dessous de nos pieds, sur des pelouses étroites et entourées de rochers à pic, paissaient de jeunes chevaux, sans qu'on pût distinguer le sentier par où ils étaient descendus au fond de ces entonnoirs. L'air était plus subtil et plus pénétrant que nous ne l'avions trouvé dans les Alpes à une élévation de beaucoup supérieure : à mesure que l'on avançait, le caractère agreste du paysage devenait plus doux et plus champêtre; de minces filets d'eau se traînaient sous des oliviers; enfin un premier plateau était cerné par un rang de petites collines boisées qui s'entr'ouvraient à cent pas de distance et formaient l'entrée du bassin de Messène.

De l'autre côté, nous trouvâmes les chaumières de Simitza, dont l'emplacement n'a pourtant jamais été compris dans les murs de la ville. Alors le spectacle s'agrandit tout à coup; pendant une demi-heure nous suivîmes au sud-est un second gradin du mont Evan. Ses flancs forment trois ravins, qui viennent se réunir et se perdre à l'endroit où la plaine commence; ils sont couverts de terre végétale et parsemés de figuiers et d'amandiers jusqu'à son sommet, où ils s'étendent sur une esplanade. A sa base, il se rattache vers le nord à l'Ithôme et seulement par une crête large au plus de trente pas; ce dernier mont contraste avec le premier par ses formes plus âpres, sa pente plus raide, son sommet plus élevé, nu et déchiré comme le col d'un vautour. Sur sa dernière pointe il porte les murailles d'un monastère qu'on pourrait prendre pour une petite forteresse; il n'a qu'un ravin, qui s'élargit perpendiculairement et dont une partie est occupée par les masures de Mavromati suspendues en terrasse, presque à mi-côte.

Cet amphithéâtre est fermé au couchant par une chaîne de montagnes moins hautes, couvertes de bouquets de verdure et qui viennent en s'abaissant former au pied de l'Ithôme une pelouse concave, semblable à un vase de sacrifice. Vers le nord, la partie de ces collines qui appartient au bassin forme trois mamelons, sur lesquels on voit blanchir les murs réguliers d'Épaminondas, avec une tour sur le couronnement de chaque sommet. Ces murs, en se détachant des masses d'oliviers qui les entourent, paraissent encore plus élevés qu'ils ne sont réellement. A l'endroit où ils finissent, la petite chaine sur laquelle ils sont assis s'abaisse vers le sud, et laisse la vue s'étendre sur des sommets ondoyants que termine au loin le cône de Navarin. Un peu plus à gauche on découvre une partie du golfe de Calamata, dont on a peine à distinguer le bleu foncé d'avec les franges azurées des terrains qui bornent l'horizon.

Ce point est le seul où les bords du bassin soient assez abaissés pour laisser apercevoir les plans plus éloignés. Partout ailleurs, il est enclos de manière à n'avoir pas la moindre ouverture au dehors, coupé par des buttes, des bas-fonds, de petites collines; une source abondante qui jaillit au pied de l'Ithôme et tombe par larges nappes de gradins en gradins divise ce bassin en deux parts à peu près égales; l'une presque circulaire, l'autre qui va en se rétrécissant jusqu'à devenir un défilé, lequel est masqué par l'escarpement avancé de la montagne. Il en résulte qu'on ne peut nulle part embrasser ce paysage dans son étendue, et cela augmente encore l'impression de recueillement qu'on en reçoit.

Les deux points les plus éloignés et qui semblent distants de deux milles, sont, à l'est, la base commune de l'Ithôme et de l'Evan, et à l'ouest, les trois monticules couronnés par les murs d'enceinte: la pente est du nord au sud. Tout cet espace, qui était l'emplacement de la ville, est rempli de champs de blé encore verts, de bosquets touffus d'oliviers, d'arbousiers, de caroubiers. Ces masses végétales, disséminées çà et là, croissent principalement sur les débris des anciens édifices, là où la culture a été embarrassée par des ruines. Quand un vent frais se promène sur ces vagues de verdure, le mouvement est le même que celui du flot lorsqu'en se soulevant il laisse voir les restes d'un naufrage oublié sur le sable de la mer; car alors on aperçoit non seulement sous les herbes des blés, mais aussi sous ces bocages qui se courbent et s'entr'ouvrent, des fûts de colonne d'une blancheur éclatante, les uns encore debout, les autres renversés et dans mille aspects variés, qui ajoutent à leur effet. L'air, après s'être engouffré sous ces berceaux, arrive comme un soupir des temps passés, qui s'exhale des tombeaux, parfumé de l'odeur du myrte, de la vigne sauvage et des fleurs d'amandier.

A cela se joint un bruit mêlé du son de la clochette des brebis, du mugissement des bœufs, des aboiements des chiens de berger. Çà et là, sur le couronnement de quelque roc isolé, une chèvre à côté d'un pâtre enveloppé de son manteau et appuyé sur son bâton recourbé, figurent des groupes de sculpture antique. A l'endroit où nous descendimes, nous fûmes entourés par de jeunes filles, qui presque toutes portaient un collier garni de médailles et de pièces de monnaie de cuivre et d'argent; elles nous dirent que c'était leur dot, dont elles se parent sitôt qu'elles sont fiancées.

Ce lieu retiré offre un tel mélange d'objets champêtres et de souvenirs héroïques, que la pensée y est continuellement partagée entre ces deux impressions. Soit extrême fertilité du sol, soit accès difficile et manque de communication avec les pays voisins, les traces de la guerre y sont rares et sont peut-être effacées au moment où j'écris ces lignes. La solitude y est si profonde et l'horizon en général si borné, qu'on dirait que le peuple de Messène, toujours poursuivi et menacé, a voulu y cacher son existence à tout le genre humain. Ce rapprochement entre le silence de ces échos, l'encadrement un peu triste de ces montagnes, et l'existence muette et resserrée des rivaux de Sparte, n'échappa à aucun de nous. Quand on pense que la ville qui reposait au fond de ce bassin n'a produit qu'un seul homme vraiment illustre, il semble que la gloire de plusieurs a été enfouie sous ces profonds ombrages où aucun sentier ne conduit; tant il est vrai que ces lieux, à la fois doux et agrestes, semblent plutôt faits pour les rêveries et l'hospitalité d'un monastère que pour le mouvement et l'agitation de l'histoire.

L'isolement de Messène est cause qu'elle a été peu visitée par les voyageurs, et vaguement décrite jusqu'ici. M. de Chateaubriand, pressé par le temps, l'a laissée à gauche de sa route. M. Pouqueville n'en parle que par ouï dire. Enfin, si Dodwell l'a vue, il n'a pu y passer qu'une demi-journée; encore y a-t-il été sans cesse harcelé par la crainte des klephtes qui étaient alors aux prises avec les Turcs. On peut donc regarder ce sujet à peu près comme neuf, ce qui m'oblige d'entrer dans les détails. Pour y mettre quelque ordre, après avoir marqué notre point de départ, je suivrai l'enceinte des murs, puis, cette enceinte fixée, je décrirai les ruines qu'elle enveloppe, et je finirai par l'examen des environs de la ville.

Le village de Mavromati, qui tient aujourd'hui la place de Messène, se compose d'une vingtaine de maisons, et ne renferme que quatre-vingt-dix habitants au plus. Ces chaumières ne sont point unies entre elles, mais séparées par des espaces rocailleux, et toutes rangées à peu près sur la même ligne, ce qui les fait paraître plus nombreuses. Placées en amphithéâtre, elles dominent d'assez haut le bassin et la fontaine de Clepsydre, dont on entend distinctement les eaux jaillissantes. Aucun reste n'indique qu'il cache les soubassements de quelque monument. On voit encore une petite église à demi détruite, où un papas du monastère voisin vient dire la messe chaque dimanche.

La maison que nous habitâmes pendant notre séjour, et qui était une des meilleures, était en pierres avec un toit de roseau; non pas plat comme dans les îles, mais incliné des deux côtés, presque autant que dans les chaumières de la Provence. L'intérieur formait deux pièces partagées plutôt que séparées par une cloison de roseau. Le foyer était allumé à l'un des angles ; la fumée s'échappait par les larges crevasses qui entr'ouvrent le toit en tous sens. Ce manque d'abri est général aujourd'hui ; c'est à quoi le voyageur a le plus de peine à s'accoutumer, à cause de l'humidité pénétrante et malsaine des nuits, dont il est impossible de se défendre. Pour en souffrir un peu moins, on s'étend par terre autour du feu, qu'on entretient chacun à son tour, jusqu'après le lever du soleil. Depuis Modon, je n'ai pas passé une nuit en Morée, excepté quelques jours à Argos, sans voir les étoiles scintiller sur ma tête ; le vent me frappait la figure ou s'engouffrait sous mon manteau ; chaque jour, je me levais les nerfs et les bras enraidis par l'air fébrile du matin.

La pièce que nous occupions avait deux ouvertures sur la vallée. Les pistolets et le fusil d'un palichare étaient suspendus à la muraille. L'ameublement consistait en un baril d'olives salées, où chacun allait puiser quand la faim l'y poussait. Nous obtînmes en outre des œufs, du lait de brebis, et du cresson de la fontaine d'Arsinoë, mais point de pain. Pour hôtes nous avions une vieille femme et deux jeunes mariés. La première avait été longtemps esclave des Égyptiens; elle n'était rentrée dans ses montagnes que depuis que les Français l'avaient délivrée à Navarin; une souffrance trop prolongée lui avait laissé quelque chose d'égaré. Nous l'entendions à tout propos prononcer le nom d'Ibrahim, et nous ne rentrions jamais sous son toit sans qu'elle ne vint nous demander l'aumône, comme si elle ne nous reconnaissait pas; circonstance très rare et peut-être unique dans notre voyage. La maîtresse de la maison était un peu moins sombre, quoique aussi fort taciturne. Elle passait la journée à filer du coton au fuseau, accroupie dans les cendres, ou sur le seuil de la porte.

Du reste, il faut avoir vu ce type de douleur et d'accablement commun à toutes les femmes du Péloponèse, pour savoir jusqu'où peut aller l'impression d'un malheur continu. Au moment où je suis arrivé, le nombre en était fort diminué, comparé à celui des hommes; il était même rare de rencontrer des femmes, ainsi que des vieillards, dans les champs ou dans les cabanes; une grande partie avaient été emmenées en esclavage, ou étaient mortes de maladie et de faim. Celles qui avaient survécu avaient été frappées de manière à ne s'en relever jamais. Leurs robes longues et flottantes, le tissu de laine qu'elles replient autour de leurs têtes en forme de turban, et dont elles laissent retomber négligemment une partie sur leurs épaules, ajoute à la dignité naturelle de leur taille, que la misère n'a point encore affaissée. Grâce à leur attitude, elles paraissent sous leurs haillons déchues d'un rang élevé ; mais l'ardeur de leurs traits méridionaux, qu'une langueur mortelle a flétris; leurs yeux noirs, caves, immobiles et meurtris; une démarche noble, mais épuisée, inspirent une profonde pitié. Leur physionomie rude, morne, n'annoncerait qu'apathie, sans l'habitude constante de soupirer, qui dans plusieurs a dégénéré en maladie. Quand je cherchais à leur donner quelque espérance, elles se contentaient de relever la tête en arrière à la manière des Grecs, lorsqu'ils veulent nier quelque chose, et de répéter ces mots qui frappent à toute rencontre le voyageur, δεν είναι, *il n'y en a pas.*

Celles qui sont restées belles, et le nombre en est plus grand qu'on ne croirait, laissent une impression encore plus douloureuse, par le mépris qu'elles ont elles-mêmes de leur beauté. En les voyant courbées à l'ardeur du soleil sous des fardeaux accablants, réfugiées dans des grottes d'où la pluie tombe goutte à goutte autour d'elles, ou le soir étendues sur la terre, et dévorant avec leurs enfants quelques herbes sauvages que je pouvais à peine avaler, je me rappelais la vie des femmes dans l'heureuse Allemagne, que j'avais quittée, il y avait au plus deux mois. Je me représentais les occupations, les futilités du monde en Europe, les amusements, les heures passées dans des cercles d'amis, les poétiques et oisives contemplations; et en me souvenant que là aussi j'avais entendu des plaintes amères contre la destinée, je me disais combien est énervante l'habitude du bonheur! Quel fond de misère est dans l'homme, puisque, si loin de la région de la douleur, il trouve encore de quoi gémir!

Je n'ai encore rien dit de notre hôte. C'était un homme jeune, les cheveux blonds, plein de calme et de douceur. Quand le soleil commençait à paraître, il allait réveiller un petit troupeau de chèvres et de vaches, couché en plein air autour du seuil de la cabane; on ne le revoyait plus de la journée. Il finit par prendre goût à nos occupations, et par nous accompagner ou nous rejoindre dans nos courses. Quand il me voyait mesurer les murailles, il me demandait si j'étais venu pour reconstruire l'ancienne ville. Il m'aidait d'ailleurs à trouver des inscriptions. Ce ne fut pas sans étonnement que je le vis maintes fois au milieu des champs, prendre mon Pausanias et en lire couramment de longs passages, assis sur quelque débris e colonne, au milieu de nos guides et d'autres ergers que la curiosité attirait. Lorsque le soir tait venu, et que nous étions rentrés dans la cabane, il me copiait des chants populaires, dont j'ai conservé plusieurs, un entre autres sur la bataille de Navarin.

Aucun grand écrivain de l'antiquité n'a raconté l'histoire de Messène. Il faut aller chercher les traces du grand événement qui divisa à son arrivée la race dorienne dans quelques fragments incertains. Le récit que fait Pausanias d'après la prose de Myron, les vers naupactiques et le poème de Rhianus de Crète, est évidemment conçu avec une précision artificielle tout à fait étrangère à la marche large et naïve de ces temps voisins de l'épopée. Les véritables annales de cet âge sont les exclamations de Tyrtée. La comparaison des guerres de Messène et de la guerre de Troie ne manque pas moins de profondeur. Messène et Troie diffèrent entre elles comme Tyrtée et Homère.

Quelle fut la cause de ces haines acharnées? ce ne furent pas les agressions capricieuses de Sparte ou de Messène. Si la conquête des Héraclides devait se poursuivre, il fallait qu'elle se concentrât dans les mains d'un seul peuple. Les volontés rivales des maîtres de l'Ithôme et de ceux du Taygète ne pouvaient croître ensemble. Courant au même but et dans la même voie, l'un de ces États devait être absorbé par l'autre. L'incroyable vigueur que ceux de Messène mirent dans leur défense montra bien qu'ils étaient du même sang que ceux qui les faisaient périr. Si on les eût laissés vivre, ils eussent tenu la place de leurs vainqueurs. Par ce combat qui, avec ses intervalles, dura près de trois siècles, les Messéniens continrent le génie dorien et l'empêchèrent de ruiner dès son apparition sur le Péloponèse l'ancienne race qui l'occupait déjà. Mais ces efforts trop violents épuisèrent de bonne heure en eux le principe de vie. Quand, après une existence traînée pendant plus de trois cents ans hors de la Grèce, d'îles en îles, jusque dans les sables de la Lybie, ils furent paisiblement rétablis dans leurs murs, il se trouva qu'il ne leur resta plus de force pour rien produire, ni un général, ni un poète, ni un orateur; même ces coureurs qu'ils envoyaient autrefois de loin à loin aux jeux olympiques et qui faisaient toute leur gloire, cessèrent d'y paraître.

Revenons à Mavromati. Quoique Homère ne fasse mention que d'une Ithôme de Thessalie, même aux temps de la domination éolienne, lorsque Nestor régnait à Pylos, il y avait sur le sommet de l'Ithôme de Messénie une enceinte consacrée à Jupiter, peut-être aussi aux Cabires, et une petite ville du même nom, habitée par les familles des prêtres, que nous retrouvons plus tard dans Pausanias. Dans les premiers temps de l'invasion des Héraclides, la ville reste à peu près ignorée ou confondue avec le sanctuaire; elle ne commence à paraître que dans la première guerre, lorsque après la prise d'Amphée les Messéniens se retirent dans cette enceinte, qu'ils agrandirent. C'est là qu'à l'origine de l'histoire s'élève la figure d'Aristomène au sein des fables héroïques, comme au matin la cime crénelée de l'Ithôme se détache des vapeurs qui l'environnent.

Après vingt ans de siége, la petite ville fut prise et rasée; il ne semble pas qu'elle ait été reconstruite dans les temps qui suivirent. Pendant la seconde guerre, Aristomène ne s'y montre que pour offrir à Jupiter Ithomate le sacrifice de l'hécatomphonie. Ce n'est que dans la troisième guerre que les ilotes se retranchent de nouveau sur le sommet de l'Ithôme, où ils luttent encore pendant dix ans. Depuis lors, et pendant près de trois siècles, ce plateau reste encore une fois désert, jusqu'à la bataille de Leuctres.

Quand Thèbes fut maîtresse des Lacédémoniens, la première chose qu'elle fit pour les retenir sous le joug fut de rappeler leurs anciens rivaux de tous les lieux où ils s'étaient réfugiés. Ce fut un jour mémorable que celui où Épaminondas traça lui-même l'enceinte de la cité nouvelle au milieu des prières, des sacrifices et de la musique des flûtes argiennes. Après avoir rappelé les anciens héros, il construisit dans la vallée les temples et les monuments, et donna à la ville le nom de Messène, qui jusque-là n'appartenait qu'au peuple. Depuis Épaminondas la ville est restée libre, jusqu'à la domination de Rome. Auguste ne fit qu'une même province de Sparte et d'une partie du territoire de Messène, comme pour achever de les dégrader l'une et l'autre par cette tranquille union. Dans le troisième siècle, le nom de Messène paraît encore, mais confondu avec celui des villages dans la carte de Peutinger. Hiéroclès en fait mention au sixième siècle. L'oubli s'étend de plus en plus sur ces ruines. Enfin Messène achève de tomber avec si peu de bruit, qu'on ne peut même dire quelle main l'a frappée : destinée qu'elle partage avec la plupart des villes situées dans l'intérieur des terres.

Quoique les murs d'enceinte aient été achevés en moins de trois ans, rien n'y sent la précipitation ; ils ont partout sept pieds et demi de large, et sont formés de pierres calcaires de trois pieds de longueur, qui se tiennent par la seule perfection de leurs assises, sans mélange d'aucun ciment. Dans les endroits où elles ont roulé les unes sur les autres, elles ne se sont point brisées ; à la blancheur et à la netteté de leurs lignes, on dirait des matériaux apportés là d'hier et qui n'attendent que l'architecte.

Si nous prenons notre point de départ du pied

de l'Ithôme et de l'Évan, le mur suit pendant environ un quart de lieue les contours de ce dernier mont et se perd à la moitié de sa hauteur: dans cet espace on trouve d'abord quelques colonnes renversées qui indiquent un temple, et deux tours carrées, chacune avec une ouverture sur la vallée opposée. Au pied de la seconde de ces tours, coule à petit bruit une source vive, qui a sa pente sur le versant opposé à Messène. De cet endroit le mur se relève brusquement et grimpe jusqu'au sommet de l'Ithôme, en bordant sa crête presque en ligne droite; nous mîmes plus d'une heure et demie pour y arriver par un sentier coupé de lames aiguës et complètement privé de végétation. Ce sommet est formé de quatre plates-formes unies entre elles par des bandes de rochers larges à peine de dix pieds; sur tous les bords on distingue encore les fondements de l'Acropole; la dernière de ces plates-formes, qui est la plus grande, est occupée par un monastère aujourd'hui abandonné et qu'Ibrahim a achevé de détruire.

Ces masures, qui tiennent la place du temple de Jupiter Ithomate, se composent de plusieurs enceintes, de quelques cellules et des débris d'une petite église: le temple est tombé, mais le culte a survécu. Comme aux temps homériques, on choisissait chaque année un prêtre pour garder dans sa maison la statue du dieu; aujourd'hui l'i-

mage de la Panagia ou Sainte Vierge est confiée
chaque été à la garde d'un caloyer de Vourcano.
Les fêtes ithoméennes, célébrées dans les vers
d'Eumélus, ont été remplacées par des danses
champêtres, où le peuple se réunit encore au mois
d'août de tous les points de la Messénie. On m'a
assuré qu'elles ont continué même au milieu des
guerres de la révolution. Cependant l'espace circulaire et revêtu de dalles qui sert à ces fêtes
était recouvert d'herbe quand je l'ai vu, et prouvait qu'elles avaient été interrompues au moins
depuis quelques années. Un peu au-dessous du monastère se trouvent deux citernes d'une ouverture
d'un pied et demi carré, sous des rochers fortifiés
par un mur antique et ombragés par un massif de
houx. Près de là, le chevrier qui m'accompagnait
me montra avec admiration des empreintes sur le
rocher, qui ressemblaient en effet à des pas
d'homme : c'était revenir subitement à cet âge
du monde où les dieux, dans leur marche gigantesque à travers le genre humain, avaient laissé
de semblables traces de leurs pieds sur le sommet
du Mérou, de l'Albordy, du Taurus et de l'Olympe.
Par delà le monastère, la crête se brise tout à coup
et va, en descendant par masses déchirées, se relever à environ trois cents pas. Après m'être
traîné sur les pieds et sur les mains, en roulant
deux ou trois fois dans les anfractuosités de la

montagne, j'atteignis une tour de la citadelle encore debout, à l'extrémité nord de ce piton.

Voici le spectacle que nous avions alors autour de nous : au sud, la mer de Messénie, solitaire, unie, scintillante, et ses bords découpés en petites anses jusqu'à la pointe de Coron; sur le rivage opposé, qui se prolongeait en ligne droite jusqu'au cap Ténare, le Taygète avec ses cinq coupoles revêtues d'un éternel hiver, laissait courir de sa cime des ravines de neige sur la draperie d'azur qui se déroulait autour de ses flancs. L'éclat de ces neiges, que le soleil du matin faisait alors briller comme les rosaces d'une cathédrale, répandait dans l'air altéré du paysage la fraîcheur qui lui manque naturellement. Par-dessus un pic à l'ouest, on distingue les deux îles de Céphallonie et de Zante, qui, à cette distance, sont de la grandeur de deux vaisseaux à l'ancre. Les sommets sombres de l'Arcadie développaient au nord des orbes concentriques jusqu'à l'extrémité de l'horizon, où ils sont tendus d'un mince bandeau de glace. Sous nos pieds, à l'est, et sur le versant opposé à Messène, s'ouvre une vallée profonde et tortueuse, semblable au Pas de l'écluse, à cause de la rivière qu'on voit bouillonner au fond de ses derniers ravins: cette rivière, qui est le Balyra, après s'être cachée quelque temps sous des collines, s'en va en serpentant pendant trois lieues dans la plaine jusqu'au Pamisus, dont les eaux brillent à leur embouchure dans le golfe.

A environ cinq cents toises au-dessous de nous, les regards, en tombant dans cette vallée, rencontraient un monastère sur une pelouse ombragée de cyprès. Outre que les murailles servaient à mieux mesurer la grandeur des objets environnants, j'aimais à ramener mes yeux de l'extrémité de l'horizon dans l'enceinte des cours et sur la coupole byzantine, comme du milieu d'une vie tumultueuse, la pensée se replie un moment vers l'étroite solitude qu'on a perdue. A cela ajoutez l'impression d'un lieu élevé, les terrains qui au-dessous de vous tournoient en déployant leurs nappes ondoyantes, le mouvement d'oscillation que leur imprime la perspective verticale, le sein de la nature qui, avec la courbe des mers et des montagnes, s'enfle ou s'abaisse et semble respirer plein de pensées profondes. Tantôt je suivais les premières émigrations des races d'hommes dans l'embranchement et la profondeur des vallées, tantôt je cherchais sur les sommets qui se détachaient à pic, le monde mystérieux des traditions religieuses ; je pouvais distinguer le séjour de l'Apollon du Cotyle, du Jupiter du Lycée, du Neptune de Ténare ; d'autres fois j'étendais des phalanges d'airain sur les flancs des coteaux dont elles avaient si souvent pris la forme. Puis, en pensant que tout ceci n'était qu'un songe, une imagination vaine et insensée par laquelle je m'égarais moi-même, je me demandais à quoi bon ce soleil si étincelant, cette mer si voluptueuse, cet air enivrant, ces bocages çà et là suspendus, quand ce qui faisait l'âme de tous ces lieux avait depuis si longtemps disparu de la terre.

La pente nord de l'Ithôme étant abrupte et impraticable, il ne reste point de vestiges du mur qui du sommet se précipitait sur ce versant. Les traces ne commencent à paraître qu'au pied de la montagne. On rencontre deux tours carrées, dont chaque côté a vingt et un pieds de large, sur deux pieds d'épaisseur, avec une ouverture à une toise au-dessus du sol. Cette ouverture est tournée à l'est en dehors de la ligne d'enceinte, de manière à regarder à la fois au dedans et au dehors de la ville.

En achevant de descendre vers la gauche, vous arrivez vers la grande porte d'Arcadie, l'un des plus beaux monuments de ce genre qui soient encore en Grèce. Une large voie en dalles, sur laquelle paraît encore la trace des roues antiques, conduit à une enceinte circulaire de soixante pieds de diamètre. Cet espace est partagé par deux ouvertures de seize pieds en face l'une de l'autre et dans la direction de 17° nord-ouest, qui marque aussi celle de la vallée. L'une des architraves a été renversée, et appuie une de ses extrémités sur le sol. Deux excavations en forme de niches carrées pour des statues sont enfoncées dans le mur des deux côtés de la porte d'issue. Celle de la gauche a été brisée par les armes à feu des Turcs. L'autre porte à sa base une inscription à demi effacée, que je copiai debout sur la croupe de mon cheval, ce qui peut servir à évaluer la hauteur. Tout cet espace circulaire est ombragé par des oliviers, des lauriers, des agnus castus, qui pendent du haut de la plate-forme, et y entretiennent une vive fraîcheur. Deux massifs rectangulaires se projettent au dehors, et, après s'être deux fois brisés à angles droits, se réunissent et se confondent avec la ligne des murs d'enceinte.

Ceux-ci poursuivent leur cours en traversant la vallée, qui est là fort étroite, et ils coupent à l'ouest les collines opposées. Parvenus sur l'un des mamelons, ils couronnent toute cette chaîne parallèlement à l'Ithôme. C'est le lieu où ils sont le mieux conservés. Ils sont encore flanqués de cinq tours, placées à environ cent vingt pas l'une de l'autre. Il y en a dont les côtés extérieurs sont en demi-lune, et celles-là alternent avec celles qui sont à face plate. Quelques-unes ont encore des escaliers, dans lesquels j'ai compté douze marches. L'intérieur est tapissé d'une foule d'anémones qui ont la couleur et la forme de gouttes de sang. Depuis la dernière de ces tours, le mur est de plus en plus ruiné ; il descend dans le bassin, où il longe un large ruisseau, sur lequel il a laissé deux piliers. Après cela, ses traces, toujours plus incertaines du côté de la Laconie, se glissent sous des touffes d'oliviers, et viennent, en serpentant avec le terrain, rencontrer le mont Évan à moitié de sa base, à environ deux cents pas du village de Simitza, là où il achève de disparaître entièrement.

Reste maintenant à nous reconnaître au milieu des décombres qui jonchent une partie de l'enceinte que nous venons de tracer. En descendant de Mavromati, le rocher surplombe au-dessus d'une nappe d'eau qui s'échappe à travers les fissures d'un reste de mur, et tombe bruyamment de gradins en gradins, en formant autant de petites cascades jusqu'au fond du bassin. Cette source est la Clepsydre des poètes ; quand les nymphes vinrent y baigner Jupiter à sa naissance, il est probable qu'elle était, comme aujourd'hui, cachée sous des vignes sauvages, de hautes orties, des figuiers et des buissons de bruyère. Plusieurs femmes, avancées dans la fontaine jusqu'à mi-jambe, emplissaient de grossières hottes de cette eau sacrée, dont les prêtres du sanctuaire d'Ithôme venaient puiser chaque jour dans des urnes d'or (1).

(1) Pausan., *Messen.*

Si l'on suit le ruisseau jusqu'à sa dernière chute, on arrive au milieu de champs qui devaient être la place publique. On y trouve encore une inscription d'Aurélien (1), et sous des soubassements helléniques, des débris de constructions mêlés de briques, de ciment, de pierres brisées, qui marquent la place des temples de Neptune et de Vénus, et prouvent que la ville a continué de végéter obscurément jusque dans les dernières époques de l'empire d'Orient.

Plus à l'est on découvre les restes d'un rectangle long de cent cinquante-cinq pas, et large de cent douze, avec plusieurs colonnes cannelées d'un pied huit pouces de diamètre, renversées sur les côtés. L'étendue de cette aire me la fit prendre pour celle de l'Hiérothysium, où étaient réunies les statues de tous les dieux. Plus loin, dans la même direction, vingt et un fûts de colonnes, huit degrés encore visibles, une longueur de course de cent vingt pieds, m'aidèrent à reconnaître le stade; il est traversé dans sa plus grande dimension par le ruisseau, et son extrémité est marquée par un entassement confus de colonnes, de chapiteaux ioniens, et une frise renversée: à quelques pas de là passe le mur d'enceinte.

(1) J'ai retrouvé là une inscription byzantine déjà copiée par Fourmont. La description de son neveu, quelque vague qu'elle soit, démontre cependant qu'il a été sur les lieux.

Sous des arbousiers qui croissent en cet endroit par larges masses, je dessinai à côté de deux tortues immobiles un bas-relief représentant une tête de bœuf entourée de guirlandes, placée entre une couronne et une tête de cheval. Joignez-y sous les mêmes bosquets, le torse d'une statue et une patère de grande dimension ; ce sont les seuls restes que je vis des sculptures de Messène.

Un peu vers le nord on rencontre l'enceinte d'un amphithéâtre, et tout à côté un beau reste de mur percé de deux portes à angles aigus, semblables à celles de Tyrinthe. Cette construction, formée d'énormes pierres, me sembla une imitation savante des murs cyclopéens de l'Argolide.

Notre revue se termina par la découverte d'une inscription, où je lus le nom d'Aristomène, mais malheureusement de l'époque de la famille de Tibère Claude ; elle faisait partie des soubassements d'une petite église byzantine, située sur une éminence environnée d'oliviers, qui pourrait bien être la place du tombeau du héros. Dans l'intérieur on voyait l'autel appuyé sur un reste de pilier antique ; des chapiteaux de différents ordres étaient roulés sur le pavé. Le pittoresque est tellement prodigué dans ces petites chapelles, qu'il exclut toute idée d'art réfléchi ; elles sont belles par la confusion de tous les siècles et de toutes les ruines. Comme le Bas-Empire d'Orient est lui-même le mélange désordonné de la Grèce, de Rome, de l'Égypte, brisées par fragments, mais non point encore tout à fait désorganisées et méconnaissables : ainsi ces petits monuments qui le représentent ont leurs murailles faites de tronçons de colonnes, de frises, d'architraves, de fûts de différentes hauteurs réunis entre eux par le hasard. Ils sont flanqués de pierres lapidaires, de fragments de statues, de bas-reliefs, et appuient leurs dômes écrasés sur les vastes et éternels fondements des temples helléniques.

Mais, tels qu'ils sont, ces édifices montrent mieux que tous les autres, combien l'architecture est épique dans sa progression, et le véritable et naturel dépôt que les empires laissent en se retirant. En effet, il est impossible de considérer ces églises avec quelque attention sans reconnaître qu'elles sont la première forme et l'ébauche irréfléchie des basiliques du Nord. Chaos qui vient de se former des débris d'un monde encore croulant, que le génie naissant du moyen âge lui donne la vie et l'intelligence, ces piliers de diverses proportions, sans cesser d'être unis, vont s'élancer en fuseaux, ces chapiteaux usés vont changer leurs acanthes flétries contre les figures symboliques des dragons de l'Apocalypse. L'esprit de l'humanité, en se relevant indépendant et avide d'infini avec des peuples nouveaux, soulèvera dans les airs ces coupoles écrasées ; et la forme pyramidale que la nature fait prédominer dans sa création végétale en avançant vers le Nord, sera celle de cet arbre mystique que chaque siècle a nourri de sa sève. Pendant que dans les épopées du moyen âge, les éléments celtiques et germaniques s'entent sur les traditions de la cour de Byzance, les ogives des cathédrales berceront leurs rameaux sur le tronc dépouillé de la colonne d'Ionie. Ainsi, après sa lente formation, l'architecture gothique représente les phases diverses du genre humain, et n'est elle-même que le type de l'histoire universelle, rendu sensible et immobile par le prodige de l'art.

Pendant mon séjour à Messène, je fis plusieurs visites aux caloyers de Vourcano. J'ai dit que le monastère est situé dans la vallée de l'est, et environné de petits bois de cyprès et de chênes, qui lui donnent un caractère singulièrement mélancolique. On y descend par un sentier taillé dans le roc; de près il offre l'aspect d'une citadelle avec ses tours carrées et aplaties. A côté de la porte sont incrustés dans la muraille deux pieds de statue qui paraissent fort beaux. L'église est au centre des bâtiments et des cellules qui lui servent de retranchement. Je trouvai les moines assis sur l'herbe, en face du porche. Leurs longues robes violettes, leurs croix en cuivre sur la poitrine, leur barbe flottante et la toque noire qui couvre leur tête, présentent un bizarre mélange de l'habit des grands prêtres de Jupiter et de celui des sophistes de Théodose. Mes palicares mirent un genou en terre devant eux, et reçurent l'imposition des mains; ils les quittèrent pour aller faire leurs prières dans l'église.

Pendant que l'un des moines épluchait des herbes pour des malades, un autre se relevait de temps en temps pour frapper de la main le battant d'une cloche, et marquer les divisions de la journée. Dans l'intervalle on entendait un bourdonnement de litanie sortir d'un coin de la cour; c'étaient trois enfants occupés à lire à haute voix et en plein air la liturgie de la semaine. L'un d'eux, assis sur le seuil de la porte, les épaules nues et couvertes de cheveux bouclés, tenant dans ses mains une grande Bible appuyée sur l'herbe, offrait le modèle de ces figures d'anges si fréquentes dans les peintures byzantines. La situation solitaire de ce monastère l'avait fait choisir par Ibrahim pour y abriter ses femmes. Pendant ce temps, les caloyers s'étaient enfuis dans les cavernes des environs. L'intérieur du dôme de l'église était criblé de balles; toutes les têtes de saints peintes sur les murs avaient été écorchées et effacées à la pointe du yatagan. Une des tours avait été presque entièrement brûlée. Je cherchai inutilement quelque reste de bibliothèque. Dans les cellules je ne trouvai, à la place de livres et de manuscrits, que quelques sabres et des ceintures garnies de pistolets.

Chose remarquable, ces hommes conservaient des traditions encore vivantes d'Aristomène. Ils me racontaient que le héros lançait des fragments de rochers depuis le sommet de l'Ithôme jusque sur la colline de Milo. On m'avait déjà rapporté des histoires à peu près semblables à Coron, tant il est vrai que la trace des souvenirs épiques est la dernière à s'effacer dans un peuple.

Les moines cultivent quelques terres aux environs ; mais, quoiqu'ils m'aient offert l'hospitalité, je suis obligé de reconnaître que la grossièreté de leurs idées faisait un triste contraste avec la solitude poétique qui les environnait. Il était évident que le mouvement de régénération qui active et sollicite toute la Grèce s'était arrêté sur le seuil de leur porte. Après la conduite brillante du clergé dans la révolution militaire, il semble qu'il n'aurait tenu qu'à lui de conserver la meilleure part dans la direction des affaires ; mais son incapacité, qu'il sent et reconnaît lui-même, l'a forcé d'abdiquer toute autorité politique.

En même temps, dans cette vie nouvelle que le paysan grec vient de se faire, il n'a pas laissé de renoncer à quelques terreurs superstitieuses, et à diverses antipathies de secte, telles que sa haine contre les Latins. Partout il lui faut un joug plus intelligent. Avec la bonne volonté du clergé et du peuple, si le premier s'éclairait, il pourrait rendre d'importants services, sans pourtant jamais maîtriser une nation qui offre désormais peu de prise au fanatisme. Aujourd'hui l'influence de l'Église grecque est encore fort au-dessous des pouvoirs que lui laisse la constitution.

Ce monastère me rappelle les vertus vraiment ascétiques que nos guides eurent à déployer dans ses environs pendant mon séjour à Messène. C'étaient deux frères à peu près de mon âge, ayant d'ailleurs de beaux cheveux bouclés sur les épaules, des cicatrices et des traces de sabres turcs sur les bras et sur la poitrine. Nous les avions pris en amitié, et nous leur offrimes de partager avec nous le peu de provisions que nous avions. Mais, quoiqu'ils fussent morts de faim et de fatigue, leur abstinence, car on était alors en carême, résista à toutes les épreuves. Le pain manquant, ils furent rigoureusement réduits à un régime d'herbes sauvages et de tronçons de chardons.

Dès que je m'arrêtais quelque part, ils tombaient épuisés à plat ventre sur la terre ; mais je n'avais qu'à presser mon cheval et à continuer ma route, pour les voir se relever avec une agilité merveilleuse, poursuivre leur chemin d'un pas ferme et léger, ou grimper un coteau à la course en reprenant leur chanson. Jamais, au milieu de ces macérations et de tous les caprices d'un antiquaire, je n'ai surpris chez eux un signe d'impatience ou de mutinerie. Ils avaient quelque chose de caressant et une gaieté facile à éveiller au plus fort de leurs misères ; ce qui, dans les circonstances où nous étions, suffisait de reste pour en faire de fort aimables compagnons de voyage.

Nous achevâmes de descendre en suivant le ruisseau *Vasiréma* jusqu'aux bords du Balyra. Son eau bourbeuse roule entre deux buissons d'arbousiers, se brise sur des bancs de silice inclinés sur son lit, et disparaît entre deux collines, dont l'une est arrondie et presque sphérique. Nous remontâmes la rive droite sur une plage que labouraient avec des socs de bois trois paysans, pistolets et sabre à la ceinture. On apercevait près de là la ferme de Stadiolataria, qui appartient au monastère. L'exposition à l'est de cette partie de l'Ithôme y rend la végétation admirable. C'est un des lieux qui, pour retrouver l'ancienne fertilité de la Messénie, n'attend que l'industrie de quelque Européen, que l'excellence et la salubrité de l'air y attireront sans doute. Les amandiers en fleurs s'y mêlaient en foule avec les figuiers, les mûriers qui commençaient à bourgeonner, élevés en étages sur les flancs de la montagne. Le dernier de ces étages était garni d'arbres de nos pays, d'ormes, de frênes, surtout d'une forêt de chênes qui avaient conservé leurs feuilles d'hiver, et jetaient le reflet sévère d'un autre climat sur le gracieux et éblouissant ombrage de la vallée. En sortant de ces bois, à la tombée de la nuit, je me trouvai un peu au-dessus du niveau de la grande porte. A cette heure la lumière de la lune descendait endormie dans le bassin, et nuançait ses rayons avec la verdure pâle des oliviers et la blancheur des murs. Des cris de hiboux, qui partaient des toits de plusieurs chaumières, s'élevaient au-dessus d'un coassement de grenouilles. Le même soir nous fîmes nos préparatifs de départ pour le lendemain.

CHAPITRE III.

L'ARCADIE. — MÉGALOPOLIS. — UN ORAGE SUR LE MONT LYCÉE. — LE TEMPLE D'APOLLON.

Mes deux compagnons de voyage avaient reçu, dans une des nuits précédentes, des lettres qui les obligeaient de rejoindre en tout hâte le quartier général. Je restai seul depuis leur départ, circonstance que j'aime à noter, puisqu'elle m'apprit que la sécurité dont nous avions joui jusque-là tenait à toute autre chose qu'à notre nombre. J'aurais de la peine à décrire le sentiment d'étonnement et presque de reconnaissance qui saisit un étranger, lorsqu'il s'égare loin de ses guides et seul, dans ces défilés où, suivant les bruits d'Europe, il croyait ne pouvoir pénétrer qu'à travers de grands dangers et sous la sauvegarde d'une escorte. De temps en temps il rencontre, au détour d'un ravin, des bergers qui gardent leurs troupeaux de chèvres avec des fusils, des pistolets et des sabres, ou des palichares errants dont il reçoit en passant le salut amical et digne. Bien peu se retournent pour le regarder, soit qu'ils imitent en cela la dignité orientale, soit qu'ils aient tout récemment assisté à de si poignants spectacles, et qu'ils soient possédés encore de si imminents besoins, que leur curiosité est à demi effacée. De mendiants, on n'en voit nulle part.

L'habitude de porter des armes s'est perpétuée dans les lieux d'où l'ennemi a été le plus tard expulsé. Elle décroît à mesure que l'on approche du centre du gouvernement ; dans la Messénie et une partie de l'Arcadie, on ne trace pas un sillon, ni on ne dresse le bât d'un mulet, sans s'être à l'avance préparé comme au combat. Dans le nord de la Laconie, déjà cette coutume est moins générale ; elle a tout à fait cessé dans l'Argolide, les environs de Corinthe et les îles. Mais il en reste encore assez pour que l'on puisse s'étonner du petit nombre de délits qui en résultent. La confiance que chacun se témoigne avec tant de moyens de la troubler, fait l'honneur de la Grèce actuelle. Je tiens du frère du président que sur le continent on n'a compté que deux homicides en 1827 et 1828 ; encore avaient-ils été commis à l'armée. Il y avait au printemps trente hommes seulement dans les prisons du gouvernement. Cent quarante étaient libres sur caution, une partie sous l'accusation du fait de piraterie, les autres compromis par les discordes politiques.

Sans doute le voisinage de l'armée française, et la force morale que l'administration y a trouvée, ont puissamment contribué à ce résultat inouï, qu'aucune nation civilisée ne reproduit en pleine paix dans de telles proportions. Mais cette cause accessoire n'eût pas suffi, si elle n'eût été précédée de causes plus profondes. Au premier rang je mettrai le besoin extrême de repos, qui conduit au sentiment de l'ordre comme au seul moyen de se refaire de son épuisement.

Il n'a fallu qu'un gouvernement qui s'offrit avec l'intention manifeste d'organiser et de pacifier, pour que de toutes parts il fût compris et secondé par l'instinct populaire. Un ingénieur français me racontait, qu'ayant été envoyé d'Égine pour dresser le plan d'une grande ville, aujourd'hui rasée, il avait été tout étonné, au lieu des résistances auxquelles il s'attendait, que le moindre agogiati vint de lui-même, avant de relever sa hutte d'argile, consulter le devis et demander sérieusement si elle était dans l'alignement et les conditions d'une ville européenne. J'appliquerais volontiers cet exemple à la direction générale de la nation. Les gouverneurs de province et les démogérontes ne tarissent pas sur l'appui qu'ils trouvent dans l'intelligence des inférieurs, et sur la facilité qu'ils ont à se faire écouter.

Le profit qu'on a tiré pendant quelque temps de vivre sans lois a paru à la fin si faible et de si funeste enjeu, que chacun, pour respirer, se range à une discipline volontaire. Il faut avouer que cette disposition est singulièrement favorisée par le fond d'union qu'ont cimenté dans le peuple tant de dangers communs. Au milieu de gens rassemblés de tant de point différents, je n'ai pas été témoin d'une seule querelle ; le nom d'ἀδελφε, frère, par lequel ils ne manquent jamais de s'aborder sans se connaître, exprime d'une manière antique la fraternité du malheur qui vient de resserrer leur lien de famille.

A cela j'ajouterai le sentiment d'émulation par où ils sont encore Grecs, plus que par la langue et le climat ; l'envie est extrême de ne pas rester en arrière du gouvernement, de se proportionner à sa hauteur, et sinon tout à fait d'en savoir autant que lui, du moins de se mettre en état d'exécuter tout ce qu'il commande. Du côté du pouvoir, l'art consiste à caresser et à exciter en même temps ce goût de rivalité ; mais autant il est vif, autant il est facile de le blesser ; j'ai connu des chefs qui avec les meilleures intentions du monde se sont perdus, pour avoir voulu faire parade de leur supériorité.

A ce sentiment s'allie celui de la prééminence européenne ; tous en sont secrètement saisis ; les plus habiles mettent leur honneur à la mieux reconnaître. Il est évident que le nom de Barbares leur déplairait souverainement ; ils exagèrent ce qui leur manque, pour bien montrer qu'ils n'en sont pas la dupe ; et ce pays, livré hier encore tout à la force, fait appel au droit du plus intelligent. C'est ce qui explique la popularité du président, homme de cabinet, vêtu de l'habit du diplomate, au milieu d'une nation de klephtes.

Je montrerai plus loin une partie des efforts que le besoin d'apprendre a déjà suscités. On sait quel a été le succès des écoles que le gouvernement a fondées ; je pourrais nommer de pauvres démogérontes qui ont eux-mêmes, de leur propre mouvement et à leurs frais, établi et soutenu de leur science des écoles dans leurs villages, sous des cabanes de branches de pin. A un autre degré de l'échelle sociale, des chefs de parti, vieillis dans l'autorité et les discordes, se sont mis à la fin de leur vie sous la tutelle d'un précepteur.

Comme dans le mouvement de la révolution, on découvre à la fois deux principes opposés, le génie encore intact de la race albanaise et les débris renaissants de la souche hellénique : ainsi la Grèce, dans son état présent, offre à côté l'un de l'autre, ce qu'il y a de plus antique et de plus moderne, de plus primitif et de plus épuisé, de plus irréfléchi et de mieux avisé, les habitudes homériques à côté des routines de la chancellerie, le chasseur Méléagre et les calculs d'un député de New-York, des rhapsodes épiques et la méthode de Lancastre.

L'imitation des formes européennes a été trop brusque, elle est encore trop récente pour n'être pas d'abord un peu stérile. L'esprit des indigènes a été ébloui de la supériorité étrangère. Mais en l'acceptant pour modèle, il n'a pas renoncé à se produire lui-même dans un système national.

D'autre part, il faut tenir compte aux Grecs de ce qu'ils n'ont pas songé à faire revivre par la déclamation l'ancienne Grèce classique; en quoi ils ont été servis par leur bon sens plus encore que par l'ignorance.

Leur destinée est, il semble, de se rapprocher par degrés des institutions sociales de l'Amérique, sur une terre redevenue jeune et presque primitive, après avoir usé toutes les barbaries et dévoré tous ses maîtres.

Sur les derniers degrés de l'Ithôme on me montra, au sommet d'un petit mamelon, des ruines revêtues de gazon et connues sous le nom de Milae. Nous traversâmes le Balyra et la Leucosie à leur jonction sur un pont triangulaire, dont les premières assises sont antiques. La plaine de Stényclare s'ouvre à peu de distance de là. Une foule de tortues et de lézards se traînaient au bord des marais. Quelques villages, Méligala, Solaki, composés à la fois de huttes en terre, de tentes de lambeaux et de couleurs bigarrées, sont défendus par des buissons de raquette épineuse. Ces divers

4.

degrés de misère rappellent que diverses populations viennent de s'agglomérer dans le même lieu, et qu'une émigration forcée des habitants de la Romélie est là au bivouac à côté des masures des Moréotes.

À l'extrémité de la plaine nous atteignîmes le khan de Sakona, au débouché de l'Hermæum et à la frontière de la Messénie. Un homme me tendit en passant une outre de vin mêlé de résine, et de l'eau tiède dans un vase de la même forme que ceux qui sortaient de la poterie des Éginètes. Quelques barriques de riz, d'huile, de raisins secs, et des peaux de poissons et de loups, suspendues au toit, complétaient l'approvisionnement de ce lieu renommé. Ce doit être près de là que Philopœmen fut fait prisonnier, et qu'il passa, les mains liées derrière le dos, pour aller mourir dans la prison de Messène. Mes guides me racontaient à leur tour, avec une étonnante vivacité d'action, la défense de ces défilés contre les Turcs, et me montraient les rochers et les masses d'arbres où ils s'étaient embusqués.

Nous commençâmes à gravir, au-dessus d'un torrent, les flancs escarpés du Macryplai : ils sont couverts de forêts de chênes, qui m'aidèrent à reconnaître les montagnes touffues des poètes. Au lieu de cet éclat de lumière qui nous avait inondés jusque-là, le caractère sombre, fauve, mystérieux

de ces crêtes annonçait l'approche de cette vieille
Arcadie, qui récèle sous ces ombres les premières
villes du genre humain. Ces plateaux chenus, où
vivaient les Euménides, ont quelque ressemblance
avec les landes pluvieuses des sorcières d'Écosse.
A gauche nous laissâmes la route pavée de Tripolitza. Après avoir encore passé deux petites collines
boisées, nous traversâmes à gué le Xerillo Potamo,
qui doit être le Karnion et va se jeter plus bas dans
l'Alphée. De l'autre côté Londari est suspendu
sur un sommet.

Avant la guerre on comptait cinq cents Grecs
dans le village ; il en restait deux cents, qui s'étaient
sauvés dans le Magne ; huit encore étaient esclaves. Le château en ruine a été fondé par messire
Gauthier de Rousseau, au commencement du treizième siècle ; c'est aussi à peu près le temps où le
village s'accroît par des invasions. Il est certain
qu'alors la brusque apparition des croisés français au sein des générations lasses et surannées
du monde byzantin, la féodalité du sire de Champlitte, établie dans les mêmes lieux et presque sur
les mêmes bases que la féodalité de Nélée et de
Ctésiphon, et dans le lointain, mais déjà menaçante, la race slave, qui pénètre par tribus sous
les pins de l'Elide et les chênes de l'Arcadie, forment une époque de contraste où se rencontrent
pêle-mêle toutes les époques de l'histoire, et qu'un

ouvrage d'art ne peut manquer un jour de mettre en relief et de créer une seconde fois.

Je me préparai à pénétrer dans l'Arcadie par Mégalopolis. Le lendemain, par un jour brumeux, nous tournâmes au nord la montagne rocailleuse de Londari. Des monticules couronnés de broussailles conduisent jusqu'au lit de gravier de l'Alphée, qui se distingue à peine de ses affluents. La verdure et la fraîcheur des terrains qu'abreuvent des eaux courantes, forment de vastes pelouses, auxquelles il ne manque que les anciens troupeaux (1) d'Arcas. J'avoue que ces paysages, si célèbres dans l'antiquité, sont pour nous trop uniformes. De longues prairies bien arrosées, bien engraissées, de petits bois sans ombre, des ruisseaux en rigole à fleur de terre, de bons pacages de Normandie, ont la monotone et tranquille abondance de ces discours d'idylles ou d'églogues, qui, toujours à flots égaux, se répondent sans changer. Peut-être même que cette poésie, née de l'ennui d'un peuple attaché à la glèbe, s'accommodait mieux de la fécondité d'un pâturage que de l'aride perspective des escarpements et de la lumière d'un ravin.

Cette plaine est fermée en cercle, à l'est, par les sommets presque horizontaux du Ménale, et au

---

(1) Strab., l. VIII, p. 317.

couchant par les cimes échelonnées du Vlaki-Strata.
Au centre, les maisons en argile de Sinano paraissent à travers des groupes de mûriers. Un grand nombre d'églises marquent la place de presque autant de temples, et c'est dans les champs des environs qu'il faut chercher les traces de Mégalopolis.

Deux laboureurs, qui se trouvaient seuls dans cette enceinte, y creusaient leurs sillons dans une argile pétrie de débris de marbres, de briques et de poterie. Nul autre endroit de la Morée ne paraît mieux fait pour l'emplacement d'une capitale. Partout de l'espace, de l'eau et de faciles avenues. Le Barbouzana (comment reconnaître l'Hélisson,) qui coupait la ville en deux, coule sous une allée de platanes, de quinze pas de large. Je le traversai à mi-jambe ; il enterrait sous ses alluvions et sous des pailles de maïs quelques fûts du voisinage de la maison de Philopœmen. Dans la colline qui le borde, est enfoncé ce fameux théâtre, qui passait pour le plus grand de la Grèce. De belles masses de murailles, semblables à celles de Messène. le flanquent des deux côtés, et l'on découvre en avant de larges débris du Proscenium.

Partout où sont des théâtres, on peut y aller chercher avec assurance la plus pure et la plus large perspective d'une contrée ; c'est en quoi ils sont supérieurs aux temples, qui, plutôt faits pour être vus, ne regardent souvent de leurs sommets que la projection aplanie des collines et des lieux bas. Mes agogiatis et moi, nous nous assîmes sur l'un des gradins, comme des spectateurs distraits qui attendent encore sur leurs sièges, quand déjà la pièce est achevée. Au loin, la draperie du mont Ménale pendait à grands plis tout autour de la plaine; le bruissement de la rivière répondait aux hurlements des chiens de Sinano. Je songeai qu'au temps de Strabon la charrue passait déjà sur ce grand plateau de briques.

Ces populations de toute l'Arcadie, qui s'étaient un jour ralliées sous la protection de Thèbes, se dissipèrent comme elles s'étaient unies, et la ville la moins ancienne du Péloponèse ne montre pas plus de vestiges qu'une autre, parce qu'il lui manquait ce génie intérieur qui répare ses brèches et perpétue ses ruines.

Malgré les soubassements de marbre sur l'autre rive, le meilleur débris que Mégalopolis ait laissé est encore le nom de Polybe. Jusqu'à lui la Grèce s'était fait de sa propre histoire un spectacle qu'elle avait embelli à l'égal de tous les autres ; et, soit dans Hérodote, soit dans Thucydide, ses annales avaient toujours été une pompe ajoutée à ses fêtes. Mais au moment de périr, la Grèce se retourna tristement pour chercher dans son passé la leçon qui pût la relever. Alors Polybe alla se placer au centre de l'univers romain. Et comme Rome était le dénoûment de toute la société antique, tant européenne qu'orientale, il trouva naturellement dans ce dernier acte l'explication partout ailleurs obscure de chaque mouvement de son propre pays ; en sorte que la Grèce crut avoir rencontré en Polybe le sauveur qu'elle attendait, et elle l'improvisa général, dans le moment suprême.

Je quittai Mégalopolis pour m'enfoncer dans le Lycée, la partie la plus curieuse, la plus obscure du Péloponèse, et chercher Lycossure, qui avait déjà coûté tant de peine à Dodwell. Nous marchâmes au couchant sur les huttes de Cashimi, d'où l'on distingue sur la gauche la tour de Delhi-Hassan, qui marque la place de l'ancienne Acacesium. Un peu plus loin nous retrouvâmes, à travers des tertres humides, l'Alphée ou Mégalo-Potamo. Sur un fond sablonneux, avec une eau vive et limpide, il continue de poursuivre, sans se lasser, son amante Aréthuse ; et cette fable ne pouvait s'appliquer à un fleuve qui imitât mieux la précipitation de la jeunesse. Je trouvai moi-même, comme la Nymphe, ses bords un peu plats et dépouillés ; de l'autre côté nous étions dans le voisinage de l'ancienne Macarée, et nous traversâmes les mares où Mercure vint au monde. C'est aussi dans ces broussailles déracinées par les eaux que s'étaient livrées les batailles des Titans ; nous gravimes les premiers degrés de la chaîne du Lycée sous d'épaisses forêts, qui répandent sur ces traditions une ombre sacrée.

Ces bois n'ont point été coupés depuis l'antiquité. On ne voit çà et là que des cylindres d'écorce, des arbres tombés de vieillesse, qui jettent autour d'eux une clarté phosphorescente, d'autres qui sont noirs et brûlés jusqu'à la cime. Des bergers réfugiés dans les crevasses des troncs, avaient l'air, sous leurs casaques grisâtres, de statues dans des niches d'ébène. De nombreuses bandes de pigeons ramiers partaient sans bruit, et quelques pics-verts becquetaient les cimes des chênes. Représentez-vous de petits sentiers de piétons, tracés à la dérobée, comme par les pas des Faunes, et où nous nous égarâmes dès le commencement, des blocs de pierre où le voyageur s'obstine à chercher quelque ville de géant, le bruit des feuilles d'hiver que le vent faisait frémir de ce tremblement prophétique des chênes de Dodone, les courses de nos chevaux sur des rebords à pic larges souvent de moins d'un pied, au-dessus des torrents; à tout cela se joignit un violent orage qui éclaira de la foudre des Olympiens la profondeur de ces vallées. Je devais faire la connaissance de Jupiter Lycéen au milieu du retentissement du tonnerre. Le soleil, qui avait été depuis le matin fort ardent, se couvrit de nuages, et les éclairs se succédaient si rapidement que la forêt paraissait toute en feu. En un instant, une grêle qui meurtrissait les branches, couvrit toutes ces hauteurs de givre et de verglas. Nous fîmes inutilement par cet ouragan beaucoup de chemin pour nous réfugier dans la cellule d'un moine qu'on apercevait sur un piton ; elle se trouva être sans toit et en décombres. Mais de là nous distinguâmes un village sur une crête moins haute. Ce ne fut que le soir que nous arrivâmes à Dervouny, lieu dont je n'avais jamais lu le nom dans aucun voyageur, ni sur aucune carte. Ce doit pourtant être près de là que Pan trouva ses chalumeaux.

A notre approche, les cris des enfants, les aboiements des chiens, les portes fermées avec fracas, prouvaient de reste que l'arrivée d'un voyageur était dans cet endroit un événement aussi inouï que menaçant. Je descendis, tout trempé d'eau, dans une masure en pierre où une femme me reçut en riant. Ses longs cheveux noirs tombaient des deux côtés de ses tempes et ressortaient sous son écharpe blanche. Dans le fond de la cabane était assis le chef de la famille. Sa taille haute, ses traits effarés, tout l'opposé des Albanais, la ligne du nez rompue et cave, sa tête petite et ronde, sur un long corps disloqué, me firent penser que j'avais devant moi le type naturel du Satyre des Pélasges (1);

(1) Voyez la lettre du docteur Edwards sur la persistance des types physiologiques des races humaines.

avec son long coutelas qui brillait à sa ceinture, il semblait l'esprit même des forêts et des retraites sauvages que je venais de traverser.

Son hospitalité fut vive et empressée ; la première marque qu'il m'en donna, fut de s'emparer de mes pistolets, pour les essuyer et en changer l'amorce. Pendant que je me séchais devant un grand feu, le soleil couchant éclairait sur la porte un groupe de femmes qui nous regardaient fixement : elles étaient enveloppées d'une pièce de laine qui descendait jusqu'à leurs genoux et qu'une corde serrait autour de leurs reins. Le haut de leur corps était presque nu. Au moindre de mes mouvements elles s'enfuyaient avec effroi ; plusieurs d'entre elles me représentaient la taille et la timidité de la Diane chasseresse, qui était, en effet, la déesse indigène de ces montagnes.

La nuit venue, nous partageâmes nos provisions pour un festin commun. Je fournis le reste de mes olives ; mon hôte y ajouta une récolte d'herbes sauvages, que l'on fit bouillir à l'eau pure (1), et que l'on servit sur un plateau de hêtre, où nous les pêchions avec nos doigts. Le tout se couronna par un gâteau de fèves, qui en quelques minutes fut pétri et cuit sous la cendre. Un enfant suspendu au toit dans un petit tronc d'arbre, creusé en forme

(1) C'est l'unique nourriture de toutes les populations de l'intérieur.

de pirogue, était balancé d'un mur à l'autre, pendant que son frère, debout au milieu de la salle, disait à haute voix la prière, en y mêlant plusieurs génuflexions, auxquelles les assistants répondaient. Cette hutte si retirée n'avait pourtant pas échappé aux Égyptiens. Il n'y avait que peu de jours que nos hôtes l'avaient à demi relevée, et ils n'avaient point encore déblayé les terres humides qui étaient rangées par monceaux dans l'intérieur. Nous nous étendîmes pêle-mêle autour du foyer, après nous être couverts de paille et de haillons. Le vent souffla, et la pluie dégoutta si bien autour de nous, que l'Arcadien fut obligé de réchauffer son enfant une partie de la nuit en le tenant au-dessus de la flamme des tisons. Ce sont pourtant là les vallées de Diane et d'Endymion.

Au lever du soleil, je cherchai à me reconnaître. Nous étions à sept lieues de Tripolitza, à trois de Caritène, à une demie d'Agios Georgios : des sommets abrupts et taillés en amphithéâtre bornaient la vue de toutes parts. Il était évident que nous avions laissé Lycossure au sud. Nous poursuivîmes notre route en gravissant la muraille blanche du Monogofida, en face de forêts à peu près semblables à celles de la veille, mais par des sentiers plus rudes. Ces solitudes, où l'on n'entend que le pic-vert, sont comme une initiation avant d'arriver au grand jour des temples et des villes.

A gauche je laissai le village de Velga, et je traversai celui de Bercla, où les habitants étaient rangés en cercle sur une plate-forme. De l'autre côté, le sentier grimpe dans le lit d'un torrent planté de hauts platanes ; après vingt minutes nous découvrîmes au milieu d'un bois de châtaigniers les toits d'Ampellone, où nous mîmes pied à terre.

A peine avais-je repris haleine, que je repartis dans l'impatience d'atteindre les colonnes du Cotyle. L'homme qui s'offrit en cet endroit pour m'accompagner, était, je crois, le pope. A la barbe noire qui ombrageait son visage, au livre qu'il lisait en courant au bord des précipices, il pouvait facilement passer pour un desservant du temple. On parvint bientôt à la région de ces bois de houx dont les feuilles sont de la grandeur de celles des myrtes, et n'en diffèrent que parce qu'elles sont crispées par le froid. Au fond d'une ravine le village de Sclérus est rangé sur le dernier gradin de la cascade que les anciens prenaient pour les sources du Lymax. Je m'informai inutilement de la grotte de Cérès qui devait être dans ces environs. Quand je l'aurais découverte, je n'aurais pu y faire d'offrande de pain, de raisins et de gâteau de miel. Les champs labourés et les plateaux de verdure qui pendent sur les rochers, expliquent peut-être pourquoi la déesse s'est fixée là. Il nous fallut encore près d'une heure pour gravir le cône du Mondefio, qui ne présente plus à cette hauteur que quelques chênes rares et rabougris.

Un éclat de voix de mon guide me fait tourner la tête vers le sommet; je me trouve vis-à-vis d'un massif de colonnes toutes debout et intactes, qui formaient le plus magnifique ensemble que j'eusse vu de ma vie. Je savais que je devais les rencontrer bientôt; mais l'effet en fut si prompt, si inopiné, qu'il tenait de l'enchantement. Je ne pouvais revenir de la surprise où j'étais de trouver une merveille de l'art si accomplie sur cette crête de rochers, voisine de la région des neiges, sans arbres, ni sentiers, ni trace aucune des hommes. Je comptai trente et une colonnes encore debout, presque toutes unies entre elles par leurs architraves : les débris de celles qui complétaient le nombre de quarante-deux sont écroulés en dehors ; les tambours ont glissé les uns sur les autres sans se briser. L'intérieur de la cella est marqué par un double rang de bases corinthiennes et de pilastres d'ordre ionien. Le pavé tout entier subsiste ; mais le toit et les murs sont entassés pêle-mêle sur les côtés. On sait que les sculptures qui décoraient la frise intérieure et qui représentaient les Centaures, les Lapithes et le combat des Amazones, sont aujourd'hui dans le Musée de Londres (1).

(1) On remarque sur le Cotyle un endroit, nommé Bassae, où

Pourquoi la statue vivante d'Apollon, formée à l'image de l'homme, exerce-t-elle un empire moins puissant que ce temple, que ces masses de pierre, en apparence aveugles, sans figure connue? Comment, sans retracer par aucun trait appréciable ni la nature ni l'homme, ces blocs auxquels manquent le langage et le mouvement, portent-ils en eux le sens le plus profond de l'art? Voici ma réponse à cette question : Ni ces colonnes ni ces pierres ne sont une matière sans vie ; le mouvement des races humaines est éternellement représenté et agissant dans leur drame immobile. Au haut des monts, l'âme triste et recueillie des tribus doriennes s'enveloppe, comme d'une robe virile, des formes roides de la colonne dorique. Le génie expansif des Ioniens laisse flotter à la manière orientale ses draperies de marbre en longues cannelures, se couronne de fleurs et de guirlandes d'acanthe, comme un convive de Tyr ou de Pergame. Quand ces ordres divers viennent à se mêler et à s'unir dans un même monument, ils reproduisent l'opposition des tribus et des races qui se poursuivent, se groupent, se repoussent, se coor-

est le temple d'Apollon *Epicurius*, qui est tout en marbre, même le toit (ce marbre est un calcaire très beau des environs). De tous les temples du Péloponèse c'est, après le temple de Tégée, celui qu'on admire le plus pour la beauté du marbre et l'harmonie des proportions. On a donné à Apollon ce surnom, parce qu'il secourut les Phigaliens attaqués de la peste. (Pausan., *Arcad.*, c. xli.)

donnent d'une manière analogue dans la suite de l'histoire.

Un temple grec est la forme pure et nécessaire, sur laquelle est modelé le monde de la civilisation antique : c'est dans la pensée de l'architecte de l'humanité le plan idéal qu'il réalise dans la durée entière de l'univers païen. Beauté abstraite et nue, qui est au mouvement et au spectacle de la vie des nations ce que la sphère d'Archimède et les formules des géomètres sont aux révolutions de la nature et à la courbe irrégulière du globe terrestre.

De cette hauteur je vis à mes pieds une partie de la Morée ; en face du portique, c'est-à-dire au sud, les cimes grisâtres du Tétrage s'allongent et se froissent comme la fourrure d'une bête fauve, et ne retentissent vers le soir que des hurlements des chacals et des loups. Un nuage épais, qui cachait le soleil à son couchant, promenait sur les crêtes une ombre pâle et meurtrie. Sur un plan plus reculé, le col de neige de Saint-Élie, détaché par-dessus ces masses, donne un point pour reconnaître la direction du Taygète, comme une barque à demi perdue dans les flots se signale de loin à la blanche voile qui la couronne. Plus à droite, le tumulus azuré de l'Ithôme se détachait du fond plus pâle du golfe de Messénie, et me renvoyait avec des reflets diaphanes et mobiles la poésie des jours d'été que j'avais passés dans ses ravins. Le couchant est cerné par la chaîne du Condala, qui porte sur sa dernière terrasse les restes de Cyparissie. Dans la même direction la vallée de la Néda plongeait dans la mer Ionienne, qui paraît baigner la montagne où repose le temple ; car c'est le caractère des paysages de la Grèce que des retraites les plus cachées, des forêts les plus sombres, se découvre quelque part à l'improviste l'horizon de la mer. C'est ainsi que l'histoire de la Grèce, à quelque temps qu'on la prenne, s'agrandit partout de la perspective lointaine des peuples de la Phénicie et des déserts de l'Orient.

Sur ces sommets, où s'embranchent les principales montagnes de la Morée, je m'enivrais de la pure ambroisie des dieux. Pendant que les éperviers voltigeaient en cercle sur ma tête, je pensais que, si les traditions mythologiques se sont retirées de ces lieux, c'est encore de là que se révèle le mieux le vaste organisme du polythéisme. Comme les chaînes du Péloponèse se divisent et prennent chacune une direction particulière, ainsi les religions se sont partagées selon le cours des eaux. Chacune de ces religions a suivi sa migration et sa pente avec la régularité d'une formation géologique; partout, divergentes avec les vallées, elles ne s'unissent que dans les masses où se confondent à leur naissance les souches des montagnes. Tandis que sous mes pieds se rencontraient dans des directions contraires la vallée du Plataniste, celle de la Néda et celle de l'Alphée, je trouvais à la fois dans ces mêmes masses du Lycée, l'Artémis des Pélasges, l'Apollon des Héraclides, le Jupiter des Hellènes. Mais ma vue ne s'arrêtait pas à ces crêtes voisines. Bientôt, je dépassais les Olympiens. Je me disais que toutes les souches centrales qui marquent la configuration du globe, l'Olympe, le Taurus, l'Himalaya, sont aussi les sommets culminants du monde religieux, là, où toutes les croyances humaines s'entassent et se nouent. A la fin, rassasié de nectar, perdu dans ce nuage sacré, je croyais voir les traditions, les idées et les dieux se partager entre les peuples par le même chemin que l'eau des fleuves, les migrations des plantes, et les petits des aigles et des ramiers sauvages.

A la nuit noire je rentrai dans notre cabane d'Ampellone. Ce fut là que je rencontrai pour la première fois des figures satisfaites et sereines. Deux sœurs nouvellement mariées, les yeux noirs et humides, les cheveux en larges tresses, les épaules et la poitrine enfermées dans des peaux de mouton, avec cela très douces, très familières, avaient préparé pour mon retour du miel et un gâteau d'orge. Au milieu de la nuit, quand le cri des hiboux et les gouttes de pluie me tenaient

5.

éveillé, et qu'un reste de feu éclairait les fusils suspendus à la muraille, je les voyais bercer leurs enfants au-dessus de la flamme et murmurer tout bas une chanson. Dans le voisinage où nous étions, un poète les eût prises pour des esprits des ruines qui répandaient des charmes sur le génie renaissant de ces contrées.

Il faut remarquer qu'il y a maintenant dans la Morée un nombre extraordinaire d'enfants à la mamelle. Mais il n'y a presque pas d'enfants au-dessus de cet âge, soit qu'ils aient péri de misère et de faim, soit, comme je l'ai entendu dire, que les femmes aient été frappées de stérilité dans les années les plus terribles de la guerre.

CHAPITRE IV.

LYCOSSURE. — HARMONIES DE LA NATURE ET DE L'ART. — UNE NUIT AU PIED DU TAYGÈTE.

Le lendemain je me mis de nouveau à la recherche de Lycossure, en côtoyant le revers oriental de la chaîne du Lycée. D'épaisses forêts de chênes traversées par des torrents, des troncs déracinés par le vent, des pierres couvertes de mousses ; après de longues courses, des colonnes debout au milieu des bois sur les sommets, des débris de murs bâtis par les Cyclopes et encombrés de la végétation du Nord, qui élève une forêt sur des villes ; çà et là un chevrier, la tête enfoncée sous le capuchon de son manteau ; quelques cabanes écrasées sous un toit de dalles ; dans ces cabanes une peau étendue sur la terre, des herbes sauvages et un pot d'huile : voilà ce qu'est aujourd'hui l'Arcadie des poètes. Si Dieu le veut, ce n'est pas là que je choisirai mon tombeau, dût-on y graver l'inscription des bergers du Poussin. Il s'en faut bien que j'aie, comme eux, quitté des fêtes, et personne n'envierait le sommeil d'une terre où les os des hommes sont roulés dans les ruisseaux et balayés dans le coin des chapelles.

Un peu à l'est du village de Stéla passe une petite rivière que je pris pour le Plataniste; de l'autre côté s'élève un mamelon de rochers, inaccessible par tout autre côté que le sud : sur cette face il est encore appuyé en terrasse par quelques restes de blocs cyclopéens. A peine les eûmes-nous touchés, que nos guides se jetèrent à genoux sur les ruines. Ces hommes restèrent ainsi longtemps prosternés, sans rien dire, parmi des fûts de colonnes, des chapiteaux doriques et sous des touffes de figuiers, qui embarrassent le sol. Sans doute, les traditions pélasgiques, qui entouraient ce lieu de tant de prestiges, ont survécu dans quelque culte populaire.

La ville de Lycossure s'étendait au-dessous sur des esplanades encore bordées de citernes et de bains. Les marbres de deux temples blanchissaient sur l'herbe ; l'un deux avait conservé des pilastres debout, de près de six pieds de haut. Au levant, le cours sinueux du Dromoscella se perd dans la plaine de Sinano. Sur la droite s'élève le dos de l'Hellénitza ou des monts Nomiens. Au couchant, on est acculé au pied du Lycée ; en sorte que c'est un des points d'où s'aperçoivent le mieux les deux caractères de ce pays : à l'ouest les cimes de cette Arcadie sauvage qui donnait à ses dieux des têtes de bêtes fauves ; au levant, du côté de l'Alphée, les prairies onduleuses de cette molle Arcadie où résonnaient les chalumeaux de Pan.

Du reste, cette position est certainement (1) celle de Lycossure. Comme la plupart des villes de l'époque Achéenne, Amyclée, Sycione, Tyrinthe, et même Mycènes, sa situation est peu forte, sa citadelle médiocrement élevée au-dessus du plateau : on dirait que ces citadelles sont plutôt faites pour entourer un sanctuaire que pour assurer un lieu de refuge. L'aspect de ces emplacements laisse penser que dans cette première antiquité, des populations à peu près homogènes se sont établies et déployées à l'aise, sans crainte de se heurter, sur des plateaux ouverts de toutes parts. Ce n'est qu'après l'arrivée des Héraclides que les crêtes des rochers ont achevé de se peupler et que le sommet de Messène et la Larisse d'Argos ont acquis toute leur importance, de même qu'en France les murs féodaux se sont élevés au-dessus des plaines et des forêts où s'étendaient avant eux sans défiance les villages des Celtes.

Lycossure appartient tout entière aux temps mythologiques ; elle passait pour la première ville qui eût été bâtie. L'histoire ne la connaît que parce

---

(1) Surtout si l'on adopte la variante d'Olf. Müller, ἀπωτέρω our ἀνωτέρω, Paus., VIII, 41 ; *Die Dorier*, XI, 447.

que ses habitants refusèrent d'en sortir pour venir grossir les faubourgs de Mégalopolis, soit, en effet, l'avantage de son site retiré; soit un reste de respect pour des lieux qu'on disait être les plus anciens témoins de la société civile. Car alors le fardeau des temps était encore léger ; on croyait toucher à l'origine des choses. Aujourd'hui, au contraire, jeunes, nous nous sentons oppressés et chargés des années que nous n'avons pas vécu; le genre humain ne sait plus où chercher son berceau.

Une autre remarque, qui nous fut fournie par le nom de loup, que portait Lycossure, c'est que dans cette époque la plupart des villes étaient placées sous la protection sacrée d'un animal, dont elles adoptaient le nom, peut-être aussi l'instinct. Quand on voit la colombe de Babylone baigner ses ailes dans l'Euphrate, le lion de Léontopolis secouer sa crinière sur la vallée de l'Égypte, le chien de Cynopolis, la licorne des Persans, le loup de l'Arcadie hurler aux confins de cet horizon, il semble que l'histoire se dispose et s'ordonne tout entière sur les lois de la nature brute, et que l'esprit de l'homme n'a point encore surgi de ce règne inférieur pour paraître à sa place et le régler à sa guise.

Pendant que le soleil couchant teignait d'un jaune ardent et cuivré les flaques d'eau déposées

par l'Alphée, je me retournai plusieurs fois pour
considérer à divers éloignements le Lycée, qui
donnait son caractère à ce plateau de l'Arcadie.
Si à côté de nos fleuves les fleuves de la Grèce ne
sont que de chétifs torrents, elle reprend sa supériorité dans les lignes de montagnes ; c'est de là
qu'elle tire sa vraie beauté. Depuis le nopal et les
lauriers qui ne vivent qu'au fond de la vallée,
l'agnus castus, qui commence dans la même région et s'élève plus haut, le houx à petites feuilles,
qui paraît où celui-ci finit, jusqu'au chêne de
France et au pin de Norwége, une végétation ardente, mais non fourrée, trace autour de leurs
flancs des zones où s'unissent le tropique et le
pôle. A la hauteur où, dégagées de ces ombres,
leurs articulations commencent à paraître nues, ce
ne sont pas les aiguilles des Alpes, ni le *ballon* en-
flé des Vosges, ni les pics dentelés de la Calabre :
mais de larges et savantes assises, superposées
en terrasses, presque toujours d'un calcaire fin,
souvent d'un marbre transparent, où le ciseau de
l'ouvrier n'a point tremblé; rien de mou, rien d'in-
décis ; de longues corniches horizontales, partout
la ligne droite, ou au moins de rares coupoles,
mais point de flèches, le tout nerveux et taillé en
arêtes, le milieu entre la dureté des angles des
granits et la mollesse des grès ; de là peut-être un
peu de monotonie, mais de la grandeur, de la

pureté, et si j'osais le dire, le redoublement majestueux des faces plates de l'ordre dorique. Aussi sur l'esplanade qui domine ces montagnes, quand s'élève la frise d'un temple, l'œuvre d'art est, ce semble, le couronnement nécessaire de la nature. De toutes parts les lignes, les formes, les harmonies errantes sur le penchant des monts, viennent à se rencontrer au sommet dans cet organe intelligent, et donner comme une figure éternelle à la pensée, qui végète au soleil, ou s'écoule en grondant au fond des vallées.

Le lendemain, il était déjà grand jour, quand, faute de chevaux, je me promenais encore avec le démogéronte sous les cyprès qui entourent la mosquée de Londari. Cet homme est du petit nombre de ceux que les angoisses de la révolution n'ont point encore réveillés de la mollesse orientale qu'ils tiennent de leurs maîtres. Au lieu de la langueur énervée d'un primat de Byzance, on pouvait cependant remarquer chez lui la paresse dédaigneuse d'un soldat. Je le trouvais toujours couché sur l'herbe, au bord des ravins, roulant dans ses doigts les grains d'un chapelet. En entrant dans sa maison, j'aperçus le turban et la longue robe blanche d'une jeune femme, qui se leva et disparut en un clin d'œil.

Vers neuf heures, deux agogiatis d'Arcadia, qui passaient, me donnèrent leurs chevaux, et me suivirent à pied. Nous avions près de quinze lieues jusqu'aux ruines de Sparte, où nous voulions arriver le soir. Le chemin que j'allais parcourir était celui des armées lacédémoniennes, lorsqu'elles venaient disputer le territoire de Bélemine. Sur le revers occidental de l'Hellénitza, des touffes de houx forment sur des gradins de marbre des bosquets traversés fréquemment par de petites cascades. Des bergers, armés comme pour la défense de ces défilés, grimpent avec quelques chèvres dans les intervalles de la verdure. Après ces ravins viennent des collines labourées, où croissent la vigne, le blé, l'orge, le maïs et le blé noir. La végétation est dans toute la vallée plus avancée que dans la Messénie. Si l'on ne rencontrait quelques murailles d'église en décombres, avec leurs peintures byzantines, leurs auréoles, leurs saints de pourpre et d'indigo, livrés au vent et à la pluie, on pourrait se croire dans quelque canton retiré de la Normandie; soit que ce chemin ait été peu fréquenté dans la guerre, soit que la mauvaise renommée et la défense des populations du Magne n'aient pas permis à l'ennemi de s'y établir à demeure.

Ce fut là que je fis, à une descente, la rencontre de l'archevêque d'Arcadia, qui allait visiter ce qui lui restait d'ouailles. Ce vieillard, revêtu de son aube, précédait une suite nombreuse de prêtres, tous en habits de fête. Sa barbe blanche retombait en flocons sur la crinière noire de son cheval. Je mis pied à terre pour le saluer. Mes guides se jetèrent à genoux sur le bord du sentier. Il s'arrêta sur un tertre, pour nous donner sa bénédiction et pour nous demander des nouvelles du président : question alors placée sur les lèvres de tout le monde, et par laquelle on ne manquait presque jamais de s'aborder.

A quarante minutes de là, de l'autre côté de Langaniako, sur un terrain découvert, jaillit une des sources de l'Eurotas. Dans un bassin de six pieds, l'eau bondit avec tant de force et de bruit, que la première chute est sans doute éloignée, et les traditions qui la repoussent à plusieurs lieues sur les limites de l'Arcadie ne sont pas sans vraisemblance. Le torrent se précipite en ligne droite sur un lit de cailloux calcaires.

Quand l'antiquité plaçait l'Eurotas et le Taygète, l'un et l'autre à la tête des héros de la Laconie, c'était à bon escient qu'elle reconnaissait ainsi un même caractère dans la nature de la vallée et dans la destinée du peuple qui l'occupait. Ceci n'est pas moins vrai des eaux que des montagnes. Malgré tout ce que les voyageurs ont dit des premières, on ne peut méconnaître une alliance d'origine et une véritable parenté entre ces fleuves si étroits, mais si rapides, si empressés, si vite engloutis dans la mer, qui ne sont rien sans leurs rives, puisque leur beauté est tout entière dans l'ombre et le reflet des lauriers de la vallée, des blancs cailloux de marbre roulés dans leurs lits, des frontons des montagnes, du ciel éthéré qu'ils entraînent avec eux, et ces tribus grecques, si faibles, si peu nombreuses, mais si mobiles, si ardentes à mourir, si promptement épuisées et taries, qui n'ont valu quelque chose que par le génie, la gloire et d'autres ombres qu'elles ont à la hâte recueillies et réfléchies dans leur vie rapide.

En se détournant un peu à l'ouest, le chemin monte sur trois mamelons, placés en gradins et couverts de bois de myrtes, qui atteignent là à la hauteur de nos pruniers. Nous fîmes halte sur une esplanade, pour commencer en commun notre repas d'olives et de quelques grains de raisins secs. Au lieu de la chaleur de la plaine, un vent chargé de neiges nous glaça dans un moment. Rien n'est plus fréquent en Morée que ces passages de la température de l'Égypte à celle de la Suède. C'est une des causes qui préparent aux étrangers tant de maladies aiguës. Les habitants ne l'ignorent pas, et jamais ils n'arrivent près d'une montée, en plein soleil, sans se charger des lourdes couvertures que fabrique pour cela la Romélie.

Nous étions en effet sur une des terrasses du

Taygète; c'était pour la première fois que je distinguais ses masses de si près, dans une si grande étendue. Le nom vraiment homérique de montagne aux cinq doigts, qu'une population assurément poétique lui donna au moyen âge, comme si ses articulations se mouvaient et s'ouvraient ainsi que la main d'un homme, ferait croire que ses cinq sommets sont vivement détachés en pics. Excepté celui de Saint-Élie, qui occupe le centre et rappelle la forme du Mont-Blanc, les vertèbres du Taygète sont rattachées les unes aux autres par de longs plateaux. Avec leurs pyramides blanches, écrasées sous un angle obtus, çà et là laissant courir sur leurs arêtes quelques bandes bleuâtres, les sommets ressemblent à des tentes, autour desquelles le vent fait serpenter la flamme de l'étendard d'un pacha. Le pied des montagnes est en partie masqué par un second plan, qui quelquefois se déchire, et montre par delà ses escarpements un lambeau d'un grand rideau de neiges. Les flancs se projettent par saillies vigoureuses en contreforts couleur de blocs d'airain. Ces boulevards se perdent sous des berceaux d'agnus castus, qui masquent les formes des terrains d'alluvion, où ils croissent par forêts. Sur la gauche, parallèlement à cette chaîne, s'étendent des sommets chauves.

Après deux heures de marche dans la même direction, nous descendîmes vers une plage jonchée de cannes et de feuilles de maïs. En m'approchant, je reconnus une rivière très semblable à la rivière d'Ain, à la sortie du Bugey. Mêmes rivages, même eau à fleur de terre, seulement un peu plus resserrée, quelques îlots bourbeux, avec des lauriers rares, en partie déracinés et salis par la vase. C'était l'Eurotas. Un peu plus loin son cours qui se resserre entre des rochers; et si l'on avance encore, des bords humides, où tout annonce une inondation récente; dans cette fange quelques huttes dispersées, çà et là les traces d'une chaussée vénitienne, qui s'appuie sur des restes de voussures à pleins cintres. C'est sur ce rivage, et dans les mêmes sentiers, que Pénélope quitta son père pour suivre Ulysse.

Pendant que je suivais ainsi attentivement les bords de l'Eurotas à la tombée de la nuit, mon cheval, que je ne pus retenir par la corde qui lui liait la mâchoire inférieure, et devait tenir lieu de mors, m'entraîne sous un bosquet d'oliviers. Une branche horizontale m'arrête à la course par le milieu du corps; elle aurait dû me briser les reins, elle ne fit que me froisser sur le bât et m'ensanglanter la poitrine. Déjà le matin j'avais été précipité à une descente dans le lit d'un cours d'eau, où je restai quelques instants étourdi. Tout cela nous avait fait perdre du temps. Il y avait plus de douze heures que nous marchions presque à jeun, et personne de nous ne savait précisément où nous étions. Depuis le coucher du soleil, un de mes guides refusait d'avancer, il ne se traînait qu'en murmurant. Sa chanson était depuis longtemps finie, signe certain de son épuisement.

Une des nuits les plus sombres du mois d'avril nous surprit par des torrents de pluie. Nous quittâmes l'Eurotas, et commençâmes à gravir, dans l'obscurité, une étroite rampe qui plongeait sur des escarpements à pic. Au moment où nous atteignons le sommet, un éclair brille ; le cheval qui portait les bagages recule d'un pas. En un instant, je le vois qui se dresse sur ses pieds de derrière ; il reste, un moment, perpendiculaire au-dessus du précipice ; mais, avant que j'eusse essayé de le retenir, le poids des bagages l'avait entraîné ; il avait roulé jusqu'au fond du ravin.

Mon domestique crut d'abord que c'était moi qui faisais tout ce fracas. Quant à nos Grecs, l'un entre en fureur, l'autre, c'était celui à qui appartenait le cheval, reste atterré ; puis les larmes viennent, et les sanglots et les cris de *panagia, panagia*. Ce fut bien pis, quand, descendus à tâtons, et tout ruisselants de pluie, nous trouvâmes le pauvre animal étendu en travers d'un filet d'eau. Son maître tombe à genoux en redoublant ses cris, qui retentissent dans la nuit ; malgré nos instances, il refuse de se relever.

Vous comprendrez le désespoir de cet homme, quand j'aurai ajouté qu'il avait eu les deux poignets estropiés par un biscaïen, que son cheval était son unique ressource, et qu'en général les agogiatis traitent ces animaux plutôt en amis et en égaux qu'en maîtres. Avec plus d'attention, nous reconnûmes que non seulement le cheval vivait encore, mais qu'il n'avait rien de brisé. Le fardeau qui devait l'assommer, avait au contraire amorti le coup ; mais mes Grecs avaient si bien perdu la tête, que l'idée leur vint de nous laisser là, ensuite, de porter à bras nos bagages ; ce que nous n'aurions pas fait au delà de cent pas. Je les divisai entre les deux chevaux qui nous restaient, traînant l'un, poussant l'autre. Quand Yorghi rencontrait un ruisseau, il le traversait à mi-corps, sans se détourner. Nous arrivions après lui de la même manière. La marche était fermée par le cheval blessé, que son maître traînait par la crinière.

Nous avions déjà passé deux cours d'eau, quand un troisième, plus large, nous arrêta court ; un sol découvert, pas un arbre, l'orage toujours croissant, nous ne pouvions bivouaquer là ; il fallut se séparer pour aller chercher un gué chacun de son côté. C'est alors que j'aperçus une foule de lumières, qui s'agitaient et descendaient le long de la colline opposée. Arrivées près du ruisseau, ces lumières se renversaient à fleur de terre, couraient sur les bords et venaient traverser l'eau à environ cent pas au-dessous de moi. On eût dit des feux follets. Notre surprise fut grande, en approchant, de rencontrer une caravane de moines, qui tous portaient une torche, tant la nuit était obscure. Ils nous éclairèrent pendant notre passage, nous saluèrent en italien, et, ce qui valait mieux encore, nous indiquèrent un moulin à *una quartina*.

Nous voilà donc recueillant de nouveau nos forces jusqu'à ce lieu de refuge. Enfin nous y touchons. Je frappe à la porte. Nos palichares crient de dehors que de bons chrétiens, Καλοὶ χριστιανοί, se sont égarés, et n'en peuvent plus. A cela ils mêlent, je ne sais comment, le nom de Capo d'Istria. Le maître du moulin, après plusieurs minutes, entr'ouvre la porte ; en nous voyant, il nous la referme au visage ; mais avant qu'il eût mis la barre, nous avions pénétré avec lui dans l'intérieur. A travers une enceinte de mulets, de bœufs, de chèvres, je parviens jusqu'à un reste de foyer, où je m'étends presque privé de mes sens. J'avais une partie du corps glacée, et de violents mouvements de fièvre. Je me rappelle confusément un groupe de femmes, qui se lèvent de dessus leurs nattes à notre arrivée. Mes guides demandent du vin, puis du lait, puis de l'eau ; tout cela leur fut successivement refusé. Ce que je sais bien, c'est qu'il y avait au plus deux minutes que nous reprenions haleine vers les cendres, lorsque nous fûmes obligés de repartir. Quand nos hôtes, qui étaient une dizaine, virent que nous nous apprêtions à passer le reste de la nuit sous leur toit, ils se mirent à décrocher leurs fusils, suspendus à la muraille, et à nous harceler à hauts cris. Les femmes ne disaient rien. J'étais décidé à voir par où finirait ce tapage ; mais sans que je le susse, mes bagages avaient été rechargés ; Yorghi m'entraîne au milieu d'un bruit assourdissant vers l'agogiati, qui nous appelait du dehors. Nous repartîmes. Ce ne fut pas sans jeter sur tout ce qui était là des paroles de malédiction que la fatigue nous arracha ; pour ma part, je les retire volontiers aujourd'hui, en pensant que nos figures exténuées, nos habits, nos armes en désordre, autorisaient ces hommes à se défier d'un coupegorge ; leur pays est de ceux où le voyageur ne doit pas s'attendre à être reçu de nuit, si l'on ne reconnaît ou sa voix ou ses armes.

Sur l'autre bord nous trouvâmes une chaussée ; vingt minutes après, le bruit des pas de nos chevaux sur des tas de briques et de pierres cassées nous avertit que nous étions au milieu d'une ville

grecque. Des traces de murs rasés, une longue
suite de maisons en cailloux roulés et qui forment
de leurs décombres comme le lit d'un torrent; pas
un être vivant, pas une lumière dans ces longs
faubourgs écroulés, pas un minaret ni une masure
debout; notre misérable caravane se traînant sans
savoir où, jetant quelquefois un cri auquel rien ne
répond; tout cela illuminé de temps en temps par
un éclair, puis aussitôt après enveloppé de l'ombre épaisse du Taygète. Que tout ce voisinage de
Ménélas et d'Hélène nous parut triste alors !

Nous atteignîmes enfin, exténués, une baraque
en bois, qui servait de khan, et que l'on venait
d'ouvrir pour nous. Il y avait au milieu une provision d'eau dans un chapiteau creusé et supporté
par un fût de colonne. On nous donna, en outre,
des figues et des citrons : nous comprîmes très
bien en ce moment, comment les figues de l'Italie
et les raisins des Gaules avaient pu allécher vers
le Midi les hordes affamées du Nord.

Peu d'instants après entre le démogéronte avec
une partie de ses amis. Béni soit ce petit vieillard ! Sitôt qu'il avait appris de quelle nation j'étais, et ce que je venais faire, il était accouru.
Dans son jargon frank, il m'accabla d'aimables
prévenances, et ne se tint pas en repos que je
n'eusse accepté un asile chez lui. Nous grimpons
par une échelle dans sa maison de bois. On apporte

sur un plateau un salmi de lapins et des poules d'eau de l'Iri.

Du reste, je ne pouvais arriver dans des jours plus opportuns. Une grande question préoccupait tous les esprits : il s'agissait d'émigrer en masse de Mistra sur les collines de Sparte. La destruction, surtout l'insalubrité meurtrière de la ville moderne, avaient disposé les habitants à ce changement de demeure. On était allé aux voix, le projet avait été soumis au gouvernement. J'entendis une longue harangue, où l'éparquie était conviée à fonder sur le Plataniste une église, une école et un hôpital. On battait des mains comme si déjà la Minerve Chalciœcos eût reparu sur les cinq collines. En attendant il fut décidé que, pour éviter la fièvre, on ferait, comme les fils de Pélops et les Héraclides, des digues en terre sur les bords plats de l'Eurotas, et que l'on s'interdirait les irrigations artificielles dans la culture du maïs. Si ce sont là des rêves, ils nous faisaient oublier toutes les peines du jour; puis ils prouvaient, outre un vague respect des temps passés, que la différence de position de Mistra et de Sparte est aujourd'hui, et peut-être a toujours été, une notion populaire.

Nous étions arrivés trempés de pluie. Le démogéronte, quoiqu'il fût malade et qu'il fît grand froid sur ses planches, m'enveloppa d'un lambeau de tapis, qui faisait la partie la plus considérable de son ameublement. Il y ajouta tant de soins d'une hospitalité patriarcale; il était lui-même un représentant si empressé, si original, si naïf d'une administration de klephtes, que je ne peux m'empêcher de placer ici son portrait. Petit, la taille d'un soldat laconien, les yeux et les cheveux noirs, la tête ovale, entièrement étranger au type albanais; je le vois encore avec sa veste rouge, brillante de glands d'acier, avec sa foustanelle blanche retombant à larges plis jusqu'aux genoux à la manière des temps héroïques, bondir au-dessous d'un trophée de sabres et de fusils suspendus à la cloison, une malheureuse plume à la main, qu'il serrait et maniait à la façon d'un yataghan dans les intervalles souvent assez longs, où l'expression se faisait trop attendre. Souvent je l'ai vu déchirer cinq ou six fois la même feuille sans autre signe d'impatience qu'une plus grande ardeur à recommencer. Il y avait quelque chose de singulièrement attachant dans cette lutte où ce vieillard, encore environné d'armes, se soumettait violemment à des tensions d'esprit que de longues années de guerre lui avaient rendues, à ce qu'il paraissait, fort difficiles. Bien qu'affaibli par le climat et par une maladie qui durait encore, on le retrouvait partout, sous des branches de pins, dans les écoles, dont il avait fondé plusieurs à ses frais; dans les marchés, dans les assemblées. Surtout il se consumait à rendre la justice sur un pauvre exemplaire d'Harménopule, le seul qui existât dans l'éparquie, et où personne heureusement ne voyait goutte. Le nom de Lacédémonien Λακεδαιμόνιος, qu'il revendiquait avec tant d'amour et une foi si sérieuse, prêtait à sa personne un attrait d'antiquité et le suivait comme l'ombre.

CHAPITRE V.

MISTRA. — SPARTE. — AMYCLÉE. — LES DORIENS ET LES CROISÉS.

De bonne heure le lendemain nous fûmes réveillés par la lecture à haute voix de la Laconie de Pausanias et par les commentaires ardents de mes hôtes et de quelques voisins, en face des collines de Sparte que le soleil levant commençait à rougir.

C'est aux croisés français qu'il faut attribuer la fondation de Mistra au treizième siècle. Les habitants de Lacédémone, qu'ils avaient prise après un siège sanglant, et dont ils avaient fait leur principal séjour, profitèrent d'une absence de leurs maîtres pour émigrer précipitamment. Ils choisirent le versant oriental du Taygète, qu'une convention particulière avait rendu à la cour de Byzance. Ce fait montre assez combien la conquête des Latins répugnait au peuple, et quelle foi mérite la chronique que nous avons en langue vulgaire. De nos jours Mistra, dont la population était évaluée à vingt mille habitants avant la guerre, en compte à peine deux mille : elle est administrée par un éparque et par cinq démogérontes. Le premier a, de plus, sous sa dépendance Marathonisi ou le Magne oriental, Napolie de Malvoisie, Léonidi et la Tzaconie. Au centre de ce qui faisait autrefois la ville, le Taygète se déchire jusqu'à sa base, et par delà ses escarpements taillés en portique, les glaciers et les avalanches descendent un peu plus qu'à mi-côte. Presque toujours un vent froid sort de ce gouffre, et parcourt en ligne droite la plaine embrasée sur laquelle il est ouvert. A l'endroit le plus sombre et le plus abrupt, une cascade se précipite des rochers ; je ne sais pourquoi cette cascade avec sa folle écume me fait penser à une jeune fille de Klephte qui descend de la montagne en sautillant et en laissant traîner derrière elle son long turban de lin. Au nord de l'ouverture, la pointe d'un piton porte au-dessous des neiges les murs à redans du Castron. Depuis peu de temps seulement on sait que cette forteresse a été fondée par Guillaume de Villehardouin, pour contenir la tribu des Mélinges et commander les défilés de la Messénie. Au sud, un pic presque pareil, et sur sa crête des touffes d'arbres qui font face au château, quelques pins clairsemés, suspendus dans les crevasses. C'est, dit-on, dans l'une d'elles qu'Aristomène fut précipité et retenu sur les ailes d'un aigle ; en sorte que les Héraclides et les croisés se mesurent et se regardent de près sur ces deux sommets.

L'arc, dont ils forment les points extrêmes, est fermé par la ville moderne. L'aile du nord, la Tritsella ou la partie génoise, offre un bel ensemble de hautes maisons bien étagées, de galeries, de tours, de jardins de citronniers. Vous croiriez toucher, enfin, à une ville orientale, dont les habitants sont endormis sous les parfums des orangers. Mais, approchez ; ces toits sont renversés, ces murs crevés, ces rues encombrées ; personne ne paraît aux fenêtres lézardées, enfin il n'y a pas un être vivant au milieu de cette féerie. Il en est à peu près de même à l'extrémité opposée, dans Parori, si ce n'est que les restes sont plus misérables.

Çà et là, une femme assise sur les pierres à l'entrée d'une hutte, les pieds nus, un turban de laine roulé autour de ses cheveux noirs, se lève, croise les bras, et, sans rien dire, incline la tête sur sa poitrine quand vous passez. Une autre va laver pour la Pâques un voile, une ceinture dans un sarcophage antique, à côté de la fontaine. C'est dans la partie basse ou le Katôchorion, que la population s'est rassemblée. Une rue de soixante-dix baraques nouvelles, toutes en bois, et dans les plus hautes un étage, circule parallèlement au Taygète entre deux rangs de décombres. Quand je la traversai, c'était jour de marché : les femmes apportaient leur coton filé et leur yaourti ; les hommes un peu de laine, des nattes, des tapis faits sur les lieux, des renards, des canards sauvages, quelque yataghan désormais inutile, et, s'il se trouve par hasard un étranger, un sachet de médailles byzantines, qu'ils échangent contre une capote d'Albanie, une ceinture de lin, une outre d'huile, quelques livres de farine de lentille ; car tout se trouve dans les magnifiques maisons *pollà kalà spitia* de Mistra.

Le faible et tranquille murmure de cette foule, quelquefois tout à fait suspendu par la venue d'un crieur public qui promulgue quelque ordonnance de notre démogéronte, est continuellement dominé par le bruit des marteaux qui frappent sur les pierres, les planches, les tuiles, et annoncent partout une singulière hâte de reconstruction. L'Amphion qui préside à cette œuvre est un vieillard aveugle, assis sur les bords de la Panthalama ; une lyre à trois cordes à la main, il en tire un son de vielle ; il psalmodie un chant nouveau sur Capo-d'Istria, que l'on m'a répété, et que je regrette de n'avoir pas transcrit. De temps en temps passe un groupe de Mainottes qui retournent chez eux, au galop sur leurs petits chevaux noirs, les fusils en bandoulière, la marche, les gestes précipités, le regard sombre et ardent, encore tout étonnés de la force invisible qui enchaîne leur violence.

Quand vous aurez parcouru le pied de ces rochers et fouillé les moindres recoins de ce nid d'aigles, il vous restera encore à trouver le contraste le plus opposé à ce qui précède. Près d'un bosquet d'orangers, dans les décombres d'une maison brûlée, un jeune Grec, tel que j'en ai rencontré plusieurs, me présente à sa sœur au blanc turban ; elle nous apporte, en tremblant, une tasse d'argent et une pipe au tuyau de cerisier. Ce jeune homme, au milieu de l'extermination des siens, a été saisi de la curiosité passionnée de l'antiquité. Des inscriptions, des livres dépareillés sont épars autour de lui dans sa masure. Il cherche une variante de saint Basile ; il m'apprend où les manuscrits ont été enfouis. Maintenant couché sur sa natte de jonc, parmi des débris de chapiteaux, il feuillette la traduction en grec moderne de la métaphysique de Kant (1). Si j'étais sculpteur, et si j'avais à représenter dans un bas-relief le génie renaissant de la Grèce, je le prendrais pour modèle.

Pendant que nous sortions à l'ouest du côté de Sparte, un groupe de cavaliers se formait au bord du sentier, autour de l'aveugle dont j'ai parlé plus haut et qui s'accompagnait de sa guzla un chant sur Missolonghi ; on me le transcrivit, et je le publie ici. Au nom de l'un des capitaines les plus braves d'Hydra ce chant associe un pressentiment d'immortalité très rare dans ces petits

(1) Cette traduction est de Koyma ; elle a été publiée en 1828.

poëmes. On connaît l'histoire de Tzamados, qui mourut à Sphactérie, avec le comte Santa Rosa, et dont le brick traversa en calme toute la flotte turque, composée de trente vaisseaux.

Si j'étais un oiseau pour voler et fondre sur Missolonghi,
Pour voir comment le sabre y joue, comment le fusil y éclate,
Comment combat l'invincible épervier de Romélie !
Mais un oiseau aux ailes d'or me dit en chansonnant :
Arrête-toi, Yorghi, et si tu as soif de sang arabe,
Ici sont autant d'infidèles que tu en veux tuer.
Vois-tu là-bas, au loin, ces vaisseaux turcs ?
La mort descend sur eux ; ils vont tomber en poussière.
— O mon oiseau, comment sais-tu ce que tu viens de dire ?
— Je te semble un oiseau ; mais ce n'est pas un oiseau que je suis.
Sur le bord de l'île, vis-à-vis de Navarin,
Là j'ai laissé mon dernier souffle en combattant.
Je suis Tzamados, et je reviens au monde.
Du haut du ciel, où je demeure, je vous regarde ;
Mais c'était mon désir de vous voir de plus près sur la terre.
— Et que viens-tu voir aujourd'hui chez nous dans ce pauvre pays?
Ne sais-tu pas ce qui est arrivé, et ce qu'on fait en Morée ?
— O mon Yorghi, ne t'abandonne pas, ne te décourage pas.
Si la Morée ne combat pas, le jour n'est pas loin
Où elle bondira comme un lion, où elle brisera l'ennemi.
Des os noirs seront semés autour de Missolonghi,
Et les lions de Souli en feront leur pâture :
Et l'oiseau s'envola, et il monta vers le ciel (1).

Je me suis demandé souvent quelle sorte de poésie doit naître spontanément dans ces montagnes et chez ce peuple. Il m'a toujours paru qu'une âme d'une mollesse désespérée pourrait seule porter aujourd'hui dans ce pays les rêveries que le silence des Orientaux y rendait autrefois natu-

(1) Voir le texte à la fin du volume.

relles. C'est au génie de nos villes à aller s'y armer et s'y tremper d'acier. D'abord, l'impression de la Grèce antique vous gagne et vous aguerrit ; ce foyer de lumières, qui des montagnes, des vallées, des eaux, des pierres, des arbres, afflue dans votre pensée, en chasse toutes les ombres romanesques. La vie âpre que vous menez, réveille en vous l'instinct de l'homme de proie. Lorsque vous avez respiré en passant l'odeur fétide des villes ruinées, quand vous avez roulé sous vos pieds des ossements d'hommes mêlés au sable de la mer, ou des têtes séparées du tronc sur l'herbe des prés, rien ne vous semble plus beau que le long fusil d'un palichare, ses deux pistolets argentés, sa ceinture dorée, son yataghan dans son fourreau de bois. Je ne sais quel peu de valeur vous vous donnez à vous-même ; comment l'âme se sent appauvrie et dépouillée de ses fleurs les plus vivaces, combien de nuances, d'images, d'élans de pitié, s'effacent ou se concentrent dans l'insouciance de la mort.

C'est le résumé de tous ces chants, admirables pour le dédain et l'indifférence du carnage. On dirait d'un Klephte traqué au sommet d'une montagne, tant ils se hâtent de finir ; du reste nus et fauves, autant que les crêtes d'où l'on n'entend que glapir l'épervier. Ils sont fort aimés du peuple, qui les chante à demi-voix ; le reste de la nation les con-

naît peu on les méprise. Il leur manque cette
âme religieuse d'où sortent les Iliades.

Nous ne marchâmes pas longtemps sans nous
apercevoir que cette plaine, formée de lits de
cailloux roulés, porte la double empreinte d'une
révolution dans la nature et dans l'histoire, et confirme la tradition primitive des Léléges, qui, à
leur arrivée, la trouvèrent encore cachée sous les
eaux. Des plantations de mûriers, de vignes, entremêlées de champs de fèves, conduisent au bord
du Scapias, et un peu plus loin jusqu'à la Magoulitza, dont le petit pont croule sous le pas
des chèvres. Quelques palmiers, jetés là par hasard, végètent près des restes d'une ville arabe.
Bientôt apparaissent quelques soubassements en
brique, puis des terres labourées, puis des landes
incultes, et enfin, après une demi-lieue droit au
levant, un mur jaunâtre, qu'on dirait ébranlé par
le bélier ; car ses assises se sont désunies. Vous
touchez à la citadelle.

Ce fragment antique, haut de quinze pieds, le
seul que vous rencontrerez, appartient au temps
où Sparte, privée de son génie, eut besoin d'une
enceinte pour se défendre. Les pierres sont moins
larges d'un tiers que celles de Messène. Un peu
au-dessous de l'angle sud s'ouvre une large excavation; c'est l'emplacement vide d'un théâtre ; il
n'y a ni marbres, ni gradins, tout au plus quel-

ques briques dans le proscenium. Le reste de cette face est bordé par une muraille gothique, surmontée de tours. A son extrémité croule un cirque byzantin en cailloutage. Le côté du Levant est masqué par un mur à peu près pareil, quelquefois appuyé sur trois assises antiques. Ce n'est que vers le nord que l'acropole est accessible sans presque aucun obstacle.

J'insiste sur ces masures, parce que j'ai à reprocher aux voyageurs de n'en avoir rien dit. Quand j'arrivai sur le plateau de la citadelle, je m'attendais à ne voir que des champs abandonnés depuis l'antiquité. J'aperçus, au contraire, dans une foule de directions, des tours, de hauts murs, des chapelles, tous les débris d'une forteresse du moyen âge; mais, à la vérité, pas une colonne grecque. Je ne savais comment retrouver à travers les créneaux des barons de Champlitte, les pas de Pénélope sur la rosée, les traces du char de Télémaque, l'inscription des trois cents; Sparte me semblait inhumée sous les arceaux d'un caveau féodal.

Malgré les tremblements de terre qui ont plus d'une fois bouleversé le sol, les monticules dont il se compose ne sont ni déchirés ni anguleux. Les formes en sont singulièrement onduleuses. Quelques-uns sont étagés en glacis qu'on croirait de main d'hommes. Une herbe chétive couvre le flanc de ces buttes. Quand le jour baisse et que les montagnes, à la distance d'une lieue, projettent des masses d'ombres et laissent ces tertres étinceler sur la cime, vous diriez d'un bûcher qui s'éteint sur le tombeau d'un héros d'Homère.

Du nord au sud, ils forment une digue naturelle sur le bord d'une plaine qui n'a jamais plus de trois lieues de large, mais dont la longueur se perd à l'horizon entre deux murailles bleues. Du haut de la plus élevée de ces buttes, un bruit continuel d'eaux courantes arrête vos yeux à l'est sur une rivière verdâtre, où descend un chemin frayé. Cette rivière, qui fait un coude un peu plus haut, poursuit son cours au sud, en ligne droite. Plombé, marécageux, le lit de gravier, dont elle ne remplit que le tiers, est bordé de quelques arbousiers noyés ou déracinés. On n'entend là que le coassement des grenouilles ; de l'autre côté de l'Eurotas blanchissent, car c'est lui que nous venons de visiter, au milieu d'une touffe de cyprès et de peupliers, les ruines de deux châteaux, sur les premières croupes du mont Ménélaion. Plus loin, ces croupes se relèvent en terrasses rougeâtres, et ferment l'horizon que décrit une ligne presque imperceptible de neige.

Si le profil de ces montagnes est amolli, la plaine qui s'allonge à leurs pieds et à droite du fleuve, l'est plus encore. Comment reproduire ces ondulations du sol, que varient la verdure pâle des mûriers, la verdure plus foncée des blés, les lits de cailloux qui le traversent de raies de marbre étincelantes ? Avec cette voluptueuse harmonie de contours, que devient la figure austère de la Sparte de l'histoire? N'est-ce pas plutôt la couche parfumée de l'Hélène d'Homère, aux cheveux ondoyants, aux grâces ioniennes ? elle qui vécut dans ces lieux, n'est-elle pas le génie et l'enfant de cette vallée ?

Mais, pour trouver le caractère opposé, il ne faut que se tourner au couchant. De ce côté, la molle vallée est heurtée par les redans du Taygète dans toute sa longueur et parallèlement au Ménale, avec une vigueur unique peut-être sur le continent grec. A la base, arêtes, blocs, contreforts bronzés et nus, qui se projettent dans la plaine; pics armés de citadelles, villes, villages croulants dans les ravins comme des terres délavées par la fonte des glaces, croupes rudes et déchirées; le tout sombre et pareil à une phalange d'hoplites, se traînant en tortue sous une écaille de boucliers d'airain; puis, sur un second plan, crêtes chauves, blanchâtres, l'air sauvage des lieux où l'homme ne vit pas; puis, encore plus haut, flocons épars d'ivoire, d'argent, d'or, d'indigo, suspendus aux rochers, glaciers, avalanches, pics enveloppés de fourrures de neige : c'est de ce côté et dans ces lignes que se conservent, avec d'éternelles inscriptions, l'âpreté, la renommée belliqueuse, l'âme de Klephte de la Sparte historique.

Il est certain que cette chaîne de montagnes redouble l'effet naturel de la plaine, et si la physionomie de Lacédémone tient à la fois de la pompe de Ménélas, de la rudesse de Lycurgue, de l'austérité d'un camp dorien, et des enchantements d'Hélène, on peut dire que les harmonies de la vallée ne sont si complètes que par le contraste de la vigueur toute laconienne du Taygète et des molles et tranquilles baies d'orangers, où il se perd et s'énerve à sa base.

Les collines, étant séparées, forment entre elles des cavités naturelles, qui faisaient dire à Homère la profonde Lacédémone, peut-être en parlant de toute la vallée. Ces hauteurs étaient chacune occupées par des bourgs, qui avaient leur nom particulier, s'étendaient sans murailles, peuplés de conquérants doriens, jouissaient de tous les droits de la cité, faisaient eux-mêmes la cité. On en comptait cinq, que l'on retrouve encore. Le reste était abandonné aux Périœuques, assez semblables aux Raias, que les Turcs protègent aux portes de leurs villes, et qui sont chargés de cultiver les champs. Cette division faisait présager de loin à Thucydide, combien Sparte paraîtrait un jour misérable dans ses ruines. Si l'on en suivait l'histoire depuis Polydore jusqu'aux seigneurs français, on verrait qu'elle s'est toujours principalement étendue au sud-ouest, là où se trouve encore le plus grand nombre de débris. Au milieu du désordre de Pausanias, on reconnaît pourtant qu'en partant de cette place, il suit la circonférence d'un cercle qui le ramène au même point.

Si vous regardez au sud, vous trouvez une lande plate, encombrée de restes de chapelles, et qui se prolonge jusqu'au confluent de la Magoula. C'est au milieu de ces chapelles et sous leurs soubassements, qu'il faut chercher la place publique, le palais des éphores, le portique des Perses, la place des festins communs. Tout ce terrain est marqué par des fondements helléniques, et des masses de pierres taillées, dont quelques-unes ont plus de cinq pieds de long sur trois de haut. J'y ai ramassé des fragments de bronze; un tombeau à moitié encore enfoui dans le sol, que j'y ai vu, présentait un bas-relief formé de serpents et de torses humains. Le pope de Cologonia venait de découvrir ce monument. Peut-être est-ce le tombeau d'un roi de la famille des Agiades ou même celui de Pausanias; mais alors il serait plus près de l'acropole.

A l'est la plaine est séparée de l'Eurotas par une colline nue, sans aucun reste. C'est sur cette hauteur, qui domine à la fois la rivière et le sentier d'Amyclée, que je placerais l'enceinte de Neptune-Ténarius, l'Hellénium, où la guerre de Troie fut décidée, et la longue rue Aphétaïs, où Ulysse disputa Pénélope à la course.

Au couchant, des bois de mûriers, des blés, la plaine jusqu'à Mistra, une large tour en briques; plus près de vous, un petit bassin, formé par deux collines qui courent à angle aigu sur le Taygète. C'est sous ces touffes d'arbres que l'on me montra les soubassements d'un temple, qu'un jeune Grec me donna pour celui d'Esculape; ce qui s'accorderait assez bien avec l'ancienne topographie. Sur les mêmes terrains unis étaient le trophée de Pollux, le Dromos, je pense aussi, le Plataniste. Il faut pourtant remarquer que l'on connaît de nos jours un village du nom de Platane, vis-à-vis de l'ancienne Thérapné, tout à côté du Phœbeum, avec lequel il était uni dans les usages civils.

Un soir, que je revenais à Mistra en furetant sous les mûriers qui couvrent le sol, au moment où je pensais être le plus seul, j'arrivai auprès d'un petit enclos d'orangers, de la grandeur de nos plus gros noyers, et qui jusqu'à la cime étaient couverts de fruits. Sous ces beaux arbres, loin des sentiers, était une chétive cabane d'une singulière construction: des colonnes de marbre, roulées à terre, faisaient les fondements des quatre faces. D'autres qui étaient debout soutenaient une claie haute de moins de six pieds. Le toit de roseau était ombragé par des branches vertes de lauriers. Un molosse au long poil lappait des gorgées d'eau dans les creux d'un chapiteau dorique placé en face de la porte. Une femme appuyée contre une des colonnes tenait son enfant endormi et filait du coton. Quand le maître de la maison me vit, il laissa sa charrue, dont le soc était de bois, et il alla remplir pour moi une petite natte d'oranges. Il m'apporta en outre deux têtes de statue; l'une de Faune, l'autre avec des tresses de cheveux en bandelettes. Il me montra encore à côté de son jardin deux inscriptions, que je copiai.

Je ne sais si la maison de Ménélas lui-même, qui devait être dans les environs, m'eût reporté plus naturellement dans les temps homériques que la rencontre de cette cabane, de cet homme, dans cet endroit, dans ce moment, et après l'isolement de la journée entière. La nature vous renvoie toujours d'elle-même à l'impression des âges les plus lointains de l'histoire. En vain des races se sont mêlées ou renouvelées; sitôt qu'elle retombe dans la solitude, elle reprend, comme si rien ne s'était passé, le début de son ancien poème, et recompose le premier tableau de l'épopée.

Si vous regardez au nord, c'est le côté le plus

monotone, le plus dépouillé de débris; c'est aussi celui où la ville s'étendait le moins. Vous avez sous les yeux deux collines étagées en glacis comme par la culture des vignes, et surmontées d'une esplanade. Sur la plus petite, qui est à gauche, j'établirais le temple de la Vénus enchaînée, sur l'autre celui de Lycurgue et le monument des Dioscures.

Enfin, au sud, vous êtes séparé de l'Eurotas, d'abord par des buttes, puis par une plage de limon. Quand j'y descendis, mon cheval enfonça jusqu'au poitrail dans ce quartier de Limnæ. Quelques enfants, couverts de boue, brûlaient des racines de lentisques dans le même endroit où les enfants de Sparte étaient fouettés jusqu'au sang sur l'autel de la Diane marécageuse. Que feraient là les cygnes des Tyndarides? Il n'y a plus même de lauriers, seulement un bruit assourdissant de grenouilles. L'Eurotas, qui est en cet endroit fort rapide, divise son cours en deux branches, dont la plus profonde est sur la rive gauche : le gué est une vingtaine de toises plus haut; les restes du pont Babyx, s'il y en a, étaient cachés sous les eaux. En face, on suit les traces d'un long mur, qui court parallèlement au fleuve : c'est probablement celui qu'on éleva pour la première fois contre l'attaque de Pyrrhus. Du reste, dans toute cette enceinte je ne rencontrai qu'un renard, que je fis partir de son terrier, et une couleuvre énorme qu'un épervier venait de déchiqueter; elle se roulait encore au soleil toute sanglante, près des fondements du temple de Minerve Chalciœcos.

Le chemin qui de Sparte conduit à Schiavo-Chorio par Mistra a un peu moins de deux lieues ; presque toujours il suit le pied des montagnes. Après le faubourg de Parori, plusieurs villages sont coupés par des ruisseaux du même nom : tels que Agiani, Gournari, etc. Dans l'antiquité, cette vallée pouvait mériter le nom de province aux cent villes. Aujourd'hui ces villes sont quelques tanières abandonnées aux fugitifs de Romélie. J'eus la curiosité d'entrer dans l'une d'elles, faite de boue, de feuilles et de mottes de gazon : on n'y pénètre qu'en se traînant sur le ventre. Dans l'intérieur il n'y avait rien qu'un pot de terre ; la maîtresse de cette hutte était une femme des environs de Thèbes, dont le mari faisait la guerre avec les bandes d'Ipsilanti. Elle s'était bâti elle-même cette tanière avec l'aide de ses deux enfants, et elle était occupée à faire aux champs sa récolte de racines et de lavande. Voilà l'histoire de presque toutes les populations grecques, depuis le golfe d'Arta jusqu'à Zeitoun.

Entre Godène et Mandra nous reçûmes, à travers champs, le *kat' imèra sàs* d'un homme qui évitait les sentiers battus, et portait les armes les plus brillantes que j'eusse encore vues. Ce capitaine Mainotte était, il y a peu de temps, une espèce de brigand qui ravageait les environs de Mistra. Depuis la nouvelle administration qui lui a lié les mains, ne sachant que faire, il s'est mis à gagner quelques piastres en arrosant les champs de maïs qu'il pillait encore l'année dernière ; cependant il évite de s'approcher de la ville.

De longs et beaux débris de chaussée vénitienne qui aboutissent au porche de quelque chapelle abandonnée, les aqueducs des doges, qui portent leur eau à des baraques de moulin, et ces moulins, se remplaçant dans le même endroit depuis la plus haute antiquité et la mythologie des Achéens, conduisent à Tzoka, où sont plusieurs colonnes de marbre, peut-être les restes d'Alésia. Ce village n'est peuplé qu'en hiver. A l'approche du printemps, les habitants, comme ceux du Valais, le quittent pour aller garder leurs chèvres sur les plateaux du Taygète. La tour qui le domine, et que Dodwell a prise pour un débris d'acropole, est une muraille turque, assise sur un roc d'un calcaire fin et grisâtre, peut-être le marbre vert des Lacédémoniens. Nous étions précisément au-dessous de l'ancien sommet du Taletum, où les chevaux sacrifiés à Apollon ont été remplacés par le char de saint Élie.

Le lit desséché du Soka ou Phellias coupe la vallée jusqu'à l'Eurotas, qui se cache derrière la chaîne de Bardounia. Un haut cyprès marque au milieu de la plaine l'emplacement d'Amyclée. Ce nom rappelle les plus poétiques et les plus profonds mystères dont l'histoire ait enveloppé une ville : le séjour des Tyndarides, le tombeau de Cassandre, la colère d'Oreste, l'alliance avec les Minyens de Lemnos et les Cadméens d'Orchomène, les migrations de la race achéenne vers Ténédos, vers Lesbos, et la contrée à laquelle elle laissa son nom.

Quand Sparte domina, l'ancien type des Éoliens se conserva dans Amyclée ; les dieux pélasgiques s'unirent chez elle aux dieux doriens qui lui furent imposés, et elle imagina des fêtes, où la religion de la Cybèle de Samothrace se perpétua sous la figure de l'Apollon des Hyperboréens. Au moyen âge, sous le nom de Nicli, Amyclée présenta quelque temps une des scènes les plus étranges des croisades ; les nobles châtelaines venues de Bourgogne et de Provence, n'ayant avec elles que leurs varlets et leurs faucons, se tenaient là tout le jour au haut des murs, attendant leurs seigneurs, retenus prisonniers à Constantinople. Vingt chaumières de roseau forment aujourd'hui les deux hameaux de Schiavo-Chorio et de Mouzdi.

L'espace qui les sépare est occupé par six chapelles ruinées, sur l'une desquelles je lus dans une inscription antique le nom d'Amyclée. De larges et informes blocs, qu'on pourrait croire cyclopéens, sont entassés sur des tertres. Je mesurai une patère de six pieds de diamètre, où croissaient, au lieu des jacinthes d'Apollon, les fleurs livides de l'asphodèle du Tartare. Des champs de blé et d'orge, encore verts, s'étendent là à une demi-lieue en tous sens. Les touffes de *flômos*, dont les belles tiges, d'un jaune de safran, répandent sur tout le reste de la plaine une odeur fade et pestilentielle, ont été extirpées en cet endroit. Cette plante, qui s'établit sur presque toutes les villes abandonnées, antiques ou modernes, sur les montagnes aussi bien que dans les vallées, bloque peu à peu les villages, en chasse les habitants, et les poursuit de terreurs superstitieuses. Il n'est pas de fléaux que les hommes du pays ne lui attribuent; c'est à son absence qu'ils croient qu'est due la salubrité de Schiavo-Chorio.

Au reste, rien n'est plus triste que le silence de ces villages, où l'approche des hommes n'est annoncée par aucun bruit d'animaux domestiques ; toutes les huttes closes et personne au dehors, seulement quelque chien de Laconie, qui, sans aboyer, s'élance sur vous à l'improviste, et ne lâche prise qu'en emportant un lambeau de vos habits. Cette dépopulation d'animaux encore plus que d'hommes, outre qu'elle est le principal obstacle à l'agriculture, augmente beaucoup l'impression de détresse de la

Morée, même dans les lieux où les végétaux n'ont pas été incendiés. C'est un événement dans la journée d'un voyageur que la rencontre d'un bœuf ; encore la race en est-elle tout à fait dégénérée. Les ânes et les cochons, les derniers surtout, sont entièrement détruits. Quelques troupeaux de chèvres, quelques petits chevaux efflanqués, dont on ne se sert pas pour le labourage, voilà tout ce qui reste. Il est inutile de dire qu'il ne se trouverait pas dans la Grèce entière un chariot à deux roues. Quant aux oiseaux, des bandes de corbeaux s'abattent dans la Messénie, près des campements d'Ibrahim et des squelettes étendus sur les grèves. Dans les golfes de Calamata, de Corinthe, d'Épidaure, c'est à peine si vous découvrez un goéland. Posé sur la lame, il ressemble à un flocon d'écume, jusqu'à ce qu'il secoue ses grandes ailes blanches. Dans l'Argolide il y a des troupeaux de cigognes, qui se promènent à côté des laboureurs, souvent à moins de dix pas. Sur les plateaux marécageux de l'Arcadie, des familles de canards sauvages partent sous vos pieds avec le bruit assourdissant d'une roue de moulin. Au sommet des montagnes, des aigles, des éperviers bruns, le bec-jaune, la queue-en-éventail, tracent leurs cercles monotones autour des soubassements des acropoles ; mais ni l'alouette, ni le moineau, ni le pinson, ni aucun des oiseaux qui, ailleurs, animent le voisi-

nage de l'homme, ne se montrent près des cabanes.
Les forêts d'oliviers sont aussi presque entièrement muettes, abandonnées aux crabes, aux scorpions, à des couleuvres de cinq à six pieds. Je ne
sais ce qu'est devenu le rossignol. Je ne l'ai jamais entendu, quoique j'aie vu en Grèce la fin de
l'hiver et le commencement du printemps. Il n'y a
qu'une voix qui n'a cessé de retentir à chacune de
mes stations ; c'est celle du chat-huant. Ce cri traînant, que je retrouve chaque soir à la couchée,
presque toujours mêlé à celui du chacal, souvent
sur ma tête, et si près de moi qu'il me tient à demi
éveillé, me poursuit jusque dans le sommeil de
l'angoisse et des misères de la journée.

Le démogéronte de Schiavo-Chorio m'accompagna à une demi-lieue au levant, jusqu'à un monument fort extraordinaire, encore peu connu même
à Mistra. Il y a quelques années, quarante hommes
ont mis vingt-trois jours à creuser l'une des pentes
de la colline, où il est renfermé. Les terres se sont
éboulées, et l'on ne peut mesurer qu'une pierre
horizontale, de dix pieds de long, qui paraît former
l'architrave d'une porte, semblable à celle du trésor de Mycènes ; d'autres pierres perpendiculaires,
mais sorties de leur aplomb, supportent cette masse.
Le reste est enfoui sous une éminence couverte de
lavande. Si l'on compare ces débris aux monuments analogues de l'Argolide, on ne peut guère

douter qu'un reste de l'époque des Pélopides est enseveli sous ces herbes. C'est le seul débris de la civilisation achéenne d'Amyclée et de Thérapné; on peut choisir entre le tombeau de Cassandre et ceux des Dioscures ou d'Hélène (1).

Du sommet de ce tertre, nous avions à nos pieds le lit de l'Eurotas, les chaumières de Baphio, et au couchant la tour démantelée de Mahmoud-Bey; ce dernier édifice servit de texte aux récits de mon guide. Il y avait soutenu avec quelques palichares un assez long siège contre l'artillerie d'un corps d'armée. Il fallut ouvrir une mine pour réduire cette petite garnison, qui s'ouvrit un passage au milieu de la nuit. L'éparque de Mistra a achevé de faire sauter les murailles, de peur qu'elles ne servent de repaire à quelque capitaine Mainotte.

Ainsi nous n'étions occupés sur ce tombeau achéen que d'un obscur fait d'armes d'un palichare; la même chose m'est arrivée plusieurs fois. Cependant, loin que la Grèce nouvelle amortisse le souvenir de la Grèce antique, elle le rend souvent plus réel et plus immédiat. Si le contraste des colonnes renversées et des minarets debout est perdu aujourd'hui pour le poète, la destruction a donné au présent et au passé presque la même

---

(1) Otf. Müller, *die Dorier*, p. 92.

forme, et le sens historique se réveille à chaque pas. Je quitte les décombres des Moréotes pour les décombres du Péloponèse ; mais ce ne sont toujours que des ruines. Les huttes des Roméliotes, transportées dans la Morée, remettent à peu près sous mes yeux la fuite des Béotiens devant les invasions des Mèdes et l'encombrement des Périœques au Pirée, au moment de la peste de Thucydide. Je crois comprendre mieux la figure de Philopœmen, sa modestie, son audace, son esprit de stratagème, depuis que j'ai senti sur mes joues les moustaches fauves de Nikitas et que j'ai dormi sur la natte des soldats de Botzaris et de Karaiskaky. Il ne faudrait pas s'étonner si la révolution grecque, comme la nôtre, servait un jour à l'intelligence de l'antiquité, et s'il sortait du spectacle de la vie et des traditions des palichares un tableau qui donnât plus de naturel aux créations déjà si larges et si vivantes de la philologie moderne.

Je revis plusieurs fois et à différentes heures les lieux dont je viens de parler. Quand enfin il fallut partir pour Tripolitza, j'envoyai les guides m'attendre au défilé de Klissoura, et je voulus passer encore une fois seul par Sparte. Ces ruines, qui m'avaient peu frappé en arrivant, sont celles que j'ai eu le plus de peine à quitter. Il y en a plusieurs dont l'effet est plus soudain : Argos,

Athènes, même Corinthe. Mais cette vallée de Laconie, qui n'ouvre nulle part d'issue, vous enserre et vous invite à vous arrêter. Autant est lente l'impression qu'on en reçoit, autant elle est profonde et soutenue. Cet enchantement qui me retenait est le même qui maintint parmi les Doriens l'esprit de retraite, l'envie de conserver, le mépris des conquêtes et de la mer. Le génie spiritualiste fit d'eux les protestants du polythéisme.

Après avoir parcouru une partie du chemin qu'ils suivirent dans leur invasion, j'ai pu remarquer avec quel instinct merveilleux une race choisit le lieu qui est le mieux fait pour elle. Ni les terrasses de Sicyone, ni les rivages de Corinthe, ni la plaine d'Argos, malgré ses champs tout préparés, et quoique la conquête eût commencé par là, ne furent capables d'arrêter les Doriens. Le spectacle agité de la mer, un mobile horizon partout ouvert qui invite à partir, n'étaient point faits pour un peuple naturellement recueilli et fixe dans sa forme. A travers les gorges et les défilés de terre, il continua ses migrations jusqu'à ce qu'il rencontrât un lieu enclos de toutes parts, une solitude armée, séparée du tumulte du monde grec, une autre vallée de Pénée, mieux défendue que celle d'où il sortait, pour réaliser, dans l'âge mûr, les contemplations de sa jeunesse.

Pour moi, je m'étais accoutumé en peu de jours

à voir chaque matin, en ouvrant les yeux, les collines du Phœbeum et de l'acropole, à y faire mes repas d'olives et boire de l'eau de l'Eurotas. Cette vie me semblait ne devoir jamais finir. Tant que je pus distinguer ces petites cimes grisâtres, c'est-à-dire, pendant une lieue et demie, je m'arrêtai souvent pour les regarder. Je mis encore pied à terre au coucher du soleil pour saluer, du milieu de la chaîne opposée, les sommets du Taygète. Mais sur l'une des crêtes les plus abandonnées de la Morée, près du champ de bataille de Sellasie, quand je ne vis plus rien, et que je fus étendu près d'un tison entre les masures d'un khan, et foulé aux pieds toute la nuit par des Mainottes errants, mon isolement fut grand, je l'avoue ; il me sembla que je m'apercevais pour la première fois de la détresse de ce pays. Je laisse à d'autres à expliquer comment une ruine, bien moins, quelques tertres de cailloux que vous ne reverrez jamais, peuvent vous manquer plus que votre terre natale. Peut-être est-ce que les ruines des peuples se répètent et se réfléchissent dans l'âme de chaque homme qui les contemple ; peut-être font-elles crouler en nous subitement tout ce qui n'y est pas immortel ; car ce qui me manquait, c'était bien moins Sparte que les choses que je ne trouvais plus en moi. Je ne sais quoi me disait que j'avais laissé les plus beaux et les derniers fantômes de ma jeunesse dans les décombres du Palæochorio, et que pour longtemps je retrouverais au milieu de tous les spectacles l'odeur des grèves plombées de l'Eurotas et les tombeaux remplis du sable de la Magoulitza.

CHAPITRE VI.

CHAMP DE BATAILLE DE SELLASIE. — LA FLORE LACÉ-
DÉMONIENNE. — HARMONIES DES FORMES VÉGÉTALES
ET DES SOCIÉTÉS HUMAINES. — TRIPOLITZA. —
TÉGÉE.

Au moment où nous traversons l'Eurotas sur un pont d'une seule arche, les sons criards d'un pipeau retentissent sur l'autre rive. Une troupe d'hommes étaient étendus sur des peaux de mouton, les fusils couchés à côté d'eux, les besaces et les outres réunies en monceaux. Vis-à-vis, quelques femmes en turban s'appuyaient sur les rochers. Un groupe de jeunes filles dansaient sur une pelouse en se tenant par la main; elles formaient une ronde brisée dont les deux extrémités se poursuivent et se balancent sans se réunir jamais. C'était la danse des femmes de Calavryta, lorsqu'elles se précipitaient une à une du haut des rochers. Ici, le lieu retiré, de hauts pitons qui bornent la vue, des chèvres à demi cachées dans les niches de ces pitons, la rivière qui encadrait ce petit tableau dans une bordure de roseaux et d'ombres, lui prêtaient une grâce indéfinissable. Polybe s'est plu à décrire ce même endroit; ce fut un des campements de Philippe (1).

Faut-il reconnaître l'Œnus sous le nom de *Karabaraliska*, dont on suit longtemps le lit desséché? Du temps de Polybe, c'était déjà le torrent qui servait de chemin. Cléomène passa sur ce sable fin, le soir de la déroute, lorsque, presque seul et toute son armée exterminée, il alla porter sa tête aux couleuvres d'Alexandrie. Cette route, par où Sparte fut toujours attaquée et où elle finit par périr, est un des points les plus obscurs de la géographie ancienne. Comment les voyageurs l'ont-ils traversée sans se rappeler le champ de bataille de Sellasie? On reconnaît pourtant à chaque pas le pays d'embuscade, où Philopoemen cachait ses hoplites. A l'endroit où l'on quitte le torrent, un escalier en limaçon conduit à une voie en larges dalles. Des rochers taillés en tourelles et enveloppés de touffes d'euphorbes vous dominent de toutes parts. Ces rampes sont si âpres, que les chevaux ont beaucoup de peine à les gravir. Les terrains n'y sont retenus que par des tiges de *courmaria*, semblables à des ceps de vigne durcis et noircis par un incendie.

Après trois heures de marche nous atteignîmes sur la crête les ruines du village de Bourlia. Je

(1) Ἔστι γὰρ ἐπὶ τῆς ἀρχῆς τῶν προειρημένων στενῶν..., etc. Jusqu'à ces mots : στρατοπεδεύειν δὲ ἐν καλλίστῳ, etc., p. 371.

parcourus à la tombée de la nuit ces murs, où ne se trouve plus un seul habitant, je me jetai sur la terre à l'angle d'un khan que le vent ébranlait. A peine étais-je assoupi, que des soldats égarés y entrèrent en me passant sur le corps, et s'étendirent près de moi, avec leurs fusils à leurs côtés. Quelqu'un qui, avec les opinions de l'Europe, eût vu à la lueur d'un tison ces hommes demi-nus, la figure farouche, les mains, suivant leur habitude, toujours posées sur la poignée de leurs pistolets, eût cru qu'ils méditaient quelque noir complot contre le voyageur, qui leur offrait avec tout son bagage une proie si facile. Plusieurs fois dans la nuit je fus réveillé en sursaut par le cri d'alarme, *Crassi*, que mon voisin me jetait dans l'oreille en me tendant une outre d'un détestable mélange de résine et de vin, qui avait déjà circulé à la ronde. Un peu avant le jour, ces formidables hôtes avaient tous disparu chacun de son côté. Cela n'empêchera pas l'Europe de persévérer dans ses terreurs. Qui voudra croire que les grands chemins de France sont moins sûrs que les défilés des klephtes ?

La lune était au haut du ciel quand nous partîmes. Des nuages roses flottaient sur les cimes du Taygète, qui paraissaient, à la hauteur où nous étions, toucher à l'extrémité du plateau de Bourlia. De rares éclairs entr'ouvraient un horizon humide et vaporeux ; mais à peine brillaient-ils sur un point, qu'ils s'éteignaient, étouffés sous la langueur d'une nuit de printemps. Bientôt le soleil parut au-dessus d'un rocher de marbre, et, sans aucune gradation, versa dès l'aube et en un clin d'œil une chaleur morne que l'on voyait plonger en tourbillons de la cime des montagnes jusqu'au fond des défilés. Au revers du plateau je retrouvai le torrent de la veille, et sur la gauche le ruisseau sinueux d'Aracova, que je pris pour le Gorgyle. Cette rencontre doit fixer le champ de bataille de Sellasie, qui était assis sur deux rivières. Le sentier serpente dans le pli du torrent ou sur des plateaux sans eau. Plus loin, des collines de pente douce, adossées à de hautes montagnes, laissent aux terrains quelque développement, et forment le renflement de la gorge que décrit Polybe. Des *courmaria* embarrassent de leurs broussailles les terrasses et les ravins que Philopœmen, les deux cuisses percées d'un javelot, eut tant de peine à gravir. Des feuilles d'ardoise composent une partie du sol (1), et alternent avec un marbre brun, veiné de blanc.

Cet endroit est celui où la race peut-être la plus noble, la plus pure, la plus enthousiaste du genre humain, disparut pour toujours de l'histoire. Il y

---

(1) Théophraste fait mention de mines de charbon dans l'Élide. Ce ne sont peut-être pas les seules.

eut, comme dans toutes les catastrophes inévitables et depuis longtemps préparées, une fatalité désespérante, des lettres arrivées deux heures trop tard, des cris de trahison, une manœuvre à la fin de la journée, qui décida de tout. Ces rampes rapides, ces lits de torrents que j'avais passés la veille, rendirent toute retraite impossible. Le dernier roi de Sparte se précipita à travers ces ravines et rentra dans la ville avec moins de deux cents hommes. Après s'être appuyé un moment tout pensif contre une colonne, sans avoir voulu rien boire ni manger, il partit pour Gythium, où il s'embarqua.

Ce fut la chute de l'esprit grec.

La société dorienne succomba sous les vengeances des démocraties. Aratus, Philopœmen, détruisent par la ligue achéenne la seule barrière qui pouvait sauver un reste de liberté. En subissant le despotisme de la Macédoine, la Grèce entre dans la voie où Rome entrait de son côté. Lorsque celle-ci vint à déborder, elle rencontra partout dans le Levant un monde d'idées semblable au sien; avant de se montrer, sa conquête était faite à demi. Alexandre avait préparé César.

L'ennui de ces défilés n'est racheté que par le spectacle de la végétation. Au fond des vallées, les lauriers, les aloës, les nopals, l'ombre grasse et humide des caroubiers. Un peu plus haut, le

myrte, puis l'agnus castus ou *schino*; ce qui prouve
en passant que ce n'est pas par *juncus* qu'il faut
traduire le Σχοίνῳ ἐφαρμόσδων de Théocrite (1); ensuite le houx. Au-dessus de cette région, les chênes tristes, rabougris, avec leurs feuilles d'hiver,
puis de rares avenues de pins; le reste couvert de
genêts et d'euphorbes épineux; des arbrisseaux,
l'ébénier sauvage, avec ses grappes d'un jaune
d'ocre, et en noms vulgaires les lia, les gortischa,
les bournelia, remplissent l'espace intermédiaire.
Une foule d'anémones, les unes veloutées, couleur
de tache de sang, d'autres blanches, d'autres
bleu-de-ciel, se mirent sur des lames d'ardoise ou
sur des pilastres de marbre veiné. De petits ornithogales sont semés comme des étoiles d'argent
partout où il croît un peu d'herbe. Les iris, les
immortelles, les orchis, les euphraises, l'adonis,
avec sa fleur qui jaillit en étincelle, suivent le
bord des ravins. Il y a des renoncules dont le bouquet se dresse avec une corolle verte, comme la
tête d'une vipère au soleil. La couronne d'or de
la belle-de-nuit, l'anchuse d'Égypte et ses feuilles
laineuses et tachées du limon du Nil, la gesse de
Provence, l'orcanette, des pavots bruns, l'échium,
l'andryale et ses fils noués en glands de soie, sont
suspendus aux rampes des défilés. J'ai trouvé les
murs cyclopéens habités par de lourdes touffes

(1) Idylle Iʳᵉ.

d'échioïdes et de gueules-de-lion. Vous rencontrez en foule, près du niveau de la mer, des sonchus et des espèces encore inconnues de vicias et d'astragales. Quant aux rapports généraux de la végétation et de la nature grecque, il faut, pour s'en faire une idée, étendre son point de vue.

En comparant à cet égard le type du Levant avec celui de quelques autres climats, voici la réflexion qui me frappe. Si chaque contrée nourrit un système de plantes qui lui est propre et dont elle reçoit une figure distincte, une loi plus haute unit dans la même harmonie la physionomie des formes végétales et celle des sociétés humaines. Assurément, l'arbre du Gange qui, avec ses lianes fécondes, forme à lui seul une forêt où chaque racine est un rameau, chaque rameau un arbre, cache, sous ses profondes ombres, la même pensée que les poëmes hindoux dont chaque fragment est une épopée, et que les dieux dont chaque parole est un monde. Immobile et recueilli dans le désert, comme la colonne d'un temple ruiné, le palmier des races araméennes se plaît dans la solitude autant que le peuple de Juda. Des murailles de pastèques, de raquette épineuse, semblent encore au sein de l'humanité antique la civilisation de Meroë et du pays de Canaan. Pendant que le sycomore, le tamarin, répandus dans l'Abyssinie, rappellent l'émigration de la race de Cham, d'autres, tels que l'acacia nabeck, venus des bords du Gange, font le lien de la théocratie égyptienne avec le centre de l'Inde. Par un artifice plus merveilleux, le peplidium du Delta ressemble au gratiola du Mexique, autant que les pyramides et les hiéroglyphes de Memphis aux monuments de Cholula et des nations Aztèques.

L'éternelle verdure des végétaux de l'Orient n'est pas dans un rapport moins harmonique avec l'immobilité des formes sociales. A l'approche des régions de la Méditerranée disparaissent les géants dans la végétation et dans l'histoire. Plus de Bel, ni de Nemrod, ni de cèdres, ni de baobabs (1). Le feuillage ample et lustré des tropiques, l'eucalypte haut de deux cents pieds, l'arbre dragon, l'heliconia, sont, dans le monde organique, ce que les empires de Dschemchid, de Cambyse, de Cyrus, dont ils ombragent les ruines, sont dans le monde civil. Dans le bassin de la Grèce et de l'Italie, ces vastes monocotylédons cessent de paraitre. La vie végétale se partage, se divise ; les individus augmentent. Une flore rameuse, herbacée, arborescente, des groupes qui se cherchent et s'associent, les scabieuses, les labiées, qui portent des épis aromatiques dans de petits casques (2)

---

(1) M. Adamson estime que les baobabs des îles de la Magdeleine ont plus de six mille ans
(2) *Cassida, Scutellaria.*

d'azur, forment, comme les peuples de Thèbes, de Sparte, d'Arcadie, une foule de tribus, toutes égales en puissance et en gloire. Depuis les frontières de la Géorgie jusqu'à la région boréale, la forme pyramidale croît avec les nations germaniques. Pendant que sous leurs pas les familles des ombellifères, des crucifères, étendent des fleurs à vives arêtes, à cônes renversés, le pin, le mélèze, s'élancent comme la flèche d'une cathédrale. La tristesse et la hardiesse de leurs ports, la rudesse de leurs lignes brisées à l'horizon, les frimas qui pendent de leurs rameaux échevelés, contrastent avec le myrte, le laurier, l'olivier d'Ionie, autant que les Nibelungen avec l'Iliade, les Edda avec la théogonie d'Hésiode, ou le monde féodal avec la démocratie d'Athènes. Enfin, près des contrées polaires s'étend, comme le dernier souffle de la nature et de l'humanité, la race finnoise avec le règne des mousses, des lichens et des cryptogames. Ainsi que l'algue des mers est chaque jour rejetée sur ces rivages par la tempête, le peuple qui les habite a été refoulé par le flots de l'histoire. La saxifrage avec sa tige velue, ses fleurs fauves tristement inclinées, ses feuilles crénelées, qui se défend contre l'orage en se cramponnant aux rochers, et, dans sa misère, se couvre néanmoins çà et là de glandes d'or, porte écrites, dans son avare calice, les annales et la pensée de ces tribus de Lettoniens, de Permiens, de Livoniens, qui, sous leur ciel rigide, s'ornent encore de poésie, et jettent à la tempête l'écho de leurs chants indigènes.

En sortant du lit du Saranta-Potami, près des sources de l'Alphée, nous descendons par des grèves sur le plateau de Tripolitza, qui paraît être le fond desséché d'un grand lac. Sur les bords, des étangs sont contenus par des collines ; elles préservent la plaine des exhalaisons de l'hydre. Périméda (1), reine de Tégée, obligea, dans la première invasion des Héraclides, les prisonniers lacédémoniens de travailler à l'écoulement des eaux du fleuve Lachas ; c'est probablement ce Lachas qui forme ces marécages.

Mais dans un endroit si découvert, où est la ville des pachas, la ville des contes et des chants populaires? Ses mosquées, son château, son sérail, ses tours, ses trois mille maisons, ses minarets, où sont-ils? Ce ne sont pas les orangers qui les cachent ; à peine si l'on compte quelques arbres dans la plaine. Où sont les janissaires au galop dans les champs ; au haut des minarets les derviches, aux portes les esclaves noirs, au sérail les femmes d'Ibrahim? Les esclaves noirs ne tiendront plus en laisse des cavales aux portes, les

---

(1) *Argolica de Deinias*. Hérodien, VIII, 14 ; corrigé par Dindorf. Otf. Müller, *die Dorier*, p. 418, 443.

derviches ne fêteront plus le Ramadan au haut
des minarets ; les femmes d'Ibrahim ne l'attendront plus dans le sérail. A mesure que nous approchons, un de nos guides nous montre avec la
pointe de son sabre, à chaque pas, des carcasses
d'animaux et des squelettes d'hommes sous de
hautes touffes d'orties. L'emplacement de la ville
ne paraît que lorsqu'on marche sur les murs, s'il
faut donner ce nom à de longues traces de poussière blanche, où la charrue a passé, où le sel a
été semé, et que les chevaux traversent sans lever
le pied.

Aux deux extrémités de l'immense enceinte que
les murailles embrassaient, s'élèvent, à l'est, des
masses de décombres qui doivent être le château,
et à l'autre bout, à l'ouest, le plan d'une tour. Le
reste est uni comme une plage d'où la mer s'est
retirée. On voit assez que l'extermination ne s'est
pas faite là à la hâte, mais lentement, à plusieurs
reprises ; les Turcs incendiant le quartier des
Grecs, les Grecs celui des Turcs. A la place des
trois mille maisons, dont aucune n'est restée debout, cinq cents sont relevées. Il est vrai que ce
sont la plupart des baraques en bois, cachées sous
les décombres, et isolées les unes des autres par
de très grands intervalles. De petits sentiers, tels
que ceux qui se forment sur les terres nouvellement labourées, circulent sur la trace des ancien-

nes rues, par la même raison que les sentiers des bergers dans les montagnes courent presque toujours sur les ornières des voies antiques.

Çà et là, ces chemins sont parcourus par un homme isolé, qui va s'orienter sur les fondements de quelque chapelle de derviche, et reconnaître, s'il peut, autour de lui, sa propriété et celle de ses amis. Aucune ville ne porte à ce degré l'empreinte tragique d'une vengeance orientale. Avec ce silence, ces rares habitants, ce plateau de craie et de chaux, couleur d'os broyés, dont nul accident ne déguise au loin la mortelle uniformité, Tripolitza sera longtemps encore la digne capitale de la Morée.

A ses portes, c'est-à-dire à moins d'une lieue à l'ouest, sont les ruines de Tégée. Mais, s'il y a eu là aussi des haines acharnées, elles dorment sous de grands champs de blé, de fèves et d'orge, qui sont cultivés en cet endroit avec beaucoup de soin. L'étroite chaussée qui y conduit se déroule sur un sol de gravier, à travers des prairies et au pied de quelques hauteurs. Sur ces hauteurs sont des villages: tels qu'Agio-Sosti, Camaria, Piali et d'autres, qui probablement sont les bourgs dont la ville se forma dans les temps homériques. Toute l'histoire de la Grèce est dans ces vicissitudes de bourgs formés en villes, de villes décomposées en bourgs, suivant que la démocratie ou l'aristocratie,

Athènes ou Sparte, y furent tour à tour maîtresses. De l'autre côté d'un ruisseau, quelques débris croupissent dans une eau stagnante. Plus loin une enceinte de murs modernes qui reposent sur quelques assises antiques enferme à l'un de ses angles une lourde mosquée ou église byzantine. Il faut que cette masse extraordinaire, avec ses quatre coupoles à chaque coin et une cinquième beaucoup plus grosse au milieu, ait été construite presque entièrement des restes de Tégée. Les tryglyphes, les frises, les cippes, les moulures de toute espèce, qui y sont incrustés jusqu'au faîte, en font une espèce d'ossuaire de l'ancienne Arcadie.

Pendant que je lis une inscription debout sur mon cheval, un paysan qui laboure dans cette enceinte laisse sa charrue, et vient me demander : depuis quand, ἀπὸ πότε, cela est-il écrit. Quand je lui dis que cela peut bien avoir quelque deux mille ans et plus, il relève la tête en signe du plus complet mécontentement; il me fait entendre que lui et tous ceux de son pays tiennent ces restes pour infiniment plus anciens.

J'entrai dans la chapelle de Piali, où les hirondelles ont fait leurs nids : l'autel, qui repose sur un fût de colonne, est une inscription funéraire des beaux siècles, à je ne sais quel Agésistrate (1).

(1) ΧΑΙΡΕΤΕ
. . . . ΑΓΗΣΙΣΤΡΑΤΕ.

Dans un des coins du pavé, qui est fort humide, sont entassés des squelettes, avec des restes d'habits de prêtres, et une mitre d'évêque. C'était pourtant là qu'il fallait retrouver le temple de Minerve Aléa aux trois ordres, ses frontons, ses bas-reliefs d'Atalante, de Méléagre et de Calydon. Au milieu d'un champ de fèves, s'étend une aire formée de débris et de poussière de marbre, qui est peut-être la place du temple. J'avais mesuré la veille à Tripolitza des fûts cannelés de quatre pieds et demi de diamètre, tout semblables à ceux dont on ne voit que des fragments sur les ruines de Tégée. Mais, puisque Pausanias trouve cent raisons pour louer un empereur d'avoir emporté dans Rome la statue d'ivoire de la déesse, je ne puis faire un grand crime à un pacha d'avoir traîné quelques colonnes du temple dans la mosquée de Tripolitza.

De ce plateau, qui commande à tout le Péloponèse, l'Arcadie, avec les deux villes de Tégée et de Mantinée, qui ferment les deux uniques défilés, aurait dû gouverner la Grèce continentale. Mais, au moment de sortir de cette province, il faut dire pourquoi, après avoir été si grande dans les temps mythologiques, elle fut si faible aux époques politiques, et ne fit que peser dans la balance du plus fort. De même que dans l'humanité, l'Orient, tout grand et puissant qu'il s'est montré à l'origine des époques religieuses, n'a point développé la vie politique du genre humain, et s'est éclipsé quand il a fallu agir ; de même, en Grèce, les peuples fameux dans l'âge héroïque et sacerdotal font place à d'autres, au moment des luttes de l'aristocratie et de la démocratie. Aucun d'eux n'a tenu dans l'histoire ce qu'il avait promis dans la fable, et n'a suffi à cette double carrière. Sitôt qu'il y a une Athènes, que deviennent l'Argos des Achéens et la Thèbes minyenne ? Quelles grandes choses ont produites l'Arcadie et la Crète, où sont nés tant de grands dieux ? Ailleurs les Étrusques ont beau se préparer par une lente divination ; ce ne sont pas eux qui cueilleront le fruit de l'Italie. Ainsi de tous.

C'est que l'esprit des vieux sacerdoces retenait encore ces peuples. Chez les nations chrétiennes, celles qui ont le plus adhéré au sacerdoce catholique, l'Espagne, l'Italie, ont eu le plus de peine à entrer dans la voie moderne. De même chez les Grecs. Les Arcadiens, nation légendaire, ont eu peine à sortir du moyen âge hellénique.

Quand l'Arcadie se vantait de n'avoir jamais été effleurée par la conquête, elle avouait s'être soustraite à toute progression d'idées. Si elle préféra toujours les statues enfermées sous des gaines égyptiennes, on peut dire que dans la politique elle ne se meut pas avec plus de liberté que dans l'art. Elle ne sut jamais prendre l'allure de ceux qui l'entouraient, et fit le continuel étonnement de la Grèce (1). Les Doriens avaient déjà donné à leur Apollon la figure humaine, quand les Arcadiens adoraient encore les animaux symboliques de l'Asie. Au lieu de se prendre fortement à l'un ou à l'autre des systèmes politiques qui s'agitaient autour d'eux, leur esprit restait occupé de l'Artémis des forêts à tête de loup, d'ours, de cerf, de sanglier.

(1) Les Arcadiens se liguent pour rétablir les anciens jeux olympiques, Diod., XV, 82. Paus., lib. VIII. Polyb., p. 289. Plut., Num.; C. Cæs., p. 736. Mannert, *Geographie der Griechen und Rœmer*, 434. Otf. Müller, *die Dorier*, Bd I, 372.

CHAPITRE VII.

MANTINÉE. — LE PRÉSIDENT CAPO D'ISTRIA. — NIKITAS. — COLOCOTRONI. — CARACTÈRE SOCIAL DE LA RÉVOLUTION GRECQUE.

Avant le jour, un enfant de douze à treize ans se tenait vis-à-vis de ma natte, les bras croisés sur la poitrine, un lambeau de laine attaché aux reins, les traits fins et forts, les cheveux blonds, le front et le nez d'une seule ligne, la taille déjà plus droite, plus svelte, plus fière qu'un beau fusil de Janina. Kyrie, s'écrie-t-il d'une voix rauque, est-ce au Palæochorio (il voulait dire Mantinée)? Sur ma réponse, il s'élance à cru sur un grand cheval turc, qu'il met aussitôt au galop. Il ne prononça plus deux autres mots, le reste de la journée.

Nous allions donc voir ensemble, et au plus dans deux heures, le champ de bataille d'Épaminondas. Le ciel était chargé; de larges et rares gouttes de pluie tombaient à plomb dans les mares. Le chemin au nord de Tripolitza suit le pied de l'Ornio. Point d'arbres, point de villages; des buissons de lia, qui s'alignent sur un sol percé de fondrières. A l'endroit où la plaine, qui s'est jusque-là rétrécie, s'élargit de nouveau, mon guide, sans s'arrêter, me montre de la main quelque chose qui blanchit comme un cadavre noyé dans un marais. Du côté où les montagnes pelées se ferment en amphithéâtre, nous restons embourbés dans l'Ophis, dont les sinuosités se perdent aujourd'hui en un grand étang. De jeunes chevaux demi-sauvages, la tête renversée en arrière, la crinière pétrie de boue, se dressent à travers les joncs pour nous voir passer. Des bandes de canards sauvages, des poules d'eau, des bécassines, partent à grand fracas, le cou tendu en flèche, et vont se jeter dans quelque crevasse. Des chèvres sautillent sur des blocs et des moellons couchés dans le bourbier pour leur faire un passage : c'est le commencement de Mantinée. Après cela, les plus beaux murs, qui n'ont jamais moins de quinze pieds de large, d'une blancheur immaculée, figurent de longues toiles de lin étendues au soleil sur ces cloaques où se réfléchissent des ombres noires et meurtries. Au sud et à l'est, ces murs sont parfaitement conservés à la hauteur de deux assises. Leur périmètre est un rectangle, dont les angles s'amortissent en arcs de cercle, et jamais on ne fait plus de cinquante pas sans rencontrer une tour. L'intervalle des portes est marqué par des espaces ouverts dans la ligne d'enceinte. Ces murailles sont celles qui remplacèrent, après la bataille de Leuctres (1), celles de brique crue qu'Agésipolis avait fait dissoudre dans le marais. Nulle trace d'une citadelle que j'ai longtemps cherchée ; il n'y a au loin ni village ni vestiges d'hommes ; jamais solitude ne fut plus complète.

Tandis qu'au nord l'Anchise et les montagnes d'Orchomène sont couvertes de neige, que le sol crevassé de la plaine étend ses mousses entre deux chaînes gris-de-bruyères, jusqu'à la barre de Laconie, des feux follets courent le long des ruines. Dans l'intérieur, l'étang se ride autour des degrés d'un théâtre qui sort du fond des eaux dormantes. Quelquefois une rafale (et elles sont fréquentes sur ce plateau) tire d'une de ces flaques une sourde plainte qui parcourt tout le marais, et semble venir d'une foule de voix croupissantes sous les joncs.

Depuis Homère jusqu'à Hiéroclès au septième siècle de l'ère chrétienne, on peut suivre l'histoire de Mantinée sans trop d'interruption. Comme quelques villes d'Italie au moyen âge, elle changea de parti, suivant que sa rivalité avec Tégée y trouva son profit. Après la paix d'Antalcidas, l'aristocratie de Sparte la divisa en bourgs. Plus tard, quand Mantinée fut rétablie, Aratus lui ôta son nom, qu'elle perdit pendant dix générations ; ses habitants furent vendus, sur le marché, trois cents talents.

(1) Polyb., IX, 14. Xénoph., *Hellen.*, VI, 4, 5.

Il y eut trois batailles à ses portes : la première, que décrit Thucydide, a été décidée à l'extrémité nord du bassin ; la seconde, la plus illustre, au tiers de la plaine et à l'un des coudes : l'endroit où Épaminondas tomba était planté de chênes, qui ont disparu. C'est un sol nu, inculte, humide. Je savais que le lendemain des batailles ont déjà reverdi les plaines d'Austerlitz et de Iéna, les saules de Leipsick, les ormes de Waterloo. Je ne pouvais m'étonner de trouver de fraîches mousses et des touffes de glaïeuls dans le pélasgus de Mantinée.

Le jour de cette bataille, il s'agissait de voir lesquels seraient les maîtres, Sparte, Thèbes, les Doriens ou les Béotiens-Éoliens. A l'origine de l'histoire, ces deux familles s'étaient rencontrées dans le chemin de leurs migrations ; sans se heurter, elles s'étaient reposées à côté l'une de l'autre dans la Phocide. Depuis ce temps, elles avaient vécu séparées, l'une au sud, l'autre au nord. Après plusieurs siècles, elles se rencontrèrent de nouveau, pour se détruire mutuellement à Mantinée. Venues en Grèce du fond de la Thrace, elles avaient, en arrivant, fermé l'ère des temps mythologiques. En disparaissant, elles laissèrent le monde à Alexandre et aux Romains. C'est dans l'intervalle de leur durée, et par les deux sortes de génies qu'elles possédaient, que s'ouvre et que s'achève la liberté grecque dans le drame de l'aristocratie et de la démocratie. L'histoire de Thèbes n'eut que ce moment d'éclat; mais soudain, imprévu, et je voudrais dire lyrique, autant que les odes de son unique poète. La vie d'Épaminondas, tranchée dans la mêlée, ressemble à ces strophes de Pindare qui éclatent sans être préparées, et se brisent soudain au plus fort de l'inspiration.

Il était midi; j'étais sur le chemin de Tripolitza à Argos. A ce moment de la journée, excepté quelques tortues arrêtées au bord des précipices, toute vie animale est suspendue. J'avais perdu de vue, dans la plaine, les deux villages de Sténo et d'Agio-Yitika, et descendu le revers du Trochos sur des escaliers dont les débris croulent perpendiculairement dans la vallée. Des montagnes d'un sable blanc renvoyaient une lumière éblouissante, sans ombre nulle part. Je grimpais péniblement le défilé d'Aglavo-Campo, j'aperçois au sommet des chevaux brillant d'acier, avec des housses brochées d'or, qui piaffent sur les rochers; des drapeaux à la croix bleue et blanche, une troupe de palichares disséminés dans les ravins, et qui portent chacun comme un rayon de lumière. Par saint George, c'est Barba Iani (le père Jean) (1), disent mes guides, en me faisant signe et en s'arrêtant pour resserrer leurs ceintures et le mouchoir

(1) Nom populaire du Président.

dont ils se font un bandeau à la tête. En effet, c'était le président Capo d'Istria qui, pour la première fois, allait faire sa tournée en Morée. Au détour d'un rocher, je vois, sur une plate-forme, un homme vêtu à l'européenne, assis par terre sous un mûrier, un cercle de capitaines grecs autour de lui, debout, appuyés sur leurs sabres, et près du mûrier un tacticos en faction avec la lance et le drapeau grec. Je descends, pour remettre mes lettres au président, non pas sans me sentir ému de rencontrer si inopinément l'homme qui était alors toute l'espérance et presque la seule pensée du pays que je parcourais. Je lui avouai quelle idée défavorable j'avais apportée de son administration et de sa popularité ; et combien, depuis mon voyage, j'avais été obligé de changer d'opinion sur tout cela. Il me répondit avec un peu de tristesse, mais avec un calme qui contrastait avec tout ce qui l'entourait : Laissons-les dire ; ils ne changeront pas ce qui est. Vous voyez au fond de ce ravin cette petite hutte de crin de cheval. Il n'y a qu'un moment, j'y suis descendu et j'ai demandé à l'homme qui l'habite s'il a quelque grief contre l'administration. Cet homme a été d'abord stupéfait de voir le chef du gouvernement entrer sous sa hutte ; ensuite il m'a adressé ses plaintes ; j'y ferai droit si je le puis. J'en use ainsi, partout dans mon chemin.

Le président aurait pu ajouter qu'à son arrivée

dans la Morée, à Napoli, peu de jours avant, des vieillards étaient tombés à ses pieds sur la route, et les avaient embrassés et arrosés de larmes, comme ceux d'un saint Sauveur.

En se tournant vers les capitaines qui étaient là, et ne comprenaient rien de ce qu'il disait, vous voyez, continua-t-il, ces hommes qui se déchiraient, il y a peu de temps ; ils sont aujourd'hui plus obéissants et plus *doux que des moutons.* L'autre jour, nous avons passé une revue de troupes régulières. Tous ont été frappés et enchantés de l'effet de la discipline. Et, comme il achevait ces mots, il me présentait à sa suite, en disant : voici MM. Nikitas, Colocotroni, Dimitraki, Colopoulo.

Beaucoup de choses m'attiraient vers Nikitas : c'est le Bayard des klephtes. Je savais que dans le défilé même où nous étions il avait le premier, dans la révolution grecque, engagé le combat, et attendu au bout du fusil la cavalerie ennemie. Depuis les côtes de Modon, je n'avais entendu parler que de sa bravoure chevaleresque, de l'amulette pendue à son cou, et de son nom de Turkophage. Je savais que c'était lui qui, dans un moment de détresse, avait donné son sabre, sa seule richesse, pour en faire quelque argent pour Missolonghi. Toute l'armée française avait admiré la beauté et la naïveté de son attitude militaire. On y racontait de lui une histoire touchante. Quand l'armée débarqua à Pétalidi, Nikitas vint avec trois ou quatre cents palichares offrir ses services et camper sur la grève. Il tremblait de la fièvre sous sa tente, et n'avait pour vivre que quelques olives dans un pot de terre. Lorsque les officiers allaient lui faire visite, il cachait ses olives sous son manteau. Le général en chef, à qui cela fut raconté, lui fit offrir le traitement de maréchal de camp. Nikitas répondit, qu'il ne manquait de rien, que la Grèce avait encore, Dieu merci, de quoi nourrir ses soldats; et il se mit de nouveau à cacher, mieux que jamais, son pot d'olives.

Si l'on voulait faire le portrait idéal du palichare, d'un homme qui effleure à peine le sol, qui a encore plus de grâce que de force, qui conjure sur les sommets les balles des delhis, qui va arracher à un pacha, au milieu de son armée, un agneau, une outre de vin, pour qui le bruit du fusil, l'éclat du sabre, sont une fête d'amour, une boisson plus fraîche que le vin de Candie, il faudrait peindre Nikitas, sans lui ôter un seul trait, non pas même l'amulette suspendue à son cou. Il est grand, svelte, prêt à s'élancer. Il a les pieds rapides des hommes de l'antiquité. Quand je le vis, la fièvre avait pâli sa noble et belle figure. Il est impossible de porter la tête avec plus de fierté et de candeur. Une flamme pure, comme celle de l'épée, jaillit de ses yeux bleus. Son âme farouche, qui essaye de sourire, est sur ses lèvres que voilent des moustaches, couleur des bruyères des montagnes ; et cette sévérité relève le fond de douceur, de franchise, et l'enthousiasme naturel qui illumine le haut de son visage. Vêtu de blanc, sans broderies, avec le léger turban de mousseline des Souliotes, il n'y avait que son beau sabre, pendu à sa poitrine, qui pût le faire reconnaître dans le groupe où il se tenait caché.

Quand le Président l'appela, au premier mot, il s'élança plutôt qu'il ne marcha avec une grâce aérienne, dont celui qui l'avait nommé avait l'air de jouir comme du plus vif ornement de sa triste souveraineté. Je ne sais si ce fut le lieu, les monts sauvages qui nous entouraient, le regret qu'il me témoigna de ne pas me recevoir chez lui à Argos, ou la pensée des dangers qui l'avaient assailli, ou seulement l'expression entraînante et chevaleresque de toute sa personne, ni si ce fut lui qui m'attira, ou moi qui m'élançai vers lui ; mais pendant longtemps je me sentis pressé dans les bras de Nikitas, sans pouvoir m'en détacher. La même chose était arrivée quelques jours avant dans une première entrevue à un personnage diplomatique. Aussi personne de ceux qui étaient là, et qui nous regardaient, n'en parurent-ils étonnés.

9.

Il y avait là, vis-à-vis de nous, un homme qui se tenait immobile, les mains derrière le dos, et tout l'antipode de Nikitas. C'était Colocotroni. Avec une taille médiocre, il a des épaules de géant. Sa tête énorme s'incline légèrement sur sa poitrine, moins de vieillesse que chargée de soucis. Sous une forêt de sourcils, qui se froncent et ombragent le haut de sa figure, ses yeux perçaient encore à travers des lunettes vertes, qu'il portait depuis peu de temps. Son teint bronzé contraste avec des moustaches grises, qui tombent en flocons, et empêchent qu'on ne surprenne sur ses lèvres ni sourire, ni sympathie, ni haine. Sans que son corps fasse un mouvement, sa tête tourne lentement autour de lui, comme s'il méditait quelque stratagème, ou que, du haut d'une montagne, il épiât s'il n'est point traqué par un pacha. Par-dessus sa veste, brodée d'argent sur un fond sombre, il porte sur les épaules deux gueules béantes de lion, bossées en or, avec des chaînes de même métal, auxquelles elles servent d'agrafes. Pendant le temps que je le vis, ses lèvres ne se desserrèrent que pour prononcer d'une voix sourde et rugissante une espèce de *Buon giorno,* auquel il ne comptait certainement pas donner une si lugubre expression. Avec son buste colossal, l'âpreté sauvage de ses traits, et les nuages dont il les couvre, on peut le comparer à l'un de ces rochers sourcilleux et chenus du Macryplai, qui affectent de loin une figure humaine.

Dans ce temps, le Président le promenait en laisse, tout frémissant, à travers la Morée, et l'obligeait d'être le témoin de la popularité qui s'attachait à un gouvernement nouveau et régulier. Quoique le vieux chef n'eût alors rien perdu de la sienne, l'épreuve était bien dure; c'est sans doute l'effort qu'il faisait sur lui-même pour céder sans résister qui donnait à sa figure un air plus sinistre qu'il ne l'eut probablement jamais.

Au fond, sa situation était semblable à celle des burgraves et des hobereaux du quinzième siècle, lorsqu'ils maudissaient derrière leurs créneaux les déloyales inventions qui battaient en brèche chevaliers et suzerains. A chaque pas dans la Morée, il ne peut s'empêcher de voir qu'avec lui périt toute une époque, et qu'il est le dernier soutien des temps héroïques et féodaux de la Grèce moderne. Comment s'en consoler? Quand même ses pieds, aujourd'hui appesantis, et qui sont chez lui la seule marque de la vieillesse, le porteraient aussi vite qu'autrefois sur les crêtes des montagnes, il n'y serait plus roi. Il ne pourrait plus dire autour de lui, comme dans sa jeunesse : Descendez au choriô, amenez les chèvres et les moutons, que nous fassions ici la sainte Pâque.

S'il va par les chemins battus faire rôtir un agneau, il faut qu'il le paye, de même qu'un damné juif d'Ipsamboul. Il n'entassera plus sous son donjon de Caritène, ni la rançon d'un marchand d'Odessa, ni les pistolets d'argent d'un Aga, ni ses poignards de nacre et d'ivoire, ni le prix des belles cavales noires, ni le trésor du vizir, qui grimpait à dos de mulet le sentier du pachalik. Adieu, beaux palichares vendus à sa famille. Klephtes et capitaines, dormez dans vos cabanes. D'Argos à Carvathi, il faut maintenant un passeport. Adieu, ceintures d'acier, balles enchantées, fusils ailés, sabres aussi tortueux que serpents et vipères; il faut subir pour maître Barba Iani, qui n'a jamais touché le fourreau d'un yataghan. Aujourd'hui la plume est tout; le sabre n'est rien. Les vieux klephtes sont morts.

Le Président donna, d'un seul mot, l'ordre du départ. Le sentier étant impraticable aux chevaux, il resta à pied, ainsi que tout le cortège. Les drapeaux des lanciers le devançaient de quelques pas. Il marchait au milieu d'un groupe de capitaines, vêtus de lin d'une éclatante blancheur. Ils étaient suivis de leurs chevaux, qu'on menait en laisse, et qui se cabraient à chaque instant au bord des précipices. Une petite colonne de soldats irréguliers se divisaient dans les ravins, qu'ils tentaient d'escalader sur le revers des rochers;

la marche était fermée par quelques mulets qui portaient les bagages.

Longtemps je restai avec mes guides à la même place, les yeux attachés sur cette caravane, pendant qu'elle descendait au-dessous de nous en tournoyant jusqu'au fond de la vallée. Par une chaleur dévorante, je vis marcher toujours en tête, d'un pas ferme, ce même homme, à la redingote bleue, déjà brisé par l'âge et que sa vie était loin d'avoir préparé à de semblables fatigues. Quand je pensai que le seul ressort de l'âme le soutenait dans une si rude tâche, cette scène m'attacha plus encore. Tous ceux qui l'entouraient avaient l'air de se grouper autour de lui pour la défense d'une pensée qu'il représentait ; car il était seul sans armes. A mesure qu'il se glissait à travers les rochers, on aurait dit d'un missionnaire qui entraîne à sa suite sa peuplade de sauvages à travers un désert.

Un homme d'État qui débarquerait en Grèce trouverait trois cent mille hommes en Morée, deux cent mille dans les îles, cent mille en Romélie. Cette population, différente par les mœurs et les aptitudes, a été représentée longtemps par des chefs différents. Tous ont perdu leur influence à mesure qu'ils se sont séparés de l'administration actuelle. Les plus braves de la Morée sont les Arcadiens ; du continent, les Roméliotes. Les îles tremblent sous Hydra.

Dans l'intérieur des terres, ils sont doux, hospitaliers, obéissants; la sûreté du voyageur y est plus grande que dans nos villes. Le joug des Orientaux, qui les a tous également opprimés, a brisé parmi eux toute inégalité, et empêché de se former aucune hiérachie de tribus. Par-dessus cette population harassée, décimée, qui n'aspire qu'au repos, s'agite on ne sait quelle aristocratie, éprise des privilèges de Byzance. Par une suite d'événements étranges, les hommes conquis sont ici les patriciens; les conquérants les plébéiens. En même temps que la population se réparait au moyen âge par des émigrations slaves, les anciennes familles byzantines allaient se retirant et s'enfermant dans Constantinople; si bien qu'un jour le sol fut conquis sans les grands propriétaires. Mettant à profit leur longue absence, comme si rien ne s'était passé, comme si des peuplades nouvelles ne les eussent pas supplantées, on les voit aujourd'hui qui reviennent avec les traditions des Andronic, sur lesquels s'est enté l'esprit ottoman.

Aristocratie sans patrons et sans clients, sans puissance et sans terre, qui voit à chaque pas le sol lui manquer; vive, impatiente, habile, d'ailleurs incapable de prêter à l'État une force réelle.

Au contraire, de la même manière que la population s'est refaite à petit bruit sur le sol qu'elle occupe, elle pénètre aujourd'hui naturellement, mais sans éclat, dans les affaires publiques. Le grand point est de voir clair à travers les faux titres rapportés de Byzance.

De la composition du peuple, si l'on passe à celle du sol, les neuf dixièmes des terres sont des biens nationaux. C'est le trait par où se montre le mieux le caractère social et tout moderne de la révolution grecque; la division des terres ne s'y est point opérée entre les plus forts, selon l'ancien droit héroïque. Le peuple, en montrant des pans de murailles incendiées par des chefs, dit bien : Voilà la tour de Nikitas. Le vrai est, qu'au milieu de tous les bouleversements, l'État grec est resté le seul propriétaire. C'est une chose unique peut-être qu'un sol si violemment reconquis n'ait point été partagé, et soit resté le domaine d'un pouvoir abstrait qui, en réalité, ne se fait sentir nulle part.

La conséquence de ces deux faits entraîne avec soi la nature de la constitution politique. Tant que la fascination des idées européennes s'exercera dans toute sa nouveauté sur des tribus encore primitives, l'esprit monarchique de l'Europe dominera la Grèce. Mais ni dans la situation actuelle de la propriété terrienne, ni dans la composition de la race, ne se découvre un seul élément capable de se résumer sous l'idée d'hérédité politique.

Tout ici est spontané et soudain : peuple, terre, civilisation, histoire. Point de traditions, point de succession. La constitution sera ce qu'a été l'histoire. Le principe électif qui a tout fait dans la guerre reparaîtra dans la paix.

Je ne dirai qu'un mot de la religion. Tout le monde accorde que la Grèce, par son anthropomorphisme, faisait déjà schisme avec le reste de l'humanité religieuse. Non seulement cela paraissait à l'égard de l'Orient, mais aussi à l'égard de Rome. Les dieux de la Grèce ne conservèrent pas le génie cosmogonique ; jamais elle ne consentit à la fusion du sacerdoce et du pouvoir politique, que l'Italie païenne emprunta de l'Étrurie et perpétua dans le papisme. L'hérésie byzantine est déjà renfermée tout entière dans l'altération des symboles au temps de Périclès. Le divorce avec le catholicisme païen de l'Orient a commencé dans la race grecque le jour où elle a ramené les grands dieux de l'Égypte aux proportions de l'homme. La révolution moderne a d'ailleurs réveillé dans les plus habiles un sentiment d'orgueil humain et le principe longtemps endormi qui avait fait le schisme. Dans le peuple, l'excès du péril a interrompu les traditions ; et, au fond des forêts, une foule de gnomes et de sylphes, restes des grandes divinités qui les peuplaient autrefois, ont disparu dans l'incendie.

Il n'est aucun pays où l'instruction soit recherchée plus avidement qu'en Grèce. On trouve des espèces de villes où aucun autre bruit ne se fait entendre, qu'un continuel bourdonnement d'écoles mutuelles. Les enfants sont assis en cercle, en plein air, sous quelques branches de pin. Un pope, debout au milieu d'eux, entretient ce murmure, que respectent les passants, matelots, soldats, cavaliers. Ce que l'on peut saisir dans ce bourdonnement, ce sont des extraits de l'Évangile. On y a joint un petit livre des *Devoirs de l'enfant* (1), qui, dans sa rude naïveté, peint mieux le pays que tout ce que je pourrais dire. D'après ce livre, l'enfant obéissant doit apprendre à lire pour devenir un bon chrétien, et avec le temps un brave patriote. Il salue les autres hommes en portant la main sur son cœur et en inclinant un peu la tête. Il se garde des pistolets, des poignards, des sabres et du feu, dont une étincelle a brûlé autour de lui de si magnifiques villes (2). Il souffre sans pleurer la faim et la soif; il ne boit pas l'eau corrompue que boivent les animaux. Si ses mains sont gelées, ou ses pieds ou une partie de son corps, il ne s'approche pas du feu, mais il les lave dans la neige.

Voilà les leçons qu'épellent des enfants de trois à quatre ans. La difficulté est d'abord de les con-

---

(1) ΜΑΘΗΜΑΤΑ ΠΑΙΔΑΓΟΓΙΚΑ.
(2) ’Ολοκλήρους πόλεις.

server en vie. Ils naissent sur des ruines de ruines. Leur ABC est celui d'un peuple de klephtes.

Le manque de propriétés a longtemps dispensé de tribunaux. Sur tous les différends, les astinomes prononcent jusqu'à la concurrence de cent piastres; après eux, les démogérontes, puis le recours est laissé au panhellénium. Le Président venait de faire un appel aux éparquies, pour dresser une liste de juges. Dans la plupart le choix avait été impossible, et cette tâche lui avait été renvoyée.

Le revenu de l'État se compose des dîmes et des douanes. Les premières sont affermées; elles venaient d'être mises à l'enchère à Tripolitza. Les secondes sont administrées par le gouvernement. Le produit de la Morée a été l'année dernière de quatre millions de piastres; trois millions ont été fournis par Syra; deux par le reste des îles. Pendant l'occupation française, le chiffre d'Égine s'est élevé de vingt-trois à trente-deux.

Dans la même île, le tiers des terres est cultivé, et presque entièrement en orge. Argos défriche les cinq douzièmes de son territoire. La proportion décroît à mesure que l'on s'éloigne du centre du gouvernement, jusqu'à ce qu'elle devienne à peu près nulle en Messénie. Les champs abandonnés, les forêts brûlées, les villes éboulées, ont fait de ce climat ce que l'on sait. Le tiers de la population a péri par la maladie autant que par le fer. Quand les anciens arrivèrent dans le Péloponèse, ils enfermèrent les eaux dans des digues ; il faut reprendre leur œuvre, surtout à l'approche des habitations.

Le choix d'une capitale ne peut être douteux. L'opinion populaire est pour Athènes, et c'est le véritable centre d'une puissance maritime. Le Pirée reçoit les frégates de haut bord. De 8,000 qu'ils étaient, les habitants sont réduits à 5,000, dispersés dans les Cyclades. Mais on donnerait le rivage du Pirée à l'une de ces populations qui ont perdu leur territoire, et qui sont aujourd'hui errantes sur leurs tartanes. Une seule y aurait autant de droit que les Psariotes, qui de 30,000, ne sont plus que 5,000, et se plaignent d'avoir été sacrifiés aux Hydriotes dans les dernières réductions de la marine militaire. Cette extermination n'a été surpassée que par celle des Chiotes. Croirait-on si on ne l'avait vu, que la belle, la riche, la voluptueuse Chio, qui avait 95,000 habitants avant la guerre, en a aujourd'hui 15,000 abrités sous les rochers ; 3,000 fugitifs à Marseille et en Angleterre, et que tout le reste, c'est-à-dire 75,000, sont morts ou esclaves en Égypte ? On ne se lasse pas d'écrire ces chiffres sanglants. Croira-t-on davantage que l'île n'a pas même été laissée à ceux qui ont donné de tels gages ? Il m'a fallu vivre au milieu des gémissements de ce reste de population, campée sur les grèves de l'Archipel. Ces hommes se pressent dans une continuelle attente autour de chaque étranger, comme s'il allait leur apporter quelque nouvelle, et influer de quelque manière sur leur sort.

La première condition pour bien servir la Grèce est d'apprécier avec justesse les causes de la révolution moderne. Depuis la fin de l'antiquité, les provinces incessamment renouvelées ne passent pas un demi-siècle sans tenter d'échapper au monde byzantin. Même sous la domination chrétienne, une continuelle rumeur qui n'est étouffée que par la facilité des concessions inquiète de ce côté la cour monacale des empereurs d'Orient. Dès le dixième siècle, il est facile de suivre le mouvement des migrations qui entrent d'abord furtivement, se soumettent, s'affranchissent, enfin se fortifient sur les deux revers du Pentedactylos. Leur chemin est à peu près le même que celui des invasions des Doriens, dans la haute antiquité grecque.

Suivant la loi de toutes les migrations, celles du moyen âge ont commencé de se constituer en sociétés régulières, là où elles ont rencontré un fond ancien de civilisation. Le Slave et l'Albanais ont été absorbés par le Grec, comme le Frank par le Gaulois et le Lombard par l'Italien. De ce mélange est sorti un peuple nouveau dans une race ancienne.

Loin que la Grèce de l'antiquité soit un obstacle à la Grèce nouvelle et l'ait d'avance stérilisée, c'est le contraire qui semble vrai. Car toujours, les peuples et l'humanité même se sont fortifiés et ornés de leur passé. L'Arabie musulmane a grandi sur la Perse de Zoroastre, la Florence du Dante sur l'Etrurie de Tagès. Pourquoi n'y aurait-il pas aussi une Grèce moderne, heureuse, sinon glorieuse, sur le fond de la Grèce d'Homère ?

Que la supériorité de nos mœurs ne vous fasse pas prendre, dès l'abord, en dédain, une population haletante, éperdue, qui achèterait un peu de repos par le reste de son sang. Que la vue de tant de douleurs ne vous aigrisse ni ne vous endurcisse. Un trop grand nombre d'étrangers, irrités de partager la détresse commune, ont cru qu'ils achetaient assez cher le droit d'humilier ceux qu'ils servaient. Ne mettez pas vos services à ce prix. Ceux qui ont laissé des souvenirs dans le fond des rochers, et pour lesquels le peuple garde son *pollà kalò* ne l'ont jamais humilié ; c'est ce qu'il pardonne le moins.

Si vous avez quelque pouvoir, si vous représentez quelque chose en Europe, ayez pitié de ceux de Chio, de Psara, des Candiotes, des réfugiés de Romélie, et j'ajoute en particulier, de tous mes hôtes. Je ne croirai jamais qu'un homme de gouvernement consente à trahir un reste de klephtes mutilés qu'il verra si naïvement occupés de se réformer eux-mêmes. Cette royauté est d'ailleurs si triste, si sanglante, que pour avoir un seul jour de joie sur ce trône et pour n'y pas périr, il faudrait y porter quelque noble pensée.

Le meilleur exemple a été donné par celui que nous avons perdu de vue, tout à l'heure, dans le Trochos.

CHAPITRE VIII.

ARGOS. — TYRINTHE. — MYCÈNES.

Du sommet du Parthénius, deux crêtes, en s'ouvrant, laissent voir un long bras de mer qui s'étend devant nous. Au milieu d'une esplanade, le cheval à housse brodée d'un primat piaffe sur les colonnes et les marbres d'un petit temple, qui ne peut être que celui de Pan. Un ruisseau en arrose les fondements, sur lesquels une troupe de muletiers ont déposé leurs fardeaux. Un étranger en Grèce devrait se dispenser de toute réflexion; car, presque dans chaque lieu où il se sent invinciblement arrêté, il se trouve que cette poétique et hâtive impression a déjà été consacrée à ce même endroit, dans la pensée d'un temple et d'un culte. Je crois cependant constater un fait moral, en disant que ces rencontres de temples et ces retours à l'âge des institutions primitives réveillaient en moi la sympathie obscure avec la mythologie du genre humain, la parenté morale avec les dieux que chaque homme qui vient au monde peut découvrir en soi, dans la jeunesse. Allant et venant sur ces rochers, j'aimais à retrouver dans le sein d'un peuple le long rêve dont je me suis bercé moi-même. Quand du fond des vallées j'aspirais, dans mon enfance, comme vers un asile d'espérance et de paix, vers les sommets des montagnes, quand, sous les pins clairsemés qui les dominent, je plaçais des vierges blanches et des anges aux ailes d'or, je ne savais pas que de vastes empires, pris du même vertige, s'étaient inclinés de longs siècles avant moi au pied du Mérou, du Caucase et de l'Olympe. Jours passés près des lacs, sur le rivage des mers, longs regards attachés sur les sources des grottes, qui m'eût dit, que sous ces songes se berçaient de nouveau à demi-ranimés, les Néréides des Grecs, les Ondines des Germains, l'Oannès du golfe Érythrée et les Avatars du Gange? Ainsi le voile magique que j'avais moi-même étendu sur toutes choses, je le reconnaissais flottant sur le berceau d'un peuple. Car le premier éveil de la pensée renferme toutes les merveilles des théologies de l'Inde, de la Perse, de l'Égypte et des dieux homériques. Chaque génération nouvelle apporte avec soi une mythologie entière, qui, ne trouvant plus d'écho parmi les peuples, périt où elle est née. Dans ces temps inféconds, l'âme de l'homme a la beauté et la tristesse des ruines du Levant, que le printemps couvre sans cesse de glaïeuls et d'anémones de pourpre. Vient le vent d'été, qui fait mourir leurs feuilles ; on ne voit plus qu'un amas de colonnes, des épitaphes effacées et des débris d'une langue évanouie.

Nous descendîmes sur le bord d'un torrent dans la plaine de l'Argolide. Les premiers objets qu'on rencontre sont de larges assises de blocs, formées en quadrilatère au pied de la montagne. Dans ce même endroit était placé le tombeau des Argiens morts auprès d'Hysie. Un peu plus loin, trois ruisseaux resserrés dans des canaux courent avec une extrême vitesse à travers de hautes herbes, et vont se perdre à l'est dans un marais. L'hydre de Lerne n'a plus que ces trois têtes qui font tourner quelques moulins. Des chameaux s'y étaient embourbés et s'y tenaient accroupis sous leurs fardeaux. Le fracas que fait cette eau en jaillissant au pied de la montagne couvrait les cris des chameliers. De loin on voit l'hydre bondir, et l'écume blanchit à l'entrée d'une grotte obscure, qui ressemble aux ouvertures taillées dans les galeries des murs cyclopéens. Il y a plusieurs grottes semblables, ouvertes sur la plaine. Leurs voûtes, qui se dessinent en grandes taches noires et mystérieuses sur le penchant des rochers, sont toutes l'objet d'un culte populaire. La mythologie achéenne y avait déjà caché ses dieux souterrains.

De là, en rasant les flancs de cette chaîne, on aperçoit sur une crête en saillie les frêles dentelures de la citadelle d'Argos. Vers le nord, à l'extrémité de l'horizon, les montagnes de Carvathi dressent leurs pyramides grises et nues au-dessus des tombeaux de Mycènes. En face, au levant, et aux deux tiers de la plaine, les murs de Tyrinthe sur leur butte figurent une grande carcasse de vaisseau échoué dans les lagunes. Puis les minarets et les maisons de Napoli, acculés sur la droite, se noient au fond du golfe. Tous ces points séparés sont unis en cercle par des montagnes pelées de médiocre élévation, et dont quelques-unes à leur sommet étaient tendues d'un filet de neige. Une mer d'un bleu de saphir fermait ce bassin, où se tenaient en calme trois bricks, vis-à-vis d'un rivage uni et chargé de joncs. Des bandes d'oies sauvages traversaient continuellement la plaine, semblables à la fumée d'un feu de bergers qui s'évapore. Comme il n'y a ni arbres dans les champs, ni contreforts détachés des montagnes, et que la courbe de cet amphithéâtre est singulièrement évasée, il n'est pas un ravin d'où l'on ne voie ce long horizon de la mer, sans îles, sans atterrissements et sans grèves. Mesurée géométriquement de son foyer, cette courbe est une parabole, dont l'ouverture s'élargit à l'infini sur le plan du golfe. Il en résulte que de tous les paysages de la Grèce, c'est celui qui a le plus de grandeur, et qui reproduit le mieux le large dessin des formes homériques.

C'est aussi celui qui offrit à l'histoire la plus puissante base. Quand, avec les migrations, le génie de l'Orient y arriva encore tout humide des flots, il n'eut pas besoin, comme ailleurs, de se resserrer en de plus étroites limites. Comme il s'était développé par masses sur les plateaux de l'Asie, il continua de se répandre à l'aise et à pleins bords dans cette avide coupe de l'Argolide. Il ne changea pas ses villes, le caractère de ses murs, de ses tombeaux. Il les amoncela dans la plaine, et continua de tailler ses marbres aussi énormes que ses granits d'Égypte. Ses monarchies restèrent aussi puissantes que dans l'Asie, ses symboles aussi vastes. Le poëme des rois d'Argos se trouva être de la famille des épopées orientales, dont il fermait le cycle.

Le chemin d'Argos était encombré de passants comme à l'approche d'une grande ville. Sous un verger de citronniers dans un champ, on entendait des sons de guitare et les chansons de quelques jeunes hommes couchés sur l'herbe. Un peu plus loin, une meute de chiens rongeaient et traînaient au milieu de la rue, un cadavre de cheval. Une troupe de femmes et de jeunes filles, l'air fébrile et exténué, portaient, dans les pans de leurs robes, des mottes de terre pour combler un marais et gagner vers le soir quelques olives. Sur le sentier d'Agamemnon, trois à quatre cents enfants rentrent dans l'école mutuelle, et donnent le salut militaire à la fille d'un primat qui traverse leurs rangs sur un cheval caparaçonné d'un tapis de soie et d'or, ou au gouverneur Basiliadi, qui les regarde passer, tristement assis sur la terre, depuis qu'un boulet lui a emporté le bras droit. Un escadron de tacticos, le plus grand nombre ayant encore conservé la veste et la chasuble de leurs montagnes, se tiennent maladroitement juchés sur des chevaux de hussards français, et tels quels, ils se disposent à partir pour le siège de Lépante. Le bruit de leurs trompettes retentit dans les cavernes des environs, et joint une impression guerrière à la brise énervante du soir, qui, après s'être imprégnée des poisons de Lerne, vient doucement s'engouffrer sous les branches des cyprès. Perpendiculairement au-dessus de ma tête, la lune repose sur les créneaux de la citadelle, comme le bouclier d'argent que les Achéens y tenaient autrefois suspendu.

Longtemps j'errai dans un labyrinthe de maisons écrasées, formées de plateaux d'argile, la véritable plinthe de l'antiquité. Des carrefours déserts, de longs murs de jardins, où des chameaux font crier des pompes à chapelet, un village à demi caché dans les blés, des huttes en chaume avec des marteaux de bronze sur les portes, partout l'odeur de la nielle, il n'en fallait pas tant pour nous enchanter, nous autres nouveaux arri-

vés de Messénie, pâlis par la fièvre et la disette.
L'admiration de mes guides me persuada que la
ville d'aujourd'hui n'est guère différente de ce
qu'elle était avant la guerre. Je pensai que ceci
serait bientôt vrai du pays entier, et, pour la première fois, je jouis de la voluptueuse magnificence
d'une nuit du Levant, sans qu'elle me fût reprochée par la détresse et l'insomnie des hommes.

Je m'établissais sous un hangar, quand l'astinome vint m'offrir sa maison. J'y trouvai un toit
fermé; ce qui ne m'était plus arrivé depuis Modon. Dès le lever du soleil, mon hôte commençait
avec ardeur ses fonctions. Il était à la fois le juge
de paix et le commissaire de police. La meilleure
partie de son temps s'employait à délivrer des
passeports. Il était si prodigue et si fier de cette
discipline européenne, qu'il était difficile à un agogiati de traverser sans son laissez-passer le lit de
l'Inachus. Il se montra un jour fort désappointé
que j'eusse pénétré sans sa signature et son sceau
dans l'enceinte cyclopéenne de Tyrinthe.

La population d'Argos (1) a augmenté d'un tiers
par le nombre des réfugiés que le voisinage et la

---

(1) Les impôts d'Argos ont produit, l'année dernière, 64,000 piastres, tant par les dîmes que par les douanes; les terres des particuliers sont grevées d'un dixième pour cent. Les terres nationales affermées, d'un trentième. La valeur du territoire entier a été estimée par le gouvernement, en 1823, quarante millions de piastres.

protection du gouvernement y ont attirés. Quoique
l'on y vante la salubrité de l'air en comparaison
de celui de Napoli, le vent du midi, qui soufflait
constamment, me donna dès l'arrivée une fièvre
lente, en sorte qu'il me devint difficile de me tenir
debout. Mon sommeil ne valait guère mieux que
celui des Atrides; c'était le cauchemar albanais;
et sous ce ciel imprégné du parfum des citronniers,
je ne pouvais fermer les yeux sans voir autour de
moi les squelettes de la Messénie se ranimer et
ramper sur ma poitrine. J'avais peine à me traîner
sur le toit des chapelles, où sont incrustées tant
de belles inscriptions: c'était un marbre gravé
pour un vainqueur des fêtes néméennes (1), ou un
tribut apporté aux Argiens, ou la consécration
d'un néophyte des premiers temps du christianisme, ou la pierre sépulcrale d'une femme romaine. Quand j'avais copié les inscriptions, j'en-
trais, à l'heure des offices, dans les églises où les
enfants chantaient des prières pour les rois de
France, d'Angleterre et de Russie. Le peuple y
était fort assidu. J'aimais à voir ces figures de
matelots s'encadrer dans les auréoles empour-
prées des figures byzantines qui sont peintes sur
les murs et avec lesquelles on leur trouve souvent un type de ressemblance. Les chants sont

(1) Voyez Villoison, *Hist. de l'Acad. des inscript.*, tome XXXVIII,
p. 48.

singulièrement nasillards et décrépits. La confusion des cérémonies, qui réfléchit la confusion des peuples et des époques, rappelle constamment que ce chaos n'a jamais été organisé par une autorité souveraine. Il y a pourtant un moment où la majesté grecque et son génie d'artiste reparaissent tout entiers. C'est lorsque le prêtre, après être resté invisible pendant l'office, selon la liturgie du polythéisme, ouvre à la fin les rideaux qui le cachent, et tout brillant d'or et d'argent, sous un toit vermoulu se montre immobile avec sa haute mitre et sa longue barbe blanche, comme un symbole de la lumière qui se dévoile quand les mystères sont accomplis.

La plus ancienne ville du Péloponèse est celle où l'on rencontre le moins de ruines. Néanmoins, dans cette bourgade nouvelle, souvent un débris de statue dans un mur, ou les cailloux de l'Inachus qui meurtrissent les pieds d'une jeune fille courbée sous sa charge d'orge verte, vous rejettent à l'improviste dans l'Argos des Achéens, avec ses huttes de Pélasges, ses cinquante puits changés en Danaïdes, et une partie de son peuple abrité derrière les polygones de la Larisse. Au sud-est de la ville, le théâtre était à demi déblayé; il devait servir aux réunions des députés qui allaient être convoqués. Les gradins sont taillés dans le rocher, qui en forme la courbure naturelle. Le spectacle se composait de chapelles, çà et là écroulées, de torrents desséchés, d'ombres et de nuages, le tout en si larges traits, que je ne l'aurais pas changé contre l'introduction de l'Électre de Sophocle.

Ce qui me frappe dans les théâtres grecs, c'est que les couches horizontales des roches calcaires en marquent naturellement la forme. Ils son étroitement enveloppés et pressés par les flancs des collines. Jetés dans le moule des vallées, les gradins semblent faire partie des montagnes. On dirait qu'ils sont l'œuvre de la nature plutôt que des hommes.

Aussi de tous les monuments de la Grèce, les théâtres sont les plus originaux et les plus indigènes, comme l'art lui-même pour lequel ils étaient faits. Avant l'architecte, les vallées en se creusant à l'origine, en ont tracé le plan; il n'a fallu que déblayer les détritus des forêts et des animaux d'un autre âge, pour trouver sur le roc du déluge le vieux théâtre d'Eschyle. Voilà pourquoi ils sont en général fort bien conservés. Il y en a qui descendent, tel que celui que nous venons de visiter, sous des plateaux d'orge; d'autres qui sont restés nus, où les chevriers vont s'asseoir; d'autres, sans avoir perdu une seule pierre, ont recouvert leurs marbres de gradins d'arbousiers, d'ébéniers sauvages et de myrtes qui, penchés et murmurant au moindre souffle, imitent le frémissement d'une assemblée de spectateurs.

A côté du théâtre qui, au temps de Tite-Live, faisait face au marché, croule une tour romaine. L'épuisement auquel j'étais réduit m'empêcha de grimper sur les polygones cyclopéens où s'appuient les frêles murailles de la citadelle de Marie d'Enghien; ces restes cyclopéens sont d'ailleurs peu nombreux. Il est évident que les Doriens, en expulsant ou détruisant les anciens habitants, ont aussi dispersé les débris de la ville achéenne. Placée sur l'unique chemin des invasions, depuis les Héraclides jusqu'aux Albanais, foulée presque aussitôt que formée, Argos n'eut son libre développement que dans les premiers jours des temps héroïques; vers l'époque d'Homère, elle était déjà éclipsée par Mycènes. De là, son histoire, à mesure qu'on en veut approcher, vous renvoie incessamment à des temps plus lointains. On ne connaît d'Argos que son déclin, plus éclatante plus elle est près de son berceau. Toujours son peuple vous renvoie à un peuple plus ancien, ses héros à de plus grands héros. Vous croyez la saisir en atteignant ces longues races d'hommes qu'elle cache sous la généalogie des dieux. Mais quand vous les touchez, ces dieux se retirent eux-mêmes sur le plan de l'Asie, et se déploient dans la lointaine perspective des migrations orientales. En

sorte que cette lumière, qui jaillit en apparence
du centre du monde achéen, a en réalité son foyer
beaucoup plus loin et ne fait qu'éclairer par un
continuel mirage les fondements toujours plus
larges, à mesure qu'ils sont plus reculés, sur
lesquels repose tout le système de l'esprit grec.

La véritable antiquité d'Argos, c'est l'Inachus.
Au nord de la ville on traverse un banc de cailloux roulés, de niveau avec le reste de la plaine,
et qui a deux cent dix pas de large. Les pierres
qu'il roule sont calcaires ; on y trouve aussi quelques débris de basalte. Quoique l'hiver eût été fort
pluvieux, il n'y avait pas une goutte d'eau. Il est
vrai qu'à un quart de lieue plus loin coulaient
deux ruisseaux, qui se nommaient aussi Zeiria ;
ce qui permet de croire qu'ils en sont au moins
des affluents. Aucun des fleuves de la Grèce n'a
conservé son ancien nom, même quand les villes
qu'ils traversent ont gardé le leur. Partout les
objets de la nature se rajeunissent et se renouvellent dans les langues ; au contraire, les mots
qui tiennent à quelque chose de l'homme tendent à se perpétuer et à vieillir comme lui.

C'était alors le temps du retour des grues et
des cigognes. On entendait sans cesse leurs bandes
crier au sommet de la Larisse. Des oies sauvages
marchaient dans la plaine à côté des laboureurs.
Ces troupes d'oiseaux, après avoir dans l'ori-

gine servi de guides aux mouvements des peuples primitifs, revenaient de nouveau dans les mêmes lieux, sans leurs anciens compagnons de voyage. Il faudrait qu'un observateur habile comparât en détail les migrations des animaux voyageurs, et celles des races humaines. On serait étonné de voir combien l'histoire universelle se confond dans les temps primitifs avec l'ordre régulier de la nature. C'est un aveu de l'antiquité, que la plupart des villes ont été construites sur l'avertissement d'un oiseau prophétique. Les Mégaréens suivent une bande de grues sur les sommets de la Géranie. Des tourterelles conduisent des Chalcidiens à Cumes. Un essaim d'abeilles montre aux nymphes de l'Attique le chemin de la Lydie (1). Errante et délaissée, l'humanité au berceau prend pour conseillers le pélican du désert et l''alouette printanière. Réciproquement, l'humanité accroît l'instinct des animaux auxquels elle a obéi. La cigogne, qui d'abord n'arrivait que jusqu'à la mer Noire, suit peu à peu la hutte du Pélasge en Thessalie, en Argolide, et augmente chaque siècle le cercle de son voyage. Ainsi seulement s'expliquent une foule de migrations, que ne commandent ni le changement de climats ni l'instinct de la faim.

Je ne pouvais songer sans étonnement que la

---

(1) D'autres faits de ce genre appartiennent aux symboles ; le plus grand nombre ont incontestablement un sens littéral.

grande émigration du genre humain, par la branche indo-germanique, est chaque printemps représentée et fêtée dans un continuel anniversaire par ces mêmes tribus, envoyées du berceau primitif du monde oriental, et que je rencontrais dans les mares du Zeiria. Partis de la vallée de Cachemire et des rivages du fleuve de Brahma, la famille des barges, des palmipèdes, le merle rose, le pluvier doré, le héron pourpré, le chevalier stagnatile, avaient repris, le long du Taurus, le chemin des peuples Zend. Ils s'étaient partagés dans l'Iran, entre la Perse, la Médie et la Bactriane : ils avaient baigné leurs ailes dans les marais solitaires de l'Euphrate, et près des lions couronnés de Persépolis. De là, remontant par l'Arménie jusqu'à l'entrée des portes Caspiennes, dans les gorges du Caucase, ils avaient passé l'hiver dans les mêmes retraites où l'humanité s'est longtemps recueillie pour produire la souche des races helléniques, et ils avaient fait leurs nids là où sont les traditions de Prométhée. Dès que leurs petits avaient été en état de partir, ils avaient continué le voyage ; ils allaient en Thessalie sur les pas des Doriens, dans le bassin du Danube, sur les traces des Germains et des Slaves, pour terminer leurs courses dans les fossés des châteaux du moyen âge. Là on ne les voit jamais sous leurs couleurs natives. Point de pourpre, point d'éclat ; un triste vêtement d'hiver, de même que les fables étincelantes de Wischna et d'Ormuzd, se chargeant peu à peu de frimas, n'apparaissent au Nord qu'à travers le voile sombre des Eddas scandinaves.

Le jour où je pris le chemin de Mycènes fut le dernier où je vis de fortes pluies en Grèce. Quand ce pays est privé de sa lumière, il n'en est point de plus misérable. Les terrains dénudés deviennent mornes ; l'horizon semble meurtri. De petits triangles de feu rougissaient les filets de neige qui n'étaient point encore fondus sur les montagnes. Le bruit du tonnerre, comme si la courbe évasée de l'Argolide l'eût laissé glisser sans le retenir, allait rouler sur les vagues et se prolonger au fond du golfe de Napoli. La plaine, ainsi que la plupart de celles de la Grèce, est couverte de cailloux roulés ; ce que la mythologie expliquait dans son langage, en faisant naître l'Argolide de l'Inachus.

Après trois heures, nous quittâmes la plaine pour gravir de larges et fauves croupes, encombrées de masses de rochers, qui ont roulé jusqu'au bas, et enferment d'une espèce de rempart cyclopéen les huttes de Carvathi. Ni arbres, ni arbrisseaux, rien ne croît dans ce lieu désolé, on n'y trouverait plus une broussaille pour y cacher l'urne d'Électre. Des cavernes éclairées à l'intérieur comme des forges par des feux de bergers, dés coups de vent contre des pics pelés, des miaulements de chacals sur les sommets, point de sentiers ; au loin, au bout de la plaine, une vapeur si pâle, qu'on ne peut dire si c'est le nuage ou la mer ; de l'autre côté, des lambeaux de terrains jaunâtres sur un fond de sable : partout s'est conservé le caractère sauvage et le vague horizon d'un drame d'Eschyle.

La pluie et les hiboux s'engouffraient sous les portes des tombeaux ouvertes dans le flanc des montagnes ; il en sortait des couleuvres et des scorpions. Mes guides traînaient leurs chevaux sans rien dire. Quand on n'aurait fait autre chose en sa vie que le métier de palichare, on ne pourrait descendre au fond de ces précipices et voir tout à coup au-dessus de sa tête ces murs de Cyclopes plonger à pic sur l'eau des torrents avec leurs petites galeries noires, sans ressentir une vague et religieuse horreur, à laquelle rien ne vous prépare de tout ce que vous avez vu jusque-là en Grèce.

Au sommet d'un tertre nous tombâmes d'abord sur une voûte conique, dont seulement une pointe perçait le sol. Le reste plongeait dans une colline qui a bien les dix arpens qu'Homère donnait à ses tombeaux. A deux cents pas de là, au haut d'une rampe rapide, deux lignes de rocs, qu'en approchant on reconnaît pour des murailles de couleur jaune, rongées par les chutes d'eau, enferment dans leur encadrement la pierre noire de la porte de Mycènes. Je ne sais si la comparaison des polygones qui sont entassés sur les côtés, à la hauteur encore de quatre assises, nuit à la sculpture; mais le bas-relief des lions n'a qu'un effet grêle sur ce fond de rochers. Le dessin n'en est pas purement égyptien. Les formes ont déjà un commencement de vie. Ces corps dressés ne gardent plus le repos des sphinx. Ce qu'ils ont gagné en mouvement, ils l'ont perdu en grandeur. Un effort naissant de correction a déprimé leurs masses. De là ils tiennent le milieu entre le style oriental et les premiers rudiments du style éginétique. Ce qu'il y a de surprenant, c'est que l'esprit hellénique a déjà imposé à ce bas-relief quelques-uns de ses caractères, quand il ne paraît encore nullement dans l'architecture. Aussi l'impression qui résulte de ce contraste est celle de la Grèce elle-même, qui, pour la première fois, cherche à se mouvoir et à se dégager en groupes plastiques sur le seuil du monument sacerdotal de l'Asie.

La base, presque aussi longue que le fût, ressemble à un autel sur lequel la colonne s'élève comme une flamme (1). Autour du chapiteau se déroulent quatre cercles tangents : symboles obscurs, qui deviendront plus tard la moulure dorienne ou

---

(1) Le fût est plus mince en bas qu'en haut.

la volute des Ioniens. Quelque opinion que l'on ait sur le sens caché de cette sculpture (1), qu'on y voie le culte du soleil de la Thèbes minyenne, ou la flamme du sabéisme persan monter sur un autel mythriaque, ou le boudha de l'Inde dans son enceinte pyramidale, rien ne rend ce monument si précieux que son indécision même. Incertain entre le symbole et l'art, il représente l'époque des premiers hymnes moitié litanies, moitié odes. Si la porte de Mycènes qui tient à la fois de l'Asie et de l'Europe eût disparu, il manquerait un élément à l'histoire des formations successives de l'architecture. Il a fallu qu'à l'entrée d'une ville pélasgique, on ne sait quel grand culte, reflet de tous les cultes, fût représenté sous la figure ébauchée d'une colonne. Couronnée de signes et de bandeaux mystiques, demi-formée, demi-liée au rocher, cette colonne est encore sous la garde de deux lions, reste des attributs des religions de l'Égypte et de l'Iran. Mais telle qu'elle est, on voit déjà qu'un second effort de l'art achèvera de la produire et de la tirer du bloc. Libre alors, svelte, revêtue d'acanthes, elle ira prendre sa place sous le fronton des temples.

Quand on parle d'un monument de la Grèce, on se représente involontairement quelques marbres

(1) Creuzer's *Symbolik;* Otf. Müller's *Orchom.;* Ritter's *Vorhall.*

régulièrement superposés, quelques restes de portiques qui réfléchissent en faisceaux de lumière, l'éclat dont nous sommes accoutumés d'environner l'histoire grecque, ou quelques colonnes penchées sur des sommets bleuâtres comme des mâts de vaisseaux brisés et emportés par des vagues d'azur. Soit que vous empruntiez ces images à l'histoire ou à la poésie, elles sont toutes également contredites par ce que l'on appelle le trésor d'Atrée. Au pied d'une colline dépouillée, où l'on entend constamment le grelot des chèvres, j'arrivai au versant du couchant, vis-à-vis d'une porte à angles droits, qui s'ouvre sur l'intérieur de la montagne. Presque semblable à celle que nous venons de quitter, les murs dont elle est flanquée sont composés de masses moins grandes, et comme elle est entièrement dégagée des terrains environnants, rien n'empêche qu'elle n'apparaisse en entier dans sa grandeur colossale. Par-dessus l'architrave, qui a plus de vingt-sept pieds de long, s'élève une niche en pyramide (1). La blancheur des murailles et des plinthes, encadrées à la manière des cavernes dans les flancs irréguliers des rochers et dans les bruyères de la colline, redouble l'obscurité du fond et rend le seuil si solennel, que l'antiquité se

(1) On voyait, il y a quelques années, des restes de chapiteaux et d'ornements qui, peut-être, en comblaient le vide ; je ne sais comment ils ont disparu.

fiait à cette seule terreur pour en défendre l'entrée. Quand vous l'avez franchie, vous arrivez sous un dôme allongé en forme d'un clocher de cathédrale. Seulement, au lieu de se courber en arceaux, les assises se superposent en cercles parallèles, et l'on en compte plus de trente-trois. Le sommet était crevassé, et laissait tomber à plomb, à travers toute l'épaisseur des terrains, un jet de lumière sépulcrale sur les cendres d'un feu abandonné. A droite de l'entrée principale je marchai vers une autre porte, toute pareille, mais plus petite, qui conduit à une salle où il est impossible de rien distinguer sans torches. C'était là sans doute qu'était enfoui le trésor d'Atrée. Dans le dôme même, malgré la crevasse, ce n'est pas sans peine qu'on reconnaît la place de quelques clous et les interstices des pierres, d'où l'eau suinte abondamment. On sent qu'on est parvenu en cet endroit au point extrême du monde grec, et qu'il n'y a plus qu'à écouter autour de soi les sources des fontaines.

Quand les yeux, fatigués de cette obscurité, cherchent quelque lumière du côté de la porte, ils rencontrent deux crêtes à pic qui plongent sur cette ouverture à moins de deux cents pas. Ce monument tient à la fois de la grotte de Polyphème et du palais du roi des rois. Au milieu des ténèbres, tantôt vous croyez être dans les entrailles d'une montagne, dont les cabires ont taillé les cristaux avec leurs marteaux d'or, tantôt au faîte d'une pyramide égyptienne, qui s'abaisse à la mesure de l'Europe et fléchit sous ce nouveau génie. L'époque que cette construction représente est la société dont Homère n'est que la fin et l'expression perfectionnée. Si le tombeau conserve un type plus primitif que l'Iliade, plus étranger à tout ce qui a suivi en Grèce, il s'en rapproche par la beauté de l'exécution, où la rudesse des Cyclopes a disparu ; et rien ne vous fait comprendre mieux que cette architecture le génie du poème d'Homère. Cette forme insolite qui renvoie à des temps anté-historiques, et vous révèle dans la Grèce une Grèce inconnue; le mystère, l'impression sépulcrale de ces murs livides, tout ici répond à la renommée des Atrides et renouvelle l'épouvante des fables des Achéens.

Chez les modernes, rien n'égale le génie funèbre de ces traditions, excepté peut-être les dernières scènes des Niebelungen. Or, si la critique moderne a retrouvé, sous le massacre des convives des Niebelungen, le souvenir confus d'anciennes populations aux prises l'une avec l'autre, je serais tenté de croire du festin des Atrides et de tout ce sang répandu, et de ce tombeau même, qu'ils perpétuent aussi quelque événement national des migrations ; car jamais souvenirs de familles, ni querelles de prince, n'auraient poursuivi d'une terreur et d'une haine semblable toute une race d'hommes.

Quand on sort du tombeau, on découvre, en face, des masses noires, qui donnent l'idée d'une crête de roc lentement délitée par les eaux ; ces murailles cyclopéennes se prolongent depuis la colline de la porte aux lions jusqu'à un ravin profond, en suivant la coupe même des terrains. Là, elles pendent sur le précipice, et remontent à l'est autour des flancs d'une montagne pelée jusqu'à la cime. Ces masses ouvrent sur le torrent des espèces de soupiraux et de petites portes terminées en pointe, où un homme peut à peine passer. Quelques blocs ont croulé jusqu'à terre ; le sommet est resté denté, mais à de longs intervalles ; et le profil des murailles n'en est pas altéré. J'ai compté en plusieurs endroits vingt-cinq fragments de rocher encore entassés les uns sur les autres : ils sont assez semblables entre eux : un grand nombre approchent de la forme cubique.

Si on les considère sans nulle préoccupation de système, ces blocs, solides par la masse, négligemment équarris, vermoulus sur les bords, usés par les lichens, mais dans leur ensemble œuvres de géants, siècles amoncelés, frappent d'abord d'une intime analogie avec ces vers d'Hésiode ou des oracles, dont le temps a rongé quelques faces, vers de Cyclopes aux larges bases, aux mots groupés en polygone, que nul homme ne peut ébranler de leur place, et qui n'ont leur vrai sens qu'à l'endroit où ils sont attachés. Partout semblables, en Italie et en Grèce, les murs cyclopéens n'ont subi en rien la diversité des climats ou des races ; sous leurs piliers et leurs colonnes tous les ordres sont encore confondus, comme aussi tous les dialectes dans l'épopée. S'ils se distinguent des murs du temps de Périclès, aiguisés en cristaux, c'est de la même manière que la pesante litanie de Linus et d'Orphée se distingue du vers flexible, à mailles régulières, aux bords bien enchâssés de Pindare. Ou bien encore, c'est la différence de l'ancien chœur d'Eschyle au chœur de Sophocle. Mais l'architecture remonte ici plus haut que la poésie ; et seuls, ces monuments représentent les temps dont l'histoire n'a gardé que quelques traits généraux : races encore intactes, tribus, castes, sacerdoces, symboles aussi grands que le monde, peuples cachés sous des héros, âges des dieux perdus dans l'infini. Cette époque, que la science recompose péniblement, ces longs jours fabuleux, ces cultes sortis d'Égypte, ces colosses d'idées qu'on dit n'être qu'un leurre, on peut les voir en plein soleil, en beaux blocs chenus où les chèvres vont paître, où les lézards vont grimper, où les femmes en passant posent à l'ombre leurs jarres de lait et filent leurs cotons.

Pour les anciens eux-mêmes, à mesure qu'ils perdirent le caractère des temps primitifs, ces murs devinrent des prodiges impossibles à expliquer; cet étonnement paraît déjà dans Euripide. Quoiqu'on ne sache, il est vrai, comment l'esprit de la Grèce sortira de ce chaos avec ses proportions et ses harmonies, il ne faut pas se méprendre sur la barbarie des constructions cyclopéennes. Le plan s'achève avec tant de puissance, la lutte avec la nature se montre si orgueilleuse, que l'art atteint ici à une profondeur plus saisissante que dans les colonnades des temples. C'est une réflexion qui naît d'elle-même au pied de ces murs, que l'architecture s'élève à ses plus puissants effets dans les âges héroïques des peuples. Au moyen âge, les cathédrales; au temps des Achéens, les tombeaux des Cyclopes; à l'Orient, âge héroïque du genre humain, nécropoles, temples, pyramides, toujours plus majestueux, plus ils sont reculés vers le berceau du monde.

Rien, au reste, ne m'a plus frappé que l'arrangement naturel des terrains dans le voisinage de ces enceintes. Non seulement à Mycènes, mais dans plusieurs autres lieux de l'Argolide, j'ai remarqué que les pentes découvertes des montagnes, qui sont toutes de même formation, imitent à s'y tromper des constructions cyclopéennes. Les couches calcaires sont rangées et désunies d'une manière très semblable à ces assises. Dans plusieurs endroits il faut quelque attention pour savoir où celles-ci commencent. Il y en a même où le roc lui-même est plus régulier que les polygones. Si l'on observe que ce fait est général, que les formations géologiques du Péloponèse reproduisent partout ces stratifications artificielles, on ne pourra s'empêcher de reconnaître que ce système de construction est indigène sur ce sol.

Il en est tout autrement de la forme pyramidale de leurs ouvertures : d'une part, leur ressemblance est frappante avec la coupe des monuments de l'Égypte; d'ailleurs il est certain que cette forme n'a pu être naturelle que sur des terrains granitiques, où les roches se découpent elles-mêmes en pics, tels que la haute Égypte ou les plateaux de l'Asie centrale. Il faut bien que ce type soit forcément imposé à la nature de la Grèce, puisque tout le développement de l'art ne sert qu'à l'y abolir. On concilierait les traditions humaines et la nature des lieux, en voyant, dans ces monuments primitifs, l'Orient transplanté en Grèce.

Ainsi, les murs des anciennes villes se confondent avec les couches souterraines du globe; des races d'hommes que personne ne connaît achèvent le sourd travail des volcans intérieurs. Les tombeaux s'engouffrent dans les grottes. A mesure que se retirent les mers primitives, des théâtres se courbent d'eux-mêmes sur le bassin qu'elles ont creusé. L'horizon des monts allongés en terrasses, leurs nervures dépouillées, leurs corniches bleuâtres, leurs angles saillants sous les bruyères, leurs frontons dont le soleil au couchant décrit les lignes droites, se répètent à leurs sommets, mais plus habilement unis et rapprochés dans la merveille des temples, dans leurs frises, dans leurs architraves, dans leurs degrés, qui, sans que je puisse dire de quelle manière, reproduisent en même temps l'immuable harmonie des vallées et la mobile beauté des races d'hommes qui les ont habitées. Ainsi le temple, le théâtre, l'enceinte, et le mont escarpé, et la colline aux flancs ouverts, et les couches de marbre, se reflètent mutuellement dans leurs formes et s'achèvent l'un l'autre. Les pans de la montagne et ses zones de végétations diverses conduisent au portique, comme autant de degrés préparés pour la fête. Le portique et ses corniches répètent dans leur pureté première les cristaux des rochers dépolis par les torrents, le dessin des sommets usés par les tempêtes.

Ce qu'il y a de merveilleux dans les monuments de la Grèce, c'est que toute la nature semble faire effort pour rivaliser avec eux et atteindre à leur beauté. Grâce à cette harmonie, l'architecture semble être le moule, la figure éternelle, le type sacré sur lequel le Dieu de la nature et de l'histoire construit ses œuvres.

Le lendemain, dès le point du jour, je comparais aux ruines de Mycènes celles de Tyrinthe. De loin on voit surgir leurs buttes au milieu des orges et des roseaux sous la forme d'un grand polygone. L'étroite voie qui circule à leurs pieds dans les marais est continuellement fréquentée par les habitants de Tricka et de Dallamara qui se rendent à Napoli. Dans l'intérieur que des terres encombrent, il y avait un champ labouré, une petite cabane de jonc, et je finis par trouver deux femmes endormies au fond des voûtes. Le parallélogramme que les murs tracent du nord au midi pourrait être comparé, pour la pureté des angles, au périmètre d'un temple. Ils sont encore, en plusieurs endroits, hauts de quarante pieds. A en juger par les débris, ils devaient avoir un tiers de plus, lorsque Hercule en précipita Iphitus. Les plus grosses pierres que j'aie mesurées ont neuf pieds de long sur cinq de hauteur. A peine ébauchées, l'ensemble entier forme un système de roches superposées, mais fréquemment interrompu par un chaos de blocs, de pyramides renversées, comme si le tout avait été écrasé par les masses supérieures. Vers le milieu, de l'est à l'ouest, sont deux larges brèches, dont l'une est le reste d'une porte. Une autre ouverture, terminée en pyramide, regarde le golfe. Ces ouvertures sont flanquées de tours carrées, qui, au lieu de s'avancer en dehors de la ligne d'enceinte, comme des ouvrages militaires, retirent au dedans leurs murailles de vingt-quatre pieds d'épaisseur. Près de là j'ai trouvé une énorme base unie à son pilier, et un plateau orné de moulures sur les bords. Plus loin l'enceinte a été détruite par la main des hommes. L'extrémité du midi est percée à l'un de ses angles par une galerie souterraine, à voûte aiguë, qui s'engouffre sous les murs. On peut y pénétrer à plus de quarante pas. Elle est revêtue de niches; une seule est ouverte vis-à-vis d'un sommet couronné d'un monastère.

Quelle a été la première destination de ces gigantesques murailles (1)? N'est-ce qu'un camp retranché de Grecs encore barbares? Je crois y reconnaître, non pas seulement, un lieu de refuge, mais une enceinte sacrée. Si, à l'origine, l'histoire

---

(1) Euripide, en appelant ces murs οὐράνια, leur donne, ce semble, une grandeur et une origine cosmogoniques. Les ruines de Saturnia et de Cossa en Italie sont semblables au *Ieron* ou sanctuaire de la Sabine. Il y avait en Italie une ville pélasgique consacrée à Pan, et que les Romains appelaient *Castrum Invi*. Les dieux n'avaient alors que des enceintes sacrées, bâties par les Telchines ou Cyclopes. (Pausan., *Bœot.*, 19; Petit-Radel, *Mém. sur les villes d'Espagne*, p. 26.) La question qui résulte de ceci est de savoir si le temple grec n'est pas formé sur le sanctuaire pélasgique ou sur le plan des villes primitives. (Homer. II, v. 559; Pherecyd. *Fragmenta*; Eurip., *Electra*, v. 1158; Varro *ap. Servium*, lib. I; Gell., *Argolis*; Hirt., *Geschichte der Baukunst*; Micali, *Ital.*)

des peuples se confond avec celle des cultes, la ville est en même temps le sanctuaire. La nation vit dans le temple. Les Pélasges se bâtissent des demeures éternelles pour y passer ces longs jours fabuleux qui se résument et s'accumulent sous la figure des dieux. Religions, théogonies, à mesure qu'elles croissent à l'ombre, remplissent de leurs mystères ces monts taillés en pyramides, ces souterrains percés de niches, ces larges tours de Babel, qui, comme le prêtre sous son voile, se retirent et se cachent derrière un voile de rochers. Monstrueuse et mystique, la pensée d'un sacerdoce reste obscurément imprimée dans ces murailles, de la même manière que le symbole de la croix s'élève avec la nef des cathédrales chrétiennes, ou que le culte des sept planètes gravite autour des sept enceintes des villes orientales.

CHAPITRE IX.

NAPOLI. — NÉMÉE. — CORINTHE. — SICYONE.

Un marais semé de joncs sépare Tyrinthe de Napoli, la seule de toutes les villes du Péloponèse qui soit restée debout. La forêt d'oliviers qui remplissait la plaine à l'est a été brûlée jusqu'au dernier arbre. Mais, à en croire les habitants, cela même ferait la fortune du pays, si on reléguait partout désormais sur les penchants des montagnes cette culture paresseuse, et si la plaine était entièrement livrée aux céréales. Une sorte de langueur pestilentielle pèse sur les petites rues noires de Napoli, sous ces chemins couverts, sur ces hôtels à piliers torses, où s'abritent les mosquées. Des gens du peuple m'aidèrent à rechercher les inscriptions, dont les Turcs défendaient autrefois l'approche. Je descendis dans les fossés. Mais partout c'est Venise qu'on rencontre. Venise a renouvelé le Levant, en changeant en force maritime le Péloponèse, qui avait toujours été chez les anciens une puissance de terre. Elle a poussé toutes les villes à la côte, Sparte, Argos, Messène. Aujourd'hui encore les citadelles de Venise se déploient sur les pics des

golfes, comme des banderoles au haut des mâts.
Ses môles, ses phares, surgissent sur les rivages.
Ses petites voies continuent de chercher à travers
les montagnes les plages de la mer. Il est vrai
qu'elle parle trop souvent de son éternité (1) dans
ses fastueuses inscriptions. Mais, enfin, plusieurs
de ses tours ont été conservées avec les temples
grecs; le lion de Saint-Marc, qui en plusieurs endroits est resté sur les portes, paraît avoir acquis
au Levant, en moins d'un demi-siècle, la vénérable
et inoffensive antiquité des lions de Mycènes.

Ce fut un heureux jour pour moi que celui où
j'échappai aux maremmes de Napoli pour gagner
le haut des montagnes qui conduisent à Némée.
Par bonheur le temps des jeux et des luttes à la
course était passé; car, puisqu'il fallait nous coucher à demi sur nos chevaux, et nous lier à nos
étriers de corde, nous aurions sans doute prêté à
rire, à l'assemblée des Argiens. En laissant Mycènes sur la droite, nous entrâmes dans le défilé du
Trétos, qui s'ouvre au nord. Mes guides me mon-
trèrent l'endroit où Nikitas gagna son nom de Turkophage, en détruisant le corps d'armée de Dra-
mali. Ils gravirent sur les quatre murailles qui lui
ont servi d'embuscade, et ils y déchargèrent leurs
pistolets. Dans l'antiquité, ce chemin était celui des

(1) *Hoc æternitatis monumentum posuit.* — Inscription vénitienne sur l'une des masures de Napoli.

voitures ; en plusieurs endroits on trouve encore les traces des roues des chars profondément marquées sous la bruyère. Le fond de la vallée n'est qu'une suite de bosquets, au-dessus desquels surplombent des pans de rocs nus. Je n'ai point vu de plus charmant ruisseau que celui de Cervesatcha, recouvert au printemps des guirlandes en fleur du craschi, véritables feux follets, qui font jaillir leur flammes bleues tout le long de ses rives.

Nous quittâmes le chemin de Corinthe pour grimper à gauche par un petit sentier de chèvres. En plusieurs endroits les crêtes sont entr'ouvertes par des cavernes où la fable peut avoir caché le lion d'Hercule, quoique l'entrée en ait toujours été fort écrasée. Chemin faisant, je me représentais sur ce sentier quelque Argien, arrivant tout haletant sur ce sentier pour disputer le prix : au loin, un vague murmure de peuple ; puis, de l'autre côté, par delà les bruyères, la foule assise sur le penchant de la montagne ; les enfants qui tressent des couronnes de persil ; des juges vêtus de noir ; une ode célébrée avec des danses vis-à-vis du sanctuaire ; puis des voix qui s'appellent, puis une trompe qui publie le nom de Jupiter Néméen. Du sommet j'aperçois au-dessous de moi un vallon nu, désert, qui se prolonge du nord au midi, et se renfle à son milieu, de façon qu'il figure un stade naturel. Au couchant brillent les neiges du Cyllène ;

au nord s'étend un plateau taillé en autel, qui doit être le mont Apase. Je ne sais comment Pindare retrouverait ses collines ombreuses dans ces ravins jaunes et pelés. Il ne reste pas un arbre du bois de cyprès qui remplissait une partie du bassin. Seulement au milieu s'élèvent trois grandes colonnes de temple et au-dessous plusieurs débris de marbre, qui ont l'air de ballots qu'une caravane a déchargés sous les palmiers d'un khan. Deux de ces colonnes cannelées et d'ordre dorique portent encore leurs architraves. Les autres ont roulé leurs tambours avec tant d'ordre sur l'herbe, qu'il est évident qu'elles n'ont point été détruites par l'homme. Le plus grand nombre pourraient être relevées. La cella entière a conservé son pavé, où une foule d'ornithogales et d'orchis en fleur dessinent des étoiles de mosaïques en émeraudes. Je ne vis là qu'un berger qui s'embourbait en poursuivant quelques moutons dans un marais, et sur une éminence les arceaux d'une fontaine turque, qui est certainement celle où les sept chefs de Thèbes, pressés par la soif, furent conduits par la nourrice d'Opheltès.

L'origine de ces jeux est aussi ancienne que l'origine de Thèbes. Il est remarquable qu'ils ont commencé par des cérémonies lamentables, pareilles à nos mystères du moyen âge. Dans leur esprit allégorique, les courses des chars dans Olympie imitaient au printemps l'arrivée du dieu du soleil sur son char ; le souvenir des danses des Néréides dans la nuit des jeux isthmiques appartenait au génie maritime des Ioniens ; les Héraclides, qui dominaient à Némée, y établirent la course et la danse armée, véritables images de leur république militaire. Quand tous ces jeux, qui avaient d'abord chacun leur caractère, se réunirent ensemble, ce fut la solennelle représentation de la destinée entière des peuples helléniques (1).

L'Orient compte ses années par les âges du monde ; Rome, par ses consuls ; la Grèce, par ses fêtes. L'histoire grecque est elle-même une longue olympiade, où chaque race apparaît à son tour pour ajouter à l'art une forme nouvelle. Les Achéens, les premiers arrivés, tracent dans leur chemin le cercle de l'épopée et le ferment pour jamais. Les plus nouveaux, les Doriens, brusquement survenus, presque sans passé, apportent le dithyrambe et commencent l'ère du poème lyrique. Dans sa vie plus complexe, lutte obscure et tragique de deux âges, la population éolienne-béotienne vient créer le drame. Quand ces peuples se sont suivis, en bons lutteurs, dans l'ordre que l'art lui-même au-

(1) La question des jeux, ainsi considérée sous le point de vue des races, est encore à traiter ; elle n'a pas été touchée par Otf. Müller. Voy. Pind., *Olymp.* IX, st. 4 ; XIII, v. 158 ; Dissen, *Explicationes*, p. 220 ; Thiersch, *Einleit.;* Creuzer. *Symbol. sup. olymp.*

rait choisi, et qu'il ne reste plus rien à faire, l'histoire s'écroule sans bruit avec le temple de Némée. Et moi, qui me laissais follement préoccuper de ces idées, au point d'en oublier la fièvre et le sommeil, à mesure que je m'accoutumais à fouler sous mes pieds des fûts de colonnes et des débris de temples, je commençais à croire que c'est, non pas la fantaisie de l'homme, mais l'éternelle beauté qui s'est elle-même produite au jour et qui m'apparaissait çà et là dans la merveille du monde grec.

Nous rejoignîmes le chemin vers un khan construit près des ruines d'un temple. En face s'élèvent les terrasses de Cléone, et au loin la crête de l'Acro-Corinthe, haute de plus de quinze cents pieds. Le reste de la route traverse des terrains de poudingue et d'argile blanche, dont les potiers faisaient leurs vases, et qui sont coupés par des lits très profonds de ruisseaux. Je ne sais si la détresse de la Morée, qui se communique peu à peu au voyageur, fut cause de cette impression; mais aucun lieu ne me parut d'une si accablante tristesse que le plateau de Corinthe. Il faut contempler à toute heure ce beau bras de mer, si bleu, si uni, si limpide et si mort. N'attendez pas qu'il paraisse au large ou sur la côte une seule petite voile de caïque. Du matin jusqu'au soir on ne voit que les hirondelles et les corbeaux qui traversent l'isthme. De l'autre côté, au loin dans la Livadie, la croupe allongée du Parnasse élève ses neiges à son sommet, et trace à sa base vers le milieu du jour un rayon d'or autour du golfe. Sur le rivage de la Morée, de longues terrasses en craie joignent l'isthme par une anse, qui décroît et se ferme en corbeille, où est venu s'amollir tout le rude génie du Péloponèse, au pied du roc volcanique de l'acropole.

Une forêt d'oliviers traînait ses branches échevelées vers des grèves plombées, et dans la même direction, sur une esplanade plus élevée, les décombres de Corinthe ont roulé pêle-mêle à environ trois quarts de lieue de la mer. Le flômos et les orties, qui couvrent partout les murs, annoncent de loin un sol putride, qui repousse ses habitants. Des os d'hommes et de chevaux craquaient à chaque instant sous nos pieds; en même temps qu'il sortait des ruines une odeur fade et cadavéreuse, on voyait s'élever un blanc minaret, comme un aga debout sur un champ de carnage. Les colonnes intactes et cannelées du temple fastueux de Neptune, conservées, au nombre de sept, dans tout le luxe des Bacchiades, semblaient une moquerie du dieu païen en face de la Corinthe chrétienne. Quand on arrive à la ville du côté de la mer, on trouve un cirque, dont aucun voyageur n'a parlé, quoiqu'il ait plus de quatre-vingt-dix mètres de long. Tout à côté sont des grottes, qui servaient peut-être à enfermer les bêtes féroces. Une partie des habitants s'étaient réfugiés dans l'une de ces cavernes, et ils y avaient été écrasés peu de jours avant mon arrivée. Ceux qui avaient survécu s'étaient traînés un peu plus loin dans une autre de ces grottes ; il n'était déjà plus question de la mort des premiers.

Je finis par découvrir la cabane d'un ingénieur français, occupé à dresser le plan d'une ville. Il était assiégé de klephtes et de palichares ; chacun d'eux venait requérir un conseil pour relever sa tanière.

Ce que j'espérais moins encore fut la rencontre d'un Philhellène saxon, commandant de la citadelle, qui vint me rejoindre et me demander des nouvelles des universités allemandes. Ce souvenir imprévu de science et de paix redoubla à mes yeux la misère de ces grèves. Pendant que le soleil brûlait autour de nous les carcasses des mosquées et des chapelles, nous parlions de Cologne et de Heidelberg. Nous nous perdions dans les vapeurs du Rhin. Nous opposions à ce que nous avions sous nos yeux les visions, les légendes, les paysages du Nord ; les petites villes bien encloses d'eau, de montagnes et d'amandiers, qui se déroulent à l'entrée des vallées, comme le chapelet que l'ermite déroule à l'entrée de sa grotte, les sources où viennent boire les biches et les faons sous le balcon des électeurs, les vieux empereurs debout sous leurs niches de lierre, les vieux manuscrits à l'ombre sous leurs agrafes d'or, les bateaux des pèlerins et les cantiques plus frais que le flot qui les berce, le son des orgues de Noël, mêlé de pluie au fond du bois des châtaigniers.

Nous avions aussi, en face du Parnasse, un souvenir pour les docteurs et licenciés de toutes les universités, et pour tous les poètes grands et petits de notre connaissance (1).

(1) J'avais surtout en vue dans ce passage l'université de Heidelberg. Perpendiculairement à la vallée du Rhin, s'ouvre, en serpentant, celle du Necker. Celle-ci, en petit, l'image de la première, est, comme elle, bordée de ruines ; mais les montagnes plus rapprochées, la verdure plus vive, les forêts plus épaisses et plus voisines de l'eau, les contours plus brusques, les masses de granit plus à nu, lui donnent un caractère de mouvement et de précipitation qui contraste avec la pensée solennelle et paisible que roulent les flots du Rhin. Des deux côtés, la rivière est bordée par la forêt Hercynienne, qui, à gauche, prend le nom de forêt Noire, et à droite celui d'Odenwald. L'aspect fauve de ces chaînes de montagnes, les solitudes profondes qui s'y trouvent, l'esprit encore natif des habitants, rappellent en plusieurs choses les couleurs de Tacite. On rencontre çà et là, dans l'intérieur, quelques vestiges des Romains. Je ne puis oublier la situation si pittoresque et si mélancolique du château d'Éginhart. On y a réuni une précieuse collection d'armes. J'y ai vu les trophées de Germanicus unis à ceux de Wallenstein et des héros de la guerre de trente ans. Le Necker, avec son eau vive imprégnée de la couleur du grès, se glisse par replis sous les forêts comme un serpent à l'ombre des chênes. A l'endroit où il débouche dans la plaine, la place étroite qu'il laisse entre son lit et la montagne est occupée par l'université de Heidelberg. D'abord fondée par des pêcheurs, cette petite ville s'est peu à peu accrue sous la protection du château des électeurs, qui la domine. Ces ruines fameuses, placées à mi-côte sur un escarpement prolongé, mériteraient seules une longue description ; peu de débris du moyen âge conservent des masses plus imposantes, et qui offrent dans leurs périodes une telle variété. Depuis les colonnes en granit de Charlemagne jusqu'aux combles en ardoise des Médicis, toutes

On sait que les Turcs interdisaient l'entrée de la citadelle ; depuis Spon, aucun voyageur n'en avait décrit l'intérieur. J'y montai le lendemain. Le chemin qui y conduit, et qui exerça tant de fois l'esprit de stratagème de l'antiquité, est taillé dans un roc noir et volcanique ; il est encore pavé en plusieurs endroits ; sa pente est douce, et il circule obliquement à l'abri du feu des remparts. Mais en face un fortin isolé le bat en droite ligne, et doit être un débris de celui que les croisés y élevèrent au treizième siècle sous le nom de *fort Montesquiou*. Après avoir passé un pont-levis flanqué de redans, on entre dans une grande enceinte, et le chemin

---

les époques de l'art y ont trouvé leur place. Les statues féodales des chevaliers, l'empereur Barberousse dans sa niche de lierre, surtout la suite entière des électeurs, les uns à demi renversés, avec leurs épées et leurs bulles toutes couvertes de fleurs ; les autres encore debout et intacts, font face à la sculpture païenne du seizième siècle. Il y a de grands pans de tours couchées dans les fossés ; de petits balcons ruinés, d'où la vue s'étend sur les sentiers des forêts voisines, et sur la plaine de Bade, sillonnée à son milieu par le double lit du Rhin. On distingue dans les murs démantelés les traces de la mine et celles de la foudre. Enfin le temps y a aussi mis la main. Il en résulte que l'impression que laisse cette ruine est singulièrement mélangée, comme elle. Ce lieu mélancolique et rêveur, vrai séjour d'un poète, n'a pourtant encore jamais été décrit. Il est des paysages plus vastes, d'un caractère plus sévère ou plus grand ; mais aucun qui soit plus achevé dans son tout, qui forme un tableau plus harmonieux, auquel le peintre n'a rien à ajouter. Il n'en est point qui fournisse dans les plis de ses montagnes tant de retraites, de fraîches eaux, de silence, d'ombre, de ravins solitaires. Tout vous invite à vous circonscrire dans cette vallée si bien enclose, qui, s'enfermant elle-même de ces replis, imite le mouvement de l'âme qui se presse et se resserre autour d'une pensée.

continue de s'élever en spirale jusqu'à une seconde porte. Un groupe de soldats me reçut à l'entrée, enveloppés de leurs manteaux albanais, seule partie de leurs anciens vêtements qui leur ait été laissée. Des constructions italiennes et des combles en ardoise annoncent d'avance que la citadelle n'a point été prise d'assaut. Sous quelques embrasures de couleuvrines, plusieurs débris de polygones cyclopéens, restes des rochers de Sisyphe, que Strabon avait déjà remarqués, trois inscriptions très frustes, enveloppées chacune dans des couronnes de lauriers, ne valaient guère la peine d'être si mystérieusement gardés par les Agas.

L'Acro-Corinthe, qui a souvent été comparée à l'Ithôme, présente un circuit beaucoup plus vaste; elle a aussi plus d'eau; la source que Pégase a fait jaillir du sommet suffit encore à la garnison de tacticos. C'est de là qu'une sentinelle regarde tout le jour les deux mers, à ses pieds les caïques qui rentrent dans Cenchrée, au loin Égine, Salamine, et le long promontoire des monts Onéens tendus de feu jusqu'à Colone. Les îlots étaient bordés d'une ceinture de nuages, qui étaient descendus pendant la nuit jusqu'au niveau de l'eau, et formaient sur la mer autant d'auréoles. Le soleil colorait d'un ton rose au couchant les neiges du Parnasse et de l'Hélicon; il laissait encore dans l'ombre le fond du golfe de Lépante. Un amas confus de crêtes lumineuses et de noirs ravins se dressait derrière nous dans la Morée. Au-dessus des deux mers, quand le vertige me prenait, je m'attachais aux créneaux, et je voyais à mes pieds, à travers les meurtrières, les contrées les plus fameuses de la Grèce, avec ses caps et ses golfes. Le spectacle ressemblait à celui que l'on a du haut des huniers d'une frégate, quand au-dessous du mât de misaine les voiles se courbent, que les canots et les chaloupes pendent aux agrès; que les faisceaux d'armes, les ancres, les câbles, les ballots de la cargaison sont rangés dès le matin en bon ordre sur le pont. Bientôt, terres, îles, peuple, Grèce, histoire passée, présente, tout me semblait un grand et sublime vaisseau qui m'emportait sans secousse sur un fleuve éternel.

En descendant de la citadelle, je partis pour Sicyone, en passant par la forêt d'oliviers. C'était la seule qui n'eût pas été incendiée. Rien n'est plus gracieux que ces pâles arceaux qui ouvrent en tous sens leurs pleins cintres sur la mer. Le dernier ruisseau, que l'on traverse sur un pont à environ trois lieues, est le Riaski ou l'Asope. De l'autre côté les cabanes en terre de Vasilica sont éparses sur un plateau. C'est là qu'il faut monter pour voir la plus magnifique décoration dont puisse être entourée une ville grecque. Sicyone passait pour la plus ancienne construction des hommes;

sa forme est marquée et dessinée par la coupe même de son plateau. Assise sur un gradin d'argile blanche, dont les flancs, parallèles à la mer, lui font de tous côtés une enceinte naturelle, Sicyone a derrière elle l'amphithéâtre du mont Cyllène, qui s'élève par échelons, jusqu'à la région des neiges. Presque en face, par delà le golfe, les glaces du Parnasse s'étendent sur des groupes bleu d'azur, que tachent de noir plusieurs vallées. Du côté de l'isthme, la baie est close par des rocs en mamelons et par les grèves qui s'abaissent vers Corinthe; le golfe, partout enfermé, a l'aspect d'un lac.

Maintenant que, sans une seule ombre, tout cela soit embrasé plutôt qu'éclairé d'une lumière, qui tantôt a la blancheur mate de la craie, tantôt le scintillement de la glace, tantôt pétille comme un incendie le long des rivages, tantôt rayonne sur les rivières comme des lames de sabre et des ceintures d'acier qui descendent des ravins; vous croirez que cette grande pelouse, où chante l'alouette, n'a été choisie, dans une situation si facilement accessible et à une lieue du port que pour la seule convenance de l'art et les magiques effets d'optique par une population de peintres, de statuaires et d'architectes.

La citadelle, qu'Aratus escalada pendant la nuit, a conservé une de ses tours carrées. Un beau fût de colonne, qui se penche sur le bord d'un petit ravin, imite une stalactite au-dessus de la grotte de Stazouza. Tout à côté sont couchés, dans des sillons d'orge, les soubassements du temple de la fortune Acræa. Que n'aurais-je pas donné pour retrouver sous ce soleil la basilique gothique que les croisés y construisirent! Malheureusement, on ne trouve plus que leurs châteaux. Le théâtre, où le peuple de Sicyone se réfugia le matin quand fut abolie la tyrannie de Nicoclès, est presque intact à une grande distance à l'ouest : il regarde la mer, et ses côtés sont percés de deux portes souterraines. Au milieu de la plaine je trouvai un peu d'ombre sous de grands pans de murs cyclopéens, hauts encore de douze assises, du reste fort réguliers, les seuls, je crois, qui forment un monument isolé et non une ligne de forteresse. Ils appartenaient sans doute au gymnase. Vis-à-vis de ces masses, des salles en briques romaines, peut-être l'enceinte des empereurs, présentent dans leurs ruines l'indigence et la laideur des décombres des chaumières albanaises. L'éloignement où plusieurs de ces vestiges sont les uns des autres, assigne à la ville une très vaste étendue.

Mais qu'est devenue la vie d'artiste dans ce grand atelier? Il fallait y arriver quand les vases séchaient au soleil sur ces flaques d'argile dont ils étaient pétris, qu'au loin les statues, toutes

12.

blanches et nouvelles, semblaient des sources vives, suspendues dans le fond des ravins, que les tableaux de ...ippe et d'Apelle, et de tout un peuple de disciples, étaient étendus au pied des buttes de craie qui mènent à la grève.

Il était naturel que la ville qui régla les dernières phases de la vie politique de la Grèce par la ligue achéenne vînt aussi clore le développement de l'art par l'ère de la peinture qui y manquait encore. Dans les écoles, Sicyone établit les mêmes oppositions que celles qui venaient d'éclater entre les peuples ; et au milieu de ce grand atelier, presque en vue d'Athènes, de Thèbes et de Sparte, l'art se trouva constamment au centre même de la vie grecque. D'ailleurs, si l'on cherche le fond commun de l'histoire de Corinthe et de Sicyone, pendant que dans l'isthme les deux mers se rapprochent et se cherchent, que la géologie de deux contrées s'y confond, il se trouve que deux civilisations différentes, partout ailleurs opposées, s'unissent et se pénètrent à cette entrée du golfe. Les religions du Taygète et celle de la chaîne de l'Œta, qui ailleurs se repoussent, ici s'atteignent et se ramifient au bas de l'Acro-Corinthe. Comme les deux serpents de Laocoon, les races du Péloponèse et les races de l'Attique et du Nord, ailleurs séparées, suspendent et nouent leurs anneaux sur le rivage autour de l'autel de la Vénus phénicienne ; selon que l'une de ces races est maîtresse de l'autre, l'aristocratie ou la démocratie domine dans leurs villes.

Cette lutte intérieure de deux génies, en passant de la politique dans l'art, fit naître ici les premières et informes ébauches du drame ; et, afin que cette opposition fût mise dans sa dernière lumière par l'architecture, les volutes de l'Ionie, jusque-là fermées et closes sur leurs colonnes, viennent en terre dorienne s'épanouir et fleurir sous la brise de la mer d'Asie, pour former le chapiteau des Corinthiens. Ceux-ci ont fini par corrompre jusqu'aux pierres.

En rentrant le soir dans Corinthe du côté de la mer, je copiai un cippe en dialecte attique. Je ne connais que Cyriaque d'Ancône (1) qui ait publié une inscription grecque de la ville même. Ainsi de tant de magnificence et de voluptés, il reste cinq ou six lignes dont la moitié est pour un proconsul qui a relevé les murailles du port.

(1) Bœckh, *Corp. inscript.*

CHAPITRE X.

HOSPITALITÉ DES MONASTÈRES GRECS. — ÉPIDAURE. — ÉGINE. LES FÊTES DE PAQUES. — L'ART ÉGINÉTIQUE.

Le chemin de Corinthe à Épidaure, que j'allais prendre, était peu fréquenté dans l'antiquité ; il ne l'est presque plus de nos jours. Le plus souvent il faut se faire soi-même un sentier à travers les bruyères des montagnes. Mais en revanche le pays est plus neuf ; il n'a point été ravagé par la guerre, les habitants y conservent des traits plus primitifs qu'ailleurs. J'avais pour guide un soldat de la garnison de Missolonghi qui avait servi sous lord Byron, et ne parlait jamais de son ancien maître sans joindre un *pollà kâlo* au nom de sa seigneurie. Vers midi, nous descendîmes dans une vallée couverte au levant d'une forêt d'oliviers, et au couchant d'un bois de pins d'où sortait la ferme ou métoki du monastère de Phanéromagni. Deux caloyers assis sur l'herbe donnèrent leurs mains à baiser à mes palichares, puis ils me firent monter dans une grande cellule, dont les fenêtres avaient été à demi murées, de manière à former des meurtrières. A travers ces ouvertures on voyait les sommets du mont Cyllène, et la pointe grise de l'Acro-Corinthe sur le fond de neige du Liakosa. Nous eûmes bientôt des œufs, des gâteaux d'orge, une outre de vin et d'excellent miel. Quand je voulus payer, les moines se récrièrent hautement, et je ne pus les empêcher de charger nos chevaux des provisions que nous avions laissées. A une demi-lieue de là, nous rencontrâmes le monastère avec ses vingt caloyers, ses douze tours, ses longues murailles, çà et là écroulées sur le bord d'un défilé où ne passent que les tortues. La plupart de ces retraites sont placées dans les lieux les moins célèbres, comme si les fondateurs eussent fui jusqu'au bruit du passé. Depuis ce ravin on suit des filons de porphyre sur tout le versant oriental de l'Argolide.

Vers le soir nous atteignîmes l'escarpement d'Agiolani. Si j'avais entendu des cornemuses, j'aurais pu me croire dans un village de Suisse ou de Savoie. Non seulement les Turcs n'y ont pas brisé une pierre, et n'y ont pas paru dans la guerre; mais dans la paix aucun d'eux n'y a demeuré. L'ordre et le repos étaient si grands, que l'on y semblait ignorer ce qui était arrivé dans le reste de la Morée. Un des parents du pope vint, en son nom, m'offrir l'hospitalité ; je trouvai le prêtre assis sur la terre, vis-à-vis de la porte de sa maison ; il tressait une corbeille de paille. Je ne sais lequel était le plus blanc, de son turban, de son manteau, de sa tunique ou de sa barbe, qui se mêlait avec les tiges d'osier. Quand il se leva en étendant la main sur sa poitrine pour me recevoir, il eût été impossible de se figurer un air de tête plus antique, un ovale plus parfait, un buste plus ressemblant au buste d'Esculape. Déjà pareille analogie m'avait frappé dans les cellules de Phanéromagni, soit qu'en effet la famille des Asclépiades ait laissé son type aux environs d'Épidaure, soit qu'avec le clergé de ces montagnes se perpétue une race primitive dont cette caste n'était qu'un rameau détaché.

Dans l'intérieur de la maison, une image de saint George, collée au mur au-dessous d'un fusil albanais, rappelait seule la mission chrétienne de mon hôte. Sa femme lui témoignait un respect excessif. Quand elle avait placé devant lui, sur un petit trépied, un gâteau cuit sous la cendre, elle allait manger ses olives dans un coin séparé, sans prononcer une syllabe. Il y avait aussi un enfant de douze ans, qui avait le frisson de la fièvre, et était étendu par terre à côté d'une grande jarre d'eau. J'eus à craindre toute la nuit qu'il ne mourût à côté de moi. Il était destiné à devenir prêtre à son tour. Dans les moments de relâche, il se mettait sur son séant et récitait, d'une voix très douce, les litanies avec son père. Ce qui donnait un intérêt profond à cet intérieur était de penser que, grâce à ce lieu retiré, le paganisme, puis le christianisme naissant, puis un jour le tribut d'un pacha d'Orient, puis maintenant la liberté moderne, c'est-à-dire toutes les vicissitudes des révolutions humaines, avaient pénétré dans cette petite famille sans plus de bruit que les corbeilles d'osier, rangées l'une après l'autre, chacune selon sa saison, au-dessus de nos têtes.

Au point du jour, dès que j'eus perdu de vue le village, il fallut m'orienter sur des sommets rocailleux, où l'on ne rencontre aucun pas d'hommes. Dans le fond des vallées, quelques chiens, qui hurlent à côté d'un troupeau, rappellent que le dieu agreste de ces montagnes a été allaité par des chèvres. Au reste, je ne connais que le vieil Eschyle qui se soit aventuré, et encore dans un seul vers, au milieu de ces ravins. Il y a dans la Morée, par delà les paysages classiques que l'on trouve sur le chemin des villes, une nature fauve, sillonnée et chenue, qui n'a point été peinte au vif par l'atticisme des historiens ou des poètes, ni reproduite, en général, par la civilisation grecque. Il en faut chercher l'empreinte seulement dans le génie sauvage des mythologies primitives, et, à un autre temps, dans les chants modernes, populaires, qui leur ressemblent au moins par la rudesse.

Du sommet de l'Arachné, j'aperçus le golfe Saronique avec une partie de Salamine, d'Égine, d'Anchistri, et plusieurs îlots, comme autant de fleurs brodées sur un tapis bleu-de-ciel. Des avenues naturelles d'oliviers et des bosquets de chèvrefeuille me conduisirent jusqu'à la porte du monastère de Taxiarchi. Dans ce bassin si frais il y avait quelque chose de la grâce de l'Église grecque, et je ne sais quoi, à l'entrée de ces voûtes, des rêveries de saint Basile et de saint Jean Chrysostome. Un enfant nous apporta, dans une galerie, des provisions semblables à celles que nous avions eues la veille. Il y joignit un grand plat d'huile. Malheureusement les caloyers, qui étaient plus de trente, étaient tous absents. Je ne trouvai que deux moines, étrangers comme moi. Ils arrivaient du détroit de Zeitoun. Je demandai si ce n'était pas là qu'était mort un certain Léonidas. — Oui, oui, à Zeitoun, s'écrièrent les moines et les palichares. Le soldat de Missolonghi proposa de vider notre outre au nom de Léonidas, de Byron et de Capo-d'Istria, auxquels nous devions, à cette heure, de trouver de si excellent vin dans un si bon monastère. Cette proposition fut acceptée, et, jusqu'au coucher du soleil, les cellules, les voûtes, le porche de la chapelle, retentirent de nos exclamations. Vers le soir nous entrâmes dans Ligourio, que l'on prend, à cause de ses débris, pour l'ancienne Lessa.

Pendant que les agogiatis ramenaient nos chevaux, que des loups avaient pourchassés au loin pendant la nuit, le démogéronte me montrait, du seuil de notre porte, un bassin cultivé, le mamelon déchiré de Tithion, puis au bas la place du grand temple d'Esculape. Pour des voyageurs qui avaient traversé, comme nous, l'Épidaurie, j'imagine que ce dut toujours être un sujet d'étonnement que de trouver, au sortir de ces ravins, le dieu de la contrée, moitié d'or et d'ivoire, sur un trône ciselé. Le génie des lieux que je viens de traverser doit être plus sauvage et plus inculte. A cet Esculape d'or et d'ivoire je préfère celui des Pélasges, dans sa forme première, lorsqu'il n'était encore qu'un petit nain agreste couché sur la bruyère, occupé à polir les cristaux, à cueillir des simples et tresser des fils d'or sous des lames de jaspe, nain de même famille que les lares du Latium, le Tagès des Apennins, les gnomes d'Écosse, les sylphes des Carpathes, ou que la fée Ham, qui dénoue comme lui au matin, sur les grèves du nord, ses blonds cheveux pour secouer autour d'elle la lumière du jour (1). Voilà sous quels traits ingénus je puis me représenter l'esprit qui hante les défilés sauvages de l'Épidaurie.

(1) Paus., *Corinth.*, 29; Apollod., lib. III; Strab., lib. IX, 17; Otf. Müller, *Minyer*, p. 104, 283; Creuzer, *Symbol.*, II, 158; Grimm., *Hausmœrchen.* Voyez surtout une excellente introduction à la dernière édition de Warton, *History of poetry*.

Autour du sanctuaire de cet Esculape, embelli par le génie des Doriens, s'était formé un établissement consacré par les prêtres du dieu de la médecine; et les débris donnent l'idée de ce que pouvait être un Spa ou un Bagnères grec, dans la saison des eaux.

L'enceinte sacrée est encore aujourd'hui plantée d'arbousiers, qui devaient fournir de charmants ombrages aux convalescents. Les angles de quelques murailles en brique sortent du milieu des buissons de myrtes; çà et là des dalles de marbre tracent au loin de blanches allées sur les tertres : c'est la mélancolie et la splendeur d'une villa romaine. Je descendis dans les réservoirs ou les bains d'Antonin. Sur la gauche, je vis le pavé circulaire du Tholus; un peu au sud, je lus trois fragments de cippes, restes des *ex-voto* que les malades suspendaient dans le temple.

Mais la véritable merveille de Ligourio, c'est le théâtre de Polyclète, dans la colline qui ferme l'horizon au levant. Ses soixante gradins, tous intacts, ciselés sur les bords, atteignent encore jusqu'au sommet. A la place des spectateurs un frais bosquet a surgi à travers les pierres; de larges masses de cocoretscha, les bouquets jaunes, les branches épineuses du spalakita, laissent tomber leurs draperies et leurs franges d'or sur les sièges de marbre. Dans l'intérieur du proscénium on trouve de beaux fragments de porphyre.

Avant la Grèce, il y avait des tombeaux et des temples, mais point de théâtre. Ce dernier monument est celui qui lui appartient en propre et qui la représente. Longtemps avant Homère, l'épopée avait grandi chez les Hindous, la poésie lyrique chez les Hébreux. Mais, pour que l'art dramatique se montrât dans toute sa puissance, il fallait que ces deux sources de poésie, l'épique et la lyrique, vinssent se mêler dans la société grecque au sein de ces religions multiples, rivales, qui formaient, à elles seules, une éternelle péripétie. Le drame sanglant de deux dieux opposés dans le même sanctuaire, de deux peuples aux prises dans la même cité, contenait en soit le drame idéal d'Eschyle. Le dialogue de Corinthe et de Sicyone, dans l'histoire, commence la tragédie grecque.

Depuis ce temps, tous les théâtres des anciens et des modernes ne sont que des actes différents d'un même drame où apparaît successivement la pensée du genre humain. A mesure que les races se divisent, que la colonne grecque se partage, au moyen âge, en fûts gothiques, le chœur qui remplissait d'abord la scène se partage, à son tour, de plus en plus dans l'action. Chacun de ses membres s'anime par degrés d'une vie plus indépendante et plus personnelle. Au lieu d'un peuple figuré par un groupe immobile, la scène est, à la fin, plus agitée, plus émue que le feuillage des arbousiers, quand le vent du soir les ébranle sur le théâtre de Ligourio (1).

Nous nous enfonçâmes bientôt dans une forêt de pins, au-dessus d'un ruisseau. Je ne comprends guère que le tyran Phalcès, en fuyant sur son char à travers ce chemin, n'ait pas été précipité dans le torrent. Au sortir de cette vallée tortueuse, nous nous trouvâmes au-dessus du golfe Saronique. Un vent violent le couvrait d'écumes ; plusieurs petites îles toutes blanches ressemblaient à une escadre qui arrivait de l'Asie Mineure à voiles déployées. A nos pieds, dans l'anse d'Épidaure, deux caïques se heurtaient et claquaient l'un sur l'autre. A l'extrémité d'une langue de terre noire, crevée de mares, les restes de l'ancienne ville d'Esculape pourrissaient sous quelques plantes humides, d'où s'exhalaient les miasmes des fièvres du printemps. Les maisons basses du village étaient à demi embourbées dans cette plage. Un campement de Roméliotes, tels que j'en ai déjà décrit quelques-uns, s'étendait vers l'embarcadère. Mes guides retrouvèrent dans ces tanières quelques femmes de leurs pa-

---

(1) Ceux de Sicyone ont inventé la tragédie, et ceux d'Athènes l'ont achevée. Thémist., 19, 487 ; Suidas, Θέσπις ; Bœckh., *Tragœd. princip.* ; Herrmann, *de Poemat. comico-satyrico.*

rents qu'ils croyaient mortes depuis longtemps.

Je ne pus m'empêcher de remarquer que ces misérables hordes, que j'avais rencontrées à Corinthe, à Sparte, sur le penchant de l'Ithôme, et que je retrouvais à Épidaure, suivaient machinalement la même marche et s'arrêtaient dans les mêmes lieux que les invasions venues du Nord dans la haute antiquité. Du reste, le promontoire sur lequel s'étendaient leurs peaux de loups, et le port, et la plage, et l'enceinte des montagnes creusées en forme de grottes où l'oiseau de mer s'engouffre vers le soir, tout ici a les grêles proportions de cette petite république des Asclépiades, qui, acculée sur la grève, ne s'acheva jamais que dans ses colonies.

Si les matelots n'eussent refusé de se mettre en mer par le gros temps, je me serais embarqué le jour même. N'ayant pu les y décider, nous allâmes passer la nuit sur la crête de Piada. On y grimpe par un chemin en spirale, taillé dans des rochers de jaspe, au-dessus d'une plaine d'oliviers. Les masses ruinées d'un vieux château dominent les maisons de bois du village; les touffes de nopals et de flômos, que le mauvais air fait croître en grand nombre dans le voisinage des maremmes d'Épidaure, s'agitaient comme des bannières autour des chapelles byzantines. Une partie des habitants, le démogéronte et les prêtres étaient couchés, à demi endormis sur une plate-forme. Ils écoutaient des récits sur Napoléon que leur faisait un vieux pirate. De toute la révolution grecque, ces hommes n'avaient vu de près que les paisibles débats de la constitution d'Épidaure, qui, par hasard, avait été promulguée dans leur village.

Pendant qu'ils s'endormaient sous leurs enclos de figuiers d'Inde, j'emportais avec moi l'impression de détresse de chacun de mes hôtes. Ce sentiment qui se renouvelle tous les jours finit par être un véritable fardeau pour le voyageur; j'étais comme accablé des misères que j'avais traversées.

Au moment de partir, mon domestique fit dans un hallier de myrtes et de lauriers la rencontre d'un petit veau (le seul que nous ayons aperçu dans tout le Péloponèse). Il fut si émerveillé de cette découverte, qu'il se jeta au cou de l'innocente bête; il la tint longtemps embrassée, et, l'ayant baisée avec transport sur les deux joues, il finit par la charger de ses adieux éternels à la Morée.

Le 12 au matin, quoique le vent n'eût pas diminué, un Hydriote vint m'offrir son caïque, où je descendis à l'instant. Le chef-d'œuvre de la Grèce moderne, où elle a mis toute son industrie et son audace, c'est le caïque. Dans les temps d'orage, lorsque nos canots sombrent sur les quais, ces barques traversent, en toutes saisons, les mers du Levant, depuis les côtes de la Morée jusqu'à l'Asie Mineure. Chaque île a sa mâture, qu'on reconnaît de loin. Si la voile est arrondie à l'antique, elle sort des anses des Cyclades, de Syra ou de Milo. Au contraire, si la carcasse est allongée outre mesure, si le mât est penché à l'avant, si les voiles d'une grandeur disproportionnée sont effilées et coupées en aile de goéland et se renversent sur chaque flot, c'est un arrivage albanais d'Hydra ou de Spetzia. Il y avait dans le nôtre, sur une longueur de moins de quinze pieds, un entrepont à l'arrière pour se blottir en cas de pluie, une boussole à demi brisée, une ancre pour s'échouer sur le premier rocher, et deux petites échelles de cordes, où grimpaient deux enfants de six à sept ans, digne équipage de ce bâtiment de haut bord. Chacun d'eux tenait le pan d'une voile, qu'à chaque coup de vent ils carguaient ou dépliaient, comme s'ils eussent balancé dans leur hutte le berceau d'un de leurs frères. Quand une lame nous inondait, ils grondaient le vieil Hydriote, qui se contentait de répondre *C'è troppò, ma che fare?* Nous cherchâmes à nous jeter sur l'écueil de Métopi, sans pouvoir y réussir; en moins de deux heures nous fûmes lancés vers le quai d'Égine, au milieu d'une flottille de felouques et de bateaux semblables au nôtre (1). Les vaisseaux de ligne sont obligés de mouiller à une demi-lieue à l'ouest de l'île.

Aussi longtemps que je restai à Égine, je jouis d'un spectacle singulier. Des nuages blancs de neige qui rampaient sur la mer, à hauteur des grands huniers des bricks, cernaient les bords de l'île et le promontoire de Méthana. Des carcasses de vaisseaux turcs, plongés dans ces brumes, figuraient au large un incendie de brûlots jusqu'à ce qu'une fraîche brise de nord-ouest, qui ne manquait jamais de s'élever vers sept heures du matin, dégageât en un instant l'horizon, et montrât en plein les côtes de l'Argolide, de Colouri, de l'Attique, une ceinture d'écueils et plus près une foule de barques qui profitaient de ce signal pour hisser leur pavillon de partance.

Depuis le rivage le sol s'élève par d'insensibles degrés. A une lieue s'étend un rideau de montagnes sans arbres, séparées en trois pics, et par delà ces buttes, deux chaînes plus hautes s'échelonnent jusqu'à la pointe orientale de l'île. Ce terrain, d'un tuf marneux, caverneux, le même que celui de Sicyone, a la blancheur sèche d'un étalage de poterie. Vers les cimes, il se teint du gris des bruyères. Sur les rivages, en face de la Morée,

(1) Déjà dans l'antiquité chaque ville maritime se glorifiait d'avoir inventé une espèce particulière de navires.

s'éparpillent de petites cases carrées, de la hauteur d'un homme, véritable ville de Myrmidons, qui d'ailleurs ont été les premiers fondateurs d'Égine. Quoiqu'il y eût encore près de onze mille habitants (1), réfugiés de toutes les parties de la Grèce, Chiotes, Épirotes, Athéniens, dont la vie se passe dans une continuelle et douloureuse attente de leur sort à venir, je ne puis me rappeler, au milieu de tant de populations rivales que la détresse devrait aigrir, d'autre bruit que le bourdonnement des écoles mutuelles, le carillon des cloches de Pâques, la sonnerie des agrès dans le port, ou le claquement des moulins à vent au-dessus du lazaret.

L'ancienne querelle du Péloponèse et de la Grèce du Nord, que Thucydide croyait finie, divisait encore les Moréotes et les Roméliotes, mais sans aucun danger pour la paix publique. L'événement de la journée, c'était la consécration de quelque église nouvelle. D'autres fois, le ministre Coletti convoquait l'assemblée des électeurs épirotes. J'assistai à plusieurs de ces réunions. Des marchands de Janina interrompaient violemment la harangue officielle, tandis que de vieux klephtes,

---

(1) Dénombrement de la population d'Égine en 1829 :

Indigents.		3,300	
Domiciliés	hommes.	1,624	10,889
	femmes mariées ou veuves.	2,175	
Enfants.		3,790	

à la tête rasée, jouaient avec la longue mèche noire qui tombait de leurs crânes ; avec le sourire de Faune qu'ils apportaient des grottes du Pinde, ils se montraient disposés à faire un usage complaisant de leurs droits politiques.

On se préparait aussi de tous côtés à célébrer la Pâque. Ce jour-là, les Éginètes sont encore ceux d'Aristophane et d'Apulée. Tous s'embrassent le matin en se rencontrant; il n'est si misérable tanière qui ne réunisse ses habitants autour d'un plat d'agneau. Ce qui mit le comble à notre joie fut d'apprendre que nos voisins d'Eleusis, depuis longtemps immobiles, avaient fait la veille dans la nuit une irruption dans les retranchements des Turcs, et leur avaient enlevé pour la fête mille moutons. Le seul qui ne voulût pas se joindre à la fête, était peut-être quelque primat de Dimitzana, suivi de son tiniote, qui fait brûler devant lui la pipe d'ambre. Aux yeux humides de Basilique, à l'allure engourdie d'un pacha à peine réveillé des parfums du Bosphore, pendant que nous oublions nos misères, lui seul se nourrit de fiel et d'envie; il prépare son plan d'accusation contre les forfaitures de Capo-d'Istria. Les femmes (et elles sont à Égine deux fois plus nombreuses que les hommes, car une grande partie sont veuves) avaient ménagé en secret pour ce jour quelque ancienne parure. Les Albanaises de Livadie laissaient tomber, en entrant à l'église, leurs longues tresses de cheveux noir de jais sur des draperies blanches et plates en forme de patènes de diacres. Les Psariotes avaient deux bandeaux de soie flottant jusqu'à terre ; elles attachaient leur voile un peu au-dessus de leur bouche ; mais leurs fronts, leurs yeux, restaient à découvert, et l'on pouvait y voir la fierté et l'énergie qui ont signalé, dans la guerre de l'indépendance, les habitants de Psara. Les Moréotes aussi avaient changé leurs turbans. Dans cette variété de costume et d'origine, soit communauté de misères, soit même degré de culture, dominait entre toutes un même caractère, beauté sans passion et sans vie, rude et morne, toute semblable à ces groupes uniformes des statuaires de l'antiquité et du moyen âge, au début de leur art.

Quand le soir arrivait, les femmes se réunissaient en rondes autour de la maison du président. Sous un ciel où aucune étoile n'était voilée, elles continuaient leurs danses au bruit du tambour de basque pendant une partie de la nuit. Elles y joignaient des chants de leur pays, mais prononcés si bas, qu'ils ne servaient qu'à réveiller dans ceux qui les écoutaient un dernier et vague écho de la poésie populaire. Psariotes au voile blanc, Moréotes et Livadiotes, vous venez de trop loin à la fête de Pâques. Dans vos cabanes, je n'ai trouvé ni pain, ni vin quand j'avais soif, ni natte pour dormir. Les serpents se roulent au foyer, comme des colliers de paras tombés du col des fiancées. Les joncs, plus diligents que vous, filent en votre place les quenouilles de coton que vous deviez suspendre au toit avant le mois d'avril. C'est l'heure où les pirates amarrent leurs caïques, où les klephtes reviennent pour demander leur pain d'orge. Klephtes et pirates, qu'ils frappent à vos portes où j'ai souvent frappé, un hibou leur dira que vous dansez dans les îles au tambour de basque, sveltes, avec vos longs cheveux, le soir jusqu'à minuit.

Dans cette île qu'un muletier traverse en deux heures, si les couches des terrains, usés par le remous des eaux, se distinguent plus facilement que dans l'intérieur du continent, il en est de même des peuples qui l'ont habitée l'un après l'autre. Trois races différentes, lentement superposées, se laissent voir à nu dans les trois époques des religions d'Égine. Pélasges, Achéens et Doriens, à mesure que l'une de ces invasions est subjuguée par l'autre, le Dieu où elle a empreint son image idéale lui survit sans vieillir, et reste jusqu'au bout égal au dieu des conquérants. Cette société, justement appelée la Phénicie de la Grèce, pourrait presque être considérée à part, tant elle prit toujours à tâche de se mouvoir et de s'ordonner à sa guise. Quand Égine eut décidé par sa flotte la victoire de Salamine, elle en conçut tant d'orgueil, qu'elle commença seule la lutte contre Athènes; et, témérairement engagée, elle fut détruite l'année même où éclata la guerre générale qui fit triompher sa cause.

Si, dans son isolement, ce petit peuple eut sa politique et son droit particulier, il eut aussi son art. L'école éginétique, si longtemps méconnue, n'est rien autre chose que le type de la population dorienne, coulé dans l'airain, ou sculpté sur le marbre. Même rigueur, même immobilité, même persistance dans les formes de la statuaire et dans le culte, les lois, les institutions nationales. Ce que, dans les migrations de cette race, l'île de Crète avait été pour la religion, l'île d'Égine le fut pour l'art. Son peuple d'athlètes fit les statues des vainqueurs des jeux pour lesquels Pindare faisait ses odes.

Après les recherches dont cette école a été l'objet, il reste encore à savoir comment elle a fini. A-t-elle persisté, jusqu'au bout, à se distinguer de l'école attique, ou s'en est-elle rapprochée par degrés? La raideur historique des groupes de Scyllis s'est-elle perdue peu à peu dans l'idéal de Phidias, comme Pythagore a préparé Platon? Le manque de monuments rendait la question jusqu'ici insoluble.

Un peu avant mon arrivée dans l'île, on a découvert, près de l'ancien môle, un grand bas-relief qui paraît destiné à l'éclairer. Les caractères de l'inscription, le nu des personnages, les costumes amples et naturels, au lieu des draperies apprêtées des statues connues jusqu'ici, les cheveux ondoyants, au lieu des boucles frisées artificiellement, tout annonce une autre époque de l'art éginétique. Le sujet est lui-même fort compliqué. Une femme assise tend la main à un jeune homme. Vis-à-vis d'eux un vieillard est debout, les mains croisées sur la poitrine. Deux autres têtes d'hommes, dont l'une regarde par derrière toutes les autres, achèvent la scène. Les figures ont un peu plus de la moitié de la grandeur naturelle. Si l'exécution est peut-être encore sèche et froide, la confusion tient lieu de mouvement; ces groupes sveltes et naturels ne sont pas loin de la grâce attique.

Cette comparaison nous était d'autant plus facile qu'il y avait à côté d'eux un second bas-relief, apporté peu de jours avant de Salamine. Celui-ci, vivant et harmonieux, représentait deux jeunes hommes, dont l'un étendait la main gauche vers l'autre dans l'attitude d'un lutteur. C'était une bonne fortune de rencontrer, à côté l'une de l'autre, les deux écoles de l'antiquité dans leur plus haute perfection. En voyant ces restes de deux populations acharnées à se détruire, et pourtant si semblables, comment ne pas croire qu'il y a quelque chose de saint dans la puissance de l'art qui peut ainsi éteindre les antipathies des siècles, et, comme la paix du tombeau, rapprocher, confondre dans une même pensée et dans un même type de beauté ceux que la terre et l'eau ont tenus divisés en tout le reste jusqu'à leur mort?

A l'est de la ville, les lagunes sont remplies de tombeaux, qui forment là une vaste nécropole. Ceux qu'on ouvrit contenaient de beaux vases, dont plusieurs avaient pour dessin le grand œil de Bacchus-Osiris. Je recueillis aussi un long décret des rois de Pergame, auxquels l'île fut vendue trente talents. Au-dessus d'un vieux môle, au milieu des moulins à vent, une colonne du temple de Vénus reste debout. Chandler en vit deux, qui portaient encore leurs architraves.

Mais les plus belles ruines sont à l'extrémité est de l'île; et j'ai peine à concevoir ce qui empêcha Pausanias de faire les deux ou trois lieues qui lui restaient à traverser pour les voir de ses yeux. Des bassins de marne, creusés en fournaise, sillonnent le terrain de loin à loin. L'ombre d'un cyprès tombe sur un sol brûlé. Depuis longtemps les commentateurs y cherchaient un ruisseau qui leur manquait (1); j'en trouvai deux, avec une eau tiède pour me désaltérer, et je consens volontiers que ce soit là l'Asope de la troisième Néméenne. Au cen-

---

1) Otf. Müller, *Æginet.*, p. 6.

tre de l'île, les cases du palaiochorio, qui tient la place de l'Oea pélasgique, pendent agglomérées en forme de cristaux sous une large voûte de rochers. Enfin une dernière chaîne, entourée à ses pieds par la mer, à mi-côte par d'épaisses bandes d'agnus castus, se couronne au sommet d'une avenue de ving-quatre colonnes cannelées et doriques, nonchalamment éparses sur un plateau de bruyères dans le lieu le plus pittoresque et le plus solitaire de la Grèce.

Vous prendriez de loin ces colonnes pour les restes d'une futaie magique aux troncs de marbre, où les oiseaux connus des klephtes, aux becs d'argent, aux ailes d'or, viennent chanter les prophéties guerrières de Tsamados et de Karaïskaky. Mais, quand vous les touchez, et que par-delà la mer vous apercevez subitement le Parthénon d'Athènes sur la rive opposée, c'est une idée du peuple dont il est difficile de se défendre, que les anciens habitants d'Égine ont choisi cet endroit pour se mesurer avec leurs ennemis et rivaliser de plus près dans leurs ruines.

Des fouilles venaient de découvrir les trois degrés du péristyle, et l'inscription : *A Jupiter panhellénien;* il n'est donc plus permis d'avoir un doute sur le dieu de ce temple (1). Plus élancé,

---

(1) Wagner, *Bericht*, etc., p. 195.

plus pur, moins ancien que celui de Corinthe, je le placerais, dans l'histoire de l'art, quelques années avant le Théséum d'Athènes. Des fragments cyclopéens, à demi enfouis, prouvent qu'il y a eu deux âges dans sa construction, comme on reconnaît deux âges dans le culte pour lequel il fut bâti. L'architrave, qui repose encore sur vingt-quatre colonnes, était peinte en bleu, de la même nuance que la mer et le ciel.

Un autre décidera si les fameuses statues découvertes sous les tronçons de la cella représentent une scène des Æacides ou la défaite de Xerxès. Ces pesants archers du Taurus, ces couronnes de Mithra, ces arimaspes de l'Iran, avec leurs ailes étendues sur les frontons, montrent du moins, quel qu'en soit le sujet, une singulière préoccupation de l'Asie. Ces monuments sont en sculpture ce que les Perses d'Eschyle sont dans le drame. Quant au colosse d'or et d'ivoire, dont il ne reste qu'un seul fragment, il était fait, sans doute, du butin de Platée (1).

Ce qu'il y a de sûr, c'est que le culte de Jupiter

---

(1) Ces statues, les uns les font remonter jusqu'à Callon dans la soixante-cinquième olympiade ; d'autres veulent que cet artiste soit au contraire le dernier en date de l'école éginétique. Schelling rejette ces marbres dans les âges homériques. Wagner, *Bericht über die Æginetischen Bildwerke*, p. 166 ; C. Müller, *Ægineticorum liber*, p. 100, 107 ; Thiersch, *Epochen der Bild. K.*, 73 ; Paus., lib. II, c. xxxii ; lib. VII, c. xviii ; Hérodot., IX, 7.

panhellénien n'éclata dans sa pompe qu'après la guerre médique. Il appartenait d'abord à une tribu. Mais, quand la Grèce morcelée commença à s'unir contre l'Orient dans un même génie, elle personnifia cette alliance nouvelle dans un culte nouveau, où fraternisèrent tous ses peuples, ainsi qu'à Salamine. Égine qui avait eu une si grande part à la victoire, fut naturellement un des centres du culte qui devait la consacrer; la destinée de cette île et tout le secret de son histoire se résumèrent dans l'idée toute politique de Jupiter panhellénien.

Ainsi, depuis la guerre des Mèdes jusqu'à celle du Péloponèse, s'éleva sur le sommet de l'île, pour être vu des côtes et des récifs, et du milieu des flots, et des ports de l'Attique et des grèves de Mégare, non pas le trophée d'une bataille, mais le trophée d'un siècle. C'est l'arche où s'entassent dans le danger commun les races de l'Occident; suivant que l'alliance se renoue ou se brise, on revient à ce temple ou on l'oublie. Maintenant le pêcheur d'Égine va à Colouri amarrer son bateau. Un aga fait la garde au bord du Pirée. Le flot est uni, les îlots scintillent. La nature est occupée toute entière à dorer un nuage. Mais le génie qui apparut à Salamine se réveille encore chaque matin sous ce portique, blond et paré des débris de la Perse, pour l'épouvantail des éperviers et des orfraies de la côte.

Au milieu des dernières guerres, les ruines de l'antiquité se sont défendues elles-mêmes ; je n'ai pas vu qu'il leur manquât une seule pierre, dans les lieux où les hommes de nos jours ont perdu leurs toits et leurs manteaux. En considérant qu'il reste ainsi pour chaque époque le témoin le plus nécessaire, je me demande si certains monuments sont immortels, à l'égal des pensées qu'ils représentent. Dans le système du monde une étoile s'éteint sans que personne s'en soucie plus que de la lampe d'un pêcheur. Dans le monde de l'histoire, un temple disparaît, de siècle en siècle, avec une époque entière. Mais les péristyles de la Grèce, les cathédrales du moyen âge, les pyramides de l'Orient, ne chancelleront à la fois sur leurs bases, que si le genre humain vient lui-même à défaillir. Alors l'Éternel mesurera la course des peuples par la poussière qu'ils auront soulevée sur le chemin.

CHAPITRE XI.

ATHÈNES PENDANT LE DERNIER SIÈGE.

J'allais m'asseoir de longues heures sur les marches du temple de Jupiter panhellénien. Je n'étais alors qu'à quelques milles d'Athènes. Du haut de ce promontoire, j'avais en face de moi l'île de Salamine, dont les sommets à angles aigus, couleur de craie et allongés en pointe parallèlement à l'isthme, déchiraient de leur soc la nappe d'un bleu foncé que la mer étendait jusque sous mes pieds. Sur le second plan, les montagnes plus hautes de Mégare traçaient au nord une ligne d'azur jusqu'à l'acropole de Corinthe. Vers le sud, des rivages marqués par des lignes blanches et presque étincelantes bordaient d'une lisière de feu la chaîne hérissée du mont Hymette et fuyaient vers le cap Colias. Mais mes yeux ne pouvaient se détacher d'une masure de forme carrée, la seule qui parût dans cet horizon et qui ressemblait à une ferme ou à un monastère abandonné. Elle était à ma droite, assise sur des collines légèrement élevées, et les ombres des montagnes, qui se prolongeaient jusqu'à elle, la détachaient vivement de tout le reste. C'était le Parthénon ; la ville entière restait cachée dans les replis du terrain et derrière les rochers de la citadelle. Il est difficile de peindre ce que je ressentais alors. Les regards attachés pendant de longues soirées sur ces pierres, dont je ne pouvais distinguer la forme, je ne sais quel charme prodigieux, et qui ne ressemblait à nul autre, m'attirait de ce côté. Ce n'était pas une ville en décombres, mais un être réellement animé, un être souffrant et enchaîné, qui était caché derrière la montagne. L'impossibilité d'en approcher augmentait ma curiosité. Quand la chaloupe, qui croisait à l'extrémité de Colouri, faisait un mouvement et voguait vers le Pirée, j'aurais voulu être le matelot qui la montait. Je la suivais avidement jusqu'à ce qu'elle carguât sa voile, ou qu'elle revînt sur son sillon.

Cette séduction devint si forte, que je résolus de n'y plus résister. Quelques chefs du gouvernement me représentaient que les Turcs, qui occupaient encore Athènes, étaient irrités par une double attaque : l'une aux avant-postes d'Éleusis, l'autre jusque sous les murs de la citadelle, et dans laquelle ils avaient perdu deux mille têtes de bétail ; que ma qualité de Français me ferait infailliblement soupçonner ; qu'il ne se trouvait dans le port aucun bâtiment neutre ; que l'arrivée sur une barque ennemie était impraticable. D'autres, que j'aimai mieux croire, me fortifièrent dans mon projet. Le consul d'Autriche me donna une lettre pour le bey, qui malheureusement se trouvait à Négrepont. Au milieu de ces délais, le hasard me fit rencontrer trois officiers du génie, que je décidai à m'accompagner : ils se déguisèrent, et nous achevâmes les préparatifs. Nous nolisâmes un caïque avec trois matelots d'Hydra. Nous y portâmes des provisions de rhum et de tabac : nous prîmes avec nous un interprète, homme d'Athènes, parlant un peu le turc, l'albanais, et qui nous rendit les plus grands services.

Un soir du mois de mai, nous quittâmes le port à la nuit tombante, afin d'arriver le lendemain en plein jour sur les côtes de l'Attique. Le soleil se couchait à notre gauche, sur les montagnes d'Épidaure. Pendant que la lune s'élevait lentement au-dessus des sommets d'Égine, la colonne du temple de Vénus, enveloppée de ses reflets, semblait un fanal dont la lumière s'est éteinte dans l'orage. Le vent était tombé, la mer unie et silencieuse, notre voile latine pendante au mât. De temps en temps on entendait un coup de rame ; la mer phosphorescente brillait de mille étincelles ; des gouttes, des lames de feu, que l'on eût dites vivantes et organiques, s'allumaient, s'éteignait des deux côtés de la barque, et le gouvernail laissait en arrière une longue traînée de flamme. Un matelot commença à demi-voix une chanson, qui s'élevait à peine au-dessus du murmure des flots. Vers le milieu de la nuit nous fûmes hélés par une chaloupe canonnière ; elle vint nous visiter : c'était une barque semblable à la nôtre, armée d'un canon, et la seule qui croisât devant Salamine et le Pirée ; elle nous laissa passer sur un permis des autorités grecques. La brise du matin ne s'était point encore levée. Nous continuions d'avancer en silence, à la rame, comme si nous allions surprendre Athènes avant son réveil.

Le soleil parut enfin entre le Parthénon et le monument de Philopappus, au moment où nous entrions dans la première enceinte du port. Ses bords, presque à fleur d'eau, laissaient la vue s'étendre sur une vaste plaine, qui déroulait en face ses masses d'oliviers. Du milieu de ce terrain uni, s'élevait en vive arête à environ deux lieues une chaîne stérile et isolée. Le pic du mont Anchesme, qui à cette distance se confond sur le même plan, la termine par sa crête déchirée, connue du peuple sous le nom de prison de Socrate. La courbe redescend ensuite vers la droite, s'incline sous le Parthénon et se relève légèrement jusqu'au monument de Philopappus, qui la couronne en forme de piton. Cette chaîne court presque perpendiculairement sur le mont Hymette, dont elle reste néanmoins séparée ; celui-ci, plus élevé, d'une teinte fauve, dépouillé d'arbres, encaissant dans les plis de ses ravins d'étroits et rares torrents de verdure. Par delà la crête de la citadelle, la plaine remonte insensiblement, forme de petits mamelons et se perd à l'horizon dans les flancs bleus du mont Pentélique. Vers l'ouest, le bassin est fermé par des lignes plus molles et des croupes grisâtres. A mesure qu'elles se rapprochent de la mer, elles vont en s'abaissant, se couvrent de hautes herbes, et forment enfin comme des espèces de vagues immobiles, qui pressent et refoulent les flots du Pirée.

Ce paysage n'a ni la mollesse de la baie de Naples, ni le génie grandiose de la plaine d'Argos. Pour être pittoresque, il n'a pas assez de cimes dentelées, d'angles et d'ombre ; de toute part inondé de lumière, ses lignes régulières et calmes lui prêtent plus de magnificence que de hardiesse. A mesure que mes yeux plongeaient dans son atmosphère embrasée, une idée de beauté toute semblable au génie athénien me venait de chaque point de l'horizon. Il me semblait que ce type de style, commun à Platon, à Thucydide, à Sophocle, avait pris une figure immobile dans les coupes de ces montagnes, et que le génie de Phidias avait lui-même courbé et arrondi les cimes du Pentélique et du Pœcile.

Nous rasions les bords du Pirée sans apercevoir

nulle part aucun signe de vie; pas une barque, pas un homme, pas un animal : un silence profond, comme si cette terre était complètement déserte. Au fond de l'anse blanchissaient les décombres du monastère Saint-Spiridion, qui a été renversé dans la dernière expédition. Au moment où nous allions y échouer notre barque, trois soldats turcs sortent d'une batterie construite à la droite sur la colline Munichie, et descendent précipitamment vers nous. Nous étions impatients de voir quel accueil ils feraient à nos Grecs. Arrivés à portée de voix, l'interprète leur crie que nous voulons parler à l'aga. Il saute à terre avec l'un de nous, et monte vers la redoute, accompagné d'un Albanais. Les deux autres restent pour nous garder, et s'éloignent vers une fontaine turque, où ils font leurs ablutions. Cependant des delhis passent près de là, au galop, suivis d'une meute de chiens, sans détourner la tête pour nous regarder. Après une demi-heure, l'interprète redescend avec de bonnes nouvelles. L'aga nous souhaitait la bienvenue; il allait nous envoyer un cheval pour porter nos bagages dans Athènes.

Nous nous établîmes en attendant sous une voûte du monastère. Des soldats errants s'arrêtaient et se pressaient autour de nous. Presque nus, l'air farouche et affamé, rôdant autour de nos provisions, ils finirent par s'en emparer, et un jeune

Égyptien tomba ivre sur un petit baril dont il avait fait choix. Tantôt ils se levaient, se renvoyaient l'un à l'autre un boulet qu'ils avaient déterré sous les décombres, tantôt ils faisaient quelques pas, tiraient un coup de fusil sur les pierres ou sur la mer, et venaient se rasseoir à nos côtés sans faire aucun geste, ni prononcer aucune parole. Quand un de nos matelots devait apporter quelque chose à terre, il était effrayé, tournait à chaque pas la tête derrière lui, affectait un faux air de confiance, et ne commençait à se rassurer que lorsqu'il avait regagné sa barque. Une fois l'un de nous s'éloigna à une faible distance ; les Albanais se dirent entre eux que nous étions des espions, auxquels il fallait trancher la tête, et l'interprète fut obligé de nous rappeler : j'eus ainsi le temps de les considérer de près.

Ils avaient la taille haute et d'une fierté singulière, la tête étroite et longue, le front élevé et pensif, les yeux sombres, sanglants, hagards, les épaules couvertes d'une peau de mouton, une ceinture armée de deux pistolets et d'un long yatagan; une tunique retombait jusque sur leurs genoux. Leurs jambes et leurs pieds étaient nus. Un long fusil, avec une crosse en fer, brillant et bariolé d'arabesques de cuivre, ne les quittait jamais, même lorsqu'ils s'asseyaient pour manger. J'étais frappé de l'air de préoccupation, de mystère et d'énergie intérieure qui se montrait dans tous leurs mouvements.

Après deux longues heures d'attente, l'aga nous envoya un cheval sur lequel nous chargeâmes nos provisions. Nous vîmes s'éloigner hors de portée de fusil notre barque, qui allait attendre notre retour en face du port, et nous prîmes les devants à pied et par un soleil ardent. En quelques minutes, nous atteignîmes les premières traces des longs murs. Elles s'élevaient au-dessus du sol à la hauteur d'une assise, laissaient de longs intervalles sans paraître, ou ne montraient que des pierres sorties de leur alignement et isolées à la distance de quelques pieds. Cette ligne se prolongeait dans un terrain marécageux, couvert au loin de hautes herbes. Des troupeaux de chevaux tout sellés y paissaient çà et là, sans qu'on vît aucun homme pour les garder. De loin à loin nous rencontrions les fossés et les retranchements construits par les Grecs dans la fatale entreprise où périt Karaïskaky. Les Turcs n'ont pas songé à en détruire un seul, et les palichares les retrouveront dans le même état où ils les ont laissés. Ces traces nous quittèrent, quand nous entrâmes dans la lisière de la forêt d'oliviers. A chaque pas, des masses d'arbres brûlés et étendus sous nos pieds interceptaient notre route. Nous la retrouvions en attachant nos yeux sur les colonnes du Propylée et du temple d'Érechtée, qui se distinguaient alors nettement, et blanchissaient à travers le feuillage.

L'Albanais qui nous accompagnait déchargeait son fusil en courant devant nous, à la face de quelques soldats endormis dans des mares, sous de hautes herbes ; ceux-ci se dressaient en sursaut, en se jetant sur leurs armes. Au bout d'une heure, nous sortîmes de la forêt, et nous entrâmes en rase campagne. Au pied de la colline du Musée, des cyprès élevaient leur flèche au-dessus des dômes des caroubiers et des sycomores. Nous traversions des champs de blé presque mûrs. Sur la gauche, non loin des jardins de l'Académie, la tour carrée d'Hadgi-Alli ressortait sous les ombrages des oliviers. La nature, au lieu d'être épuisée et morte, comme dans une partie du Péloponèse, semblait ici envelopper et couvrir de ses riches rameaux le grand tombeau dont nous n'étions plus éloignés que de quelques pas.

Une pente unie nous conduisit au pied d'un mur en terre, haut de dix pieds, et nous nous trouvâmes tout à coup dans cette ville assiégée et bloquée, sans que personne eût encore fait attention à nous. Je croyais être familiarisé avec l'impression des ruines, et je m'étais armé contre les séductions d'Athènes ; sa misère surpassa mon attente. Sur le revers de la montagne, où la ville s'élevait jusqu'à mi-côte, et dans le demi-cercle qu'elle traçait à sa base, des maisons en terre éboulées étaient roulées en tertres jaunâtres, où l'œil ne reconnaissait plus aucune forme. Celles qui étaient encore debout, les toits démantelés, les murailles entr'ouvertes, laissaient l'impression d'une destruction plus récente. Il en était qui n'avaient conservé que le seuil de la porte ou quelques degrés de petits escaliers en marbre. On me montra la place de celle de M. Fauvel. Tout avait disparu, excepté deux fragments de statue, deux colonnes cannelées, et une inscription sur un bas-relief : monuments touchants par où se faisaient reconnaître les foyers de notre antiquaire.

Nous marchions au pas de course à travers les masures, les cours, les jardins, sans suivre aucun alignement, n'évitant que les citernes, qu'on rencontre fréquemment, et quelques cadavres à demi couverts de terre, soulevés des deux côtés par des planches, et qui répandaient une odeur pestilentielle. Il fallut passer presque sans m'arrêter et sans les reconnaître devant le fronton d'un temple, sous un portique, dans une enceinte de pilastres. Je me sentais pénétré pour ces restes de ce respect qu'inspire une destinée qui vient d'échapper à de grands dangers. Une haute fortune en avait pris soin et venait de les sauver, comme s'ils étaient encore nécessaires au monde. Leur teinte dorée se détachait sur un terrain jonché de débris byzantins,

14.

vénitiens, arabes, d'où ils surgissaient rayonnants d'une immortalité nouvelle.

En descendant vers la partie basse, au-dessous du gymnase de Ptolémée, nous entrâmes dans une passe étroite, qui forme le bazar. Des deux côtés de la rue s'étendent horizontalement des branches de pin, dont l'ombre s'épaissit sur des mares d'une boue noire et croupissante. Quelques hommes pâles, armés jusqu'aux dents, sont assis dans cette obscurité, à côté d'une provision de lait caillé; d'autres jouent aux échecs, ou tiennent sur leurs genoux une espèce de mandoline, dont ils tirent de temps en temps un son faible et maigre. Des groupes de femmes esclaves, les seules que les Turcs aient laissées dans la ville, se tiennent debout et voilées, comme les chœurs des Suppliantes. Le silence morne qui règne de tous côtés est à peine interrompu par le bruit aigre, traînant, nasillard, des musettes d'une musique militaire. Des hibous, aveuglés par le soleil, battent de leurs lourdes ailes les murs d'une église byzantine, pendant que du haut d'un minaret une famille de cigognes reste immobile et penchée sur son nid. Des palmiers d'Afrique, qu'on s'étonne de rencontrer sur ce sol et qui semblent être des compagnons de l'émigration égyptienne de Cécrops, ajoutent à ce tableau l'impression du désert.

Nous nous arrêtâmes à la porte du bim-baschi;

elle était encombrée de soldats réguliers, qui composent aujourd'hui la population d'Athènes. Je trouvai le successeur de Périclès assis sur une natte, à l'angle d'un mur, dans une galerie extérieure. Une tête qui s'agite comme par ressort, et horizontalement sur un corps complètement immobile, des traits que de longues fatigues ont sillonnés et qui n'ont conservé que l'expression du meurtre, des regards que leur fixité ferait croire pénétrants, les accents d'une voix forte, brusque, impérieuse, tout cet éclat de dignité ne laissait pas d'être un peu compromis, en ressortant sur une muraille blanche, où la main d'un soldat a dessiné au charbon la caricature d'une frégate et d'un pacha. Le bim-baschi paraît avoir près de soixante ans. Il a fait la guerre d'Égypte avec le même rang qu'il occupe aujourd'hui. Il nous reçut froidement, sans nous demander qui nous étions, d'où nous venions, ce que nous voulions. On nous avait prévenus de la singulière manie que ce chef a contractée de raconter la bataille qu'il dit avoir gagnée contre Bonaparte aux Pyramides, et nous étions préparés à subir avec résignation le souvenir de ce désastre. Cette honte nous fut épargnée; il nous interrogea sans hâte et sans soucis sur le départ du général français, qu'il appelait le pacha de Modon, sur le nombre des troupes en garnison dans les places fortes, sur les desseins de *Capo-*

d'Istria, et sur les préparatifs des Grecs. La nouvelle de la prise de Lépante, que nous connaissions depuis un mois, ne lui était point encore parvenue, ou peut-être feignait-il de l'ignorer. De là il passa à de violents reproches contre un capitaine anglais, qui avait tenté d'emporter un fragment de statue sur sa frégate. On nous expliqua plus tard pourquoi ce Tartare faisait si bonne garde des marbres de Phidias. La vérité est que, peu de jours avant notre arrivée, le peuple s'était ameuté; il avait failli lapider deux Francs, sous prétexte que ceux qui achetaient aujourd'hui les pierres du chemin achèteraient demain la citadelle. Le bimbaschi se radoucit, et nous obtînmes sans peine l'autorisation de rester deux jours dans la ville, à la condition de ne toucher à aucune pierre. Il finit par s'informer avec intérêt du lieu où nous passerions la nuit. Nous ne pûmes nous empêcher de trouver quelque dignité dans le calme et l'hospitalité de ce geôlier d'Athènes.

En le quittant, nous fûmes recueillis par deux médecins français, que leur mauvaise fortune a attachés à la garnison; ils nous conduisirent prendre quelque repos auprès d'un Arménien dont ils avaient fait leur aide. Dénués de tout, même d'une lancette, on leur avait donné deux soldats pour les épier plutôt que pour les servir. Ils manquaient de pain et n'avaient point de solde. L'un d'eux sortait à peine d'un accès de frénésie, dans lequel l'autre lui avait lié les pieds et les mains. Entre plusieurs récits qu'ils nous firent, je fus frappé de l'atrocité d'un supplice que le bim-baschi avait fait subir quelque temps auparavant sous leurs yeux à l'un de ses prisonniers : cet homme, qui était un ancien scribe des environs, avait été écorché vif, des pieds jusqu'à la tête, et suspendu ainsi, par des crochets de fer enfoncés dans la poitrine, à un olivier, où il vécut tout un jour. Je tiens d'une autre source non moins certaine qu'un médecin, philhellène français, ayant été pris au Pirée par une bande d'Albanais, sa taille un peu replète les mit en joie ; ils le pendirent à un arbre, où ils le tirèrent à la cible toute la matinée.

Du milieu de ce spectacle de carnage, si je reviens à des monuments tant de fois décrits que ceux d'Athènes, mon excuse est dans l'époque où je les ai visités. Tant de dangers les menacent, qu'il est bon de constater encore une fois leur existence. La revue suivante ne peut donc être considérée que comme une reconnaissance rapide dans des jours de désastre. Ce furent nos hôtes qui nous servirent aussi de guides.

Le premier monument que j'aie remarqué en entrant dans la ville, à gauche du chemin et placé sur une petite éminence, est le temple de Thésée. Une des colonnes a été atteinte d'un boulet ; une autre de la foudre. Je ne sais quelle main pieuse a ceint cette dernière d'un cercle de fer. Ce vieux trophée de Marathon est encore un des restes les mieux conservés de l'antiquité. Le moment le plus glorieux de l'histoire athénienne a pris sous ce marbre une forme immobile et éternelle. En même temps que son péristyle dorique lui donne un caractère religieux et saint, le peu d'élévation au-dessus du sol, contre la loi constante des temples de reposer sur trois marches, le rapproche des flots du peuple. S'il est vrai que ce monument de Thésée a servi de modèle au Parthénon, ses proportions ont grandi dans la copie autant que le dieu l'emporte sur le héros.

Placé sur le chemin du Pirée, au milieu de la ville, presque confondu avec les édifices civils, le Théséum repose au sein de la nation qui s'en est fait un trophée ; au lieu que le temple de Minerve domine la contrée comme une pensée céleste, isolée sur le rocher de Cécrops. De l'un à l'autre, l'art s'est élevé jusqu'à l'impression de grandeur de la nature entière, personnifiée et circonscrite sous le type athénien.

Ce Thésée était lui-même la personnification de la race ionienne. Il en avait le génie ardent, vaniteux, inconstant, et l'histoire primitive de ces populations s'est résumée dans le poème de sa vie. Il apparut dans les champs de Marathon comme le génie d'Athènes, et c'est sous sa sauvegarde que fut placé l'honneur de cette journée. Je remarque à cette occasion qu'à la différence des modernes, jamais une gloire récente n'a nui chez les Athéniens à la gloire des temps passés. Loin que les âges historiques aient éclipsé chez eux l'éclat de la mythologie, ces deux époques se sont fait valoir constamment l'une l'autre. Les jeunes trophées de Miltiade étaient consacrés par les vieux souvenirs de Thésée comme le culte antique des vainqueurs des Amazones était rajeuni par la pensée du vainqueur de Darius.

Je n'ai pas cherché les cendres du héros que Cimon rapporta de Syros pour les placer dans le sanctuaire. J'ai mieux aimé examiner les bas-reliefs qui couvrent les Métopes. Déjà mutilés au temps de Stuart et de Dodwell, ils ne le sont pas davantage depuis les dernières guerres. Les têtes ont surtout attiré les coups des iconoclastes. Quant à l'importance de ces bas-reliefs pour l'histoire, c'est d'offrir pour la première fois l'alliance des travaux d'Hercule et des fables de Thésée. Voilà donc les deux représentants, l'un de la race dorienne, l'autre de la race ionienne, longtemps rivaux, qui s'unissent dans les sculptures de Micon. L'instant rapide où les populations grecques, jusque-là divisées, se réunissent en un seul corps contre l'Orient, vit ainsi sur les frontons du temple qui consacre leur liberté commune.

On nous montra près de là une statue qu'on venait de découvrir en remuant des décombres : c'était un torse colossal, terminé par une queue de poisson. Les parties inférieures de ce Triton semblaient n'avoir pas été achevées. Nous remarquâmes un peu plus loin un bas-relief nouvellement retrouvé. Il représente assez grossièrement le branchage d'un olivier. Autour du tronc se replie un serpent; je crus y reconnaître, dans une exécution byzantine, l'arbre symbolique de Moïse.

En descendant vers la droite, nous passâmes sous le portique dorique que Wehler prit pour les restes d'un temple de Rome et d'Auguste. Les inscriptions ont montré depuis que ce portique appartenait à la nouvelle place publique et n'a été achevé que dans les premières années du christianisme. Les quatre colonnes cannelées supportaient autrefois sur leur acrotérion la statue de Lucius Cæsar. Pendant longtemps une famille de cigognes s'est emparée de la place du neveu d'Auguste, et tous les voyageurs sont accoutumés à en donner des nouvelles, l'un après l'autre; elles ont fini par disparaître à leur tour. Dans le tumulte de ces dernières années, qui n'aurait cru comme elles les branches des forêts plus solides que les monuments d'Athènes?

Ce portique était caché et enveloppé par des murailles modernes, qui aujourd'hui sont renversées. Il se montre ainsi à découvert dans toutes ses parties. Je n'ai pu reconnaître si les arches que Stuart dessina dans une maison voisine existent encore. Pendant que je commençais à copier près de là un décret d'Adrien, qui marque la destination de tout ce terrain, je fus assailli de pierres par quelques soldats que je n'avais point aperçus : j'eusse été lapidé, si je n'eusse rejoint mes compagnons.

Je les retrouvai vis-à-vis d'un haut mur, sur lequel se détachaient sept colonnes corinthiennes. La couleur noire des pierres qui le composent le fait remarquer de loin. Vers le sud il est flanqué d'une église byzantine, dont la coupole s'appuie sur des colonnes et des pilastres antiques. Les uns veulent que ce soit le temple de Jupiter Olympien, d'autres le Parthénon d'Adrien ; enfin, il en est qui le prennent pour le Pœcile. L'incertitude de la critique montre bien le manque de caractère de cette architecture. Tel est le sort de tous les monuments des Romains dans Athènes ; l'histoire ne sait qu'en faire et quel nom leur donner. On reconnaît sans peine ceux de la guerre Médique ou de l'époque de Périclès, et l'on reste embarrassé de ceux d'Auguste et d'Adrien. Ceux-ci ne sont plus une création nationale, un accident nécessaire du sol, que tout explique et dont la tradition se perpétue comme d'un événement commandé par la nature même. Brillants amas de marbre, où ne respire ni idée, ni âme, ni conviction, il plut un jour à un empereur d'en faire des temples, des gymnases, des agora. Au milieu des longues et sévères colonnades d'ordre dorique, que la simplicité grecque a répandues sur son sol, les monuments des Romains, chargés plutôt qu'enbellis des ornements exagérés de l'ordre corinthien, ressemblent à des matrones de Juvénal, mêlées par hasard aux processions des vierges voilées d'Éleusis.

On me fit voir au sud-est de l'entrée de l'agora la tour octogone d'Andronicus. Sur ses faces sont sculptées les figures des vents qui emportent dans des draperies les fruits des diverses saisons. Stuart (1) a montré que cette tour était en communication avec la fontaine de clepsydre aux propylées, et servait à la fois d'hydromètre et d'horloge solaire. Il est singulier que Pausanias n'en dise pas un mot, puisqu'il en est déjà, ce semble, question dans Varron. Le pèlerin païen aura donné peu d'attention à un monument civil, qui, au reste, est le seul de ce genre dans Athènes, et dont la beauté est médiocre. Les Grecs seuls ont aimé l'art avec désintéressement, l'ayant beaucoup pratiqué pour leurs dieux et

(1) Voyez les notes de Creuzer sur la dernière édition des *Antiquités de Stuart*.

très peu pour eux-mêmes. Sans chercher à l'abaisser à leurs besoins de chaque jour, ils l'ont laissé se développer dans son monde héroïque et divin. Ils consacraient de merveilleux temples à leur pensée, et n'avaient pour leurs corps que de chétifs abris ; ils avaient les plus beaux portiques de l'univers, mais de misérables chaussées dans les campagnes, des ponts étroits et mesquins sur les rivières. Quand on parcourt le sol où ils ont vécu, et qu'excepté quelques murs d'enceinte, on n'aperçoit nulle part aucun reste de monument d'utilité publique, on dirait qu'ils se sont appliqués à effacer les vestiges de l'existence matérielle. Au contraire, les Romains ont abandonné les sommités de l'art au profit de l'économie sociale. Ceux-ci ne se vantent pas de leurs temples, de leurs statues, de leurs théâtres ; ils ont des villas, des aqueducs, des ponts qui aplanissent les montagnes et des voies éternelles.

En continuant à l'est, nous arrivâmes sur le penchant de la colline de l'acropole auprès du monument choragique de Lysicrate, plus connu sous le nom de Lanterne de Démosthènes. On a peine à concevoir comment cet édifice si frêle a résisté à la destruction, quand le monastère dans les murs duquel il était enclavé a été consumé et rasé jusqu'aux fondements. Quelques réparations y ont été faites nouvellement par M. Fauvel peu avant son départ. Une des colonnes reste vacillante et privée de son chapiteau ; la délicatesse des bas-reliefs est cause qu'ils sont fort altérés ; néanmoins on y reconnaît encore les pirates tyrrhéniens changés en dauphins par Bacchus, et l'excellence d'exécution des temps d'Appelle et de Lysippe. On sait que ce petit chef-d'œuvre a été érigé trois cent quarante ans avant l'ère chrétienne sous l'archontat d'Évanétus, en souvenir de la victoire remportée par les enfants de la Phylé Acamantide aux fêtes de Dyonisus. Il a lui-même la grâce et la naïveté de l'enfance. La petitesse de ses dimensions (il a cinq pieds et demi de diamètre), ses proportions légères, son toit arrondi en forme de coupe, la fleur de marbre qui le couronne, même quelques irrégularités dans son ordre, qui est le corinthien, tout contribue à lui donner le caractère et l'élégance enfantine d'une ode d'Anacréon. Ce n'est pas sans étonnement que je contemplais au pied du vieux rocher de Pélasge, et dans une scène de désolation qui renaissait à chaque pas, cette image de tout ce qu'il y a de plus charmant dans les prémices de la vie ; ce sourire de l'art grec me sembla de bon augure au sein de la détresse d'Athènes.

Le jour tombait ; nous revînmes monter à cheval près du bazar. Nos guides nous conduisirent à l'est dans la partie de la ville qui a conservé plu sieurs maisons turques. On nous fit traverser un grand espace vague, situé sur l'emplacement du Colyttos et du Prytanée, et que cernaient de toutes parts, comme un camp de sauvages, des huttes de feuillage et de terre. On en voyait sortir quelques paysans grecs, qui se font pardonner leur séjour en cultivant les champs des environs. Le centre était occupé par des troupeaux de bœufs. Une pièce de canon, la seule mesure de défense que nous eussions encore remarquée, était placée sur son affût en face de la porte, qui doit répondre à celle de Diomée. Des tombeaux de marbre, surmontés de turbans, la bordaient des deux côtés, et témoignaient qu'un grand nombre de chefs étaient morts depuis peu du typhus dans la citadelle. Nous prîmes à droite un sentier, au milieu de champs de blés très élevés, où les assiégés mettent leur plus grande espérance. Ils se préparaient à les faucher dans quinze jours, et, supposé qu'ils ne fussent pas prévenus par les maraudeurs de Lepsine, leur subsistance était assurée encore pour tout l'hiver.

La brise de mer s'était levée ; elle agitait au loin ces champs de blé, sous lesquels est cachée la ville d'Adrien. Cette verdure mouvante nous rendit plus frappant le groupe des colonnes du temple de Jupiter Olympien. Au milieu des images champêtres qui les environnent, elles donnent l'idée de hautes gerbes de marbre, qu'un moissonneur divin a oublié d'emporter dans son aire. Arrivés à leur pied, nous en comptâmes treize, réunies entre elles par des architraves; trois autres étaient isolées dans la direction du sud-ouest. Jusqu'où la main peut atteindre, leurs cannelures ont été rompues pour être réduites en chaux. Elles étaient d'abord au nombre de cent vingt, de soixante pieds de haut sur six et demi de diamètre, et formaient un diptère, qui joignait à l'élégance attique l'immensité orientale. Plus grand que tous ceux de la Grèce, ce temple ne le cédait qu'à celui de Diane d'Éphèse. Dans sa cella, une statue en or et en ivoire égalait les colosses de Rhodes et de Rome. Pour couronner cet œuvre, il avait fallu sept siècles; c'est-à-dire que, tant que l'histoire d'Athènes avait duré, il avait continué avec elle de s'agrandir et de changer. Il ne fut achevé que lorsque la destinée nationale fut elle-même close; étant de ce petit nombre de monuments qui, dans leur progression épique, aussi vieux dans leurs fondements qu'une race autochtone, toujours repris et toujours incomplets, sont la mesure et l'image de l'existence entière du peuple qui les érige. Le vieux temple, commencé par Deucalion, refait par Pisistrate, enrichi par les rois de Macédoine et les successeurs d'Alexandre, dépouillé par Sylla, consacré par Auguste, est terminé par Adrien. Représentation visible de l'histoire du génie des races helléniques, qui, d'abord tout sacerdotal, s'élève à l'art, s'agrandit de la conquête de l'Orient, et s'achève dans l'empire romain.

On a mis en doute si le temple construit par Adrien occupe le même emplacement que celui dont parle Thucydide; quelques archéologues n'ont fait aucune difficulté d'en reconnaître deux de différentes époques. La tradition, suivant laquelle Deucalion avait lui-même consacré dès l'origine une nef à Jupiter à la place où s'éleva celle de l'empereur romain, prouve assez que ce sol avait été sans intervalle la propriété du dieu. On ne change pas à son gré des fondements ainsi révérés. En outre, des traditions semblables s'appliquaient à tous les temples de Jupiter, et en rejetaient les origines jusque dans les temps homériques. Celui d'Olympie avait été fondé par Érechtée, celui de Dodone par les Pélasges, celui d'Égine par les Thessaliens d'Éaque; c'est-à-dire que tous remontaient à l'ère de la domination achéenne; et comme le caractère de cette époque est de ne montrer encore aucune individualité de tribus, mais seulement l'esprit général qui les emporte toutes, il en est ainsi du culte qui les domine. Quand les populations, en se développant, reçurent une forme distincte, non seulement elles adoptèrent un dialecte et des institutions propres, mais chacune résuma son histoire dans une divinité nationale à laquelle elle se voua d'une manière particulière. Les Doriens donnèrent à l'Apollon leur caractère mystique. Neptune eut la vie agitée et les formes inconstantes de la race ionienne. Le génie de l'Attique se personnifia dans sa Minerve; l'histoire ténébreuse de Thèbes se résuma dans les mystères de Bacchus cadméen. Jupiter seul continua de répondre à la grandeur native de la Grèce entière. Le plus vaste de tous, le moins fixe dans sa forme, il réfléchit dans son immensité la vie de tous ces peuples encore mêlés et confondus, il fut le lieu de la mythologie où ils se rencontrèrent, partout ailleurs opposés ou divers.

Une tradition moderne prouvait, il y a quelques années, qu'un intérêt populaire s'attachait encore à ces ruines. Quand l'une des colonnes fut renversée par la mine, les Raias qui avaient leurs cabanes aux environs crurent entendre chaque soir un long gémissement sortir de ces marbres. Ce regret poétique devint si vif, que l'autorité turque fut obligée de lui sacrifier le vayvode qui avait laissé abattre la colonne.

Pour nous, nous n'entendîmes que le souffle du vent dans les herbes, et les hurlements des chiens sauvages qui s'élançaient jusque sur les croupes de nos chevaux. En peu d'instants nous descendîmes par une pente presque insensible vers le lit de l'Ilissus. Il est si encaissé dans un fond de verdure, son murmure est si faible, ses bords sont si rapprochés, qu'on ne l'aperçoit qu'en le touchant. Son cours est tracé dans la plaine par les ondulations de petits buissons d'arbousiers, sous lesquels il a l'air de se cacher, tout honteux de sa gloire. C'est là qu'il traîne sans bruit, sur un sable fin, un filet d'eau de quelques pouces de profondeur, mais d'une limpidité parfaite. Malgré les avertissements des voyageurs, je n'avais pas réussi à m'en faire une image assez humble. A grand' peine a-t-il une toise de large; même ses bords encaissés au milieu de la plaine, qui laissent peu ou point de traces d'alluvions récentes, et la disposition d'un pont dont on voit encore des restes, prouvent, malgré d'autres inductions, que son urne était déjà avare aux anciens jours de la Grèce. Nous nous arrêtâmes quelques instants à regarder son eau couler aux rayons de la lune, qui venait de se lever sur les sommets de l'Hymette. Comme au temps de Cécrops, il poussait lentement à la mer quelques feuilles de myrtes et d'arbousiers. Involontairement j'attribuais à cette onde fugitive un vague souvenir des choses qu'elle réfléchit dans son sein. C'est ce sentiment obscur que les races d'hommes traduisent dans leur langue, en prenant les fleuves de leur contrée pour les chefs et les premiers héros de leur histoire.

Nous cherchâmes inutilement les platanes qui ombrageaient près de là le lycée d'Aristote. De l'autre côté du ruisseau, nous gravîmes les petites collines d'Agræ, fauves, couvertes d'une herbe desséchée, mais où Diane a fait sa première chasse. Un enfoncement naturel y forme le stade où s'épuisèrent les mines du mont Pentélique. Il ne reste plus une seule pierre, tous les marbres ayant été réduits en chaux. Je ne comprends pas que Pausanias donne à ce stade la figure d'un croissant. Ses deux côtés, qui s'allongent parallèlement sur un espace étroit, et se terminent à l'est par un arc de cercle, montrent assez qu'il n'a jamais pu avoir cette forme. Il est encore plus étonnant que les cartes de Barthélemy le placent sur la rive droite de l'Ilissus.

Nous rentrâmes dans la ville par le même chemin que nous venions de suivre. La lune était alors au haut du ciel. Quelques-uns de ses rayons argentaient sur la gauche les grèves de la mer, qui elle-même se reposait après la longue agitation du jour. La montagne de l'acropole était enveloppée d'un rideau de vapeurs bleuâtres que soutenaient çà et là des fûts de colonnes et des pans de murailles. La brise apportait une odeur d'orangers. Même ce faible bruit que l'on entend à l'approche des villages avait cessé. On eût dit que le songe voluptueux de sa gloire passée tenait assoupies toutes les douleurs d'Athènes.

Combien dans cette nuit, malgré sa détresse, Athènes me sembla plus belle, plus touchante, plus riche que Rome avec ses villas et le bruit de ses fêtes! La plupart des voyageurs qui m'ont précédé se sont plaints que l'impression sérieuse des ruines fût troublée par le babil de la ville moderne. Je considère comme une bonne fortune, d'avoir visité la ville de Minerve dans ces temps de désastres. J'eusse pu me croire arrivé le lendemain de l'incendie de Xerxès ou des massacres de Sylla. Privée de ses habitants, livrée à un maître étranger, tout, dans Athènes, réveille les pensées d'un autre temps. Même ce qu'il y a aujourd'hui de moins triste chez elle, ce sont les ruines. L'œil, fatigué d'errer sur un sol brûlé par l'incendie, sur des décombres, sur des huttes de branches de pin, cherche, pour se reposer, les colonnes et les murailles de l'antiquité. Le nuage ne les couvre pas comme les nôtres de son lourd manteau. La pluie ne tombe pas goutte à goutte de leurs pans démantelés; ni le lierre ni la bruyère ne s'échappent de leurs fissures. Leurs lignes droites conservent encore une forme nette, décidée, où rien ne montre ni vieillesse ni décrépitude. Leurs assises sont interrompues, non usées, ni croulantes. Je ne parle pas de leur couleur rosée, où les premiers rayons du jour se sont déposés dès l'origine. Loin qu'elles recèlent sous leurs pierres noircies les ténèbres du passé, on croirait toucher un flot de lumière qui s'est revêtu d'une beauté immobile et palpable. La jeunesse éternelle du génie attique s'est transmise à ses ruines ; jusque dans sa chute il garde la grâce et l'éclat de la victoire. De tout cela résulte une impression singulièrement mâle et forte, où le sentiment de l'héroïsme tient la place des rêveries romanesques qu'éveillent les monuments du Nord.

Le lendemain nous étions à la pointe du jour sur le chemin du bourg d'Acharnæ. Nous traversâmes sur la gauche le lit desséché du Scirus. Là nous laissâmes la route tracée, pour nous jeter à travers des terrains vagues et incultes. Un peu en avant s'étendait le bois d'oliviers. Des tours, des maisons carrées, disséminées sur la lisière, heurtaient de leur teinte jaunâtre la verdure pâle de la forêt ; ces habitations, quoique désertes et à demi détruites, donnaient un singulier air de vie et d'élégance à tout ce voisinage de l'académie. Nous atteignîmes les deux petites éminences du bourg de Colone, distantes l'une de l'autre d'environ deux cents pas. Quand Œdipe vint y terminer sa vie errante, elle étaient couvertes de lauriers, d'oliviers et de vignes ; les Furies y faisaient leur séjour, probablement ensevelies dans les mines d'airain dont parle le scoliaste : aujourd'hui le vieillard de Thèbes n'y trouverait plus même le poirier sauvage sous lequel il cacha sa mort.

Sur la moins haute de ces buttes on voyait le temple de Neptune, ordinairement situé au bord des flots, sur les promontoires de Ténare, d'Égine, de Trézène, ou sur l'isthme, en vue d'une double mer. Ce devait être ici une rare poésie que ce dieu de l'Océan, encore tout trempé des eaux de la mer et transporté dans l'obscurité de ces bois. On lui donnait dans cet endroit le nom d'Hippius, et on lui attribuait la gloire d'avoir le premier dompté le cheval, peut-être par cette analogie que saisissent tous les peuples primitifs (1), entre des flots qui se hérissent d'une crinière d'écume, et un cheval qui se courbe comme l'onde ; peut-être aussi parce que le cheval avait été transporté en Grèce sur des vaisseaux, et qu'il paraissait être un don de la mer.

A la place de l'un de ces temples s'élevait, il y a encore peu d'années, une petite église qui a disparu aujourd'hui. C'est au pied de ces éminences que naquit Sophocle ; Platon s'y retira à la fin de sa vie. C'est aussi là que fut convoquée, dans la guerre du Péloponèse, l'assemblée où Périandre fit abolir la constitution démocratique d'Athènes ;

(1) C'est ainsi du moins que, dans l'Edda poétique, les vaisseaux en pleine mer sont des chevaux d'Odin, qui se couvrent d'écume, qui hennissent et bronchent sur les flots, etc. (*Eddische Lieder*, *von* Grimm : *Saga von Norna-Gest*, p. 137.)

résolution importante malgré son peu de durée, puisqu'elle montrait que le génie de Sparte pénétrait avant ses armes dans les murs de Périclès.

Nous redescendîmes dans la plaine, et nous suivîmes au nord des sentiers ombragés. Des deux côtés étaient des champs, que des paysans grecs labouraient tranquillement ; des delhis à cheval les traversaient au galop dans la direction de Thèbes. On entendait au loin des coups de fusil. Après avoir passé quelques murs en terre qui bordent le chemin, nous arrivâmes aux bords du Céphyse. Son cours, bordé d'oliviers, de touffes de myrtes et de vignes sauvages, est encore plus caché que celui de l'Ilissus ; mais il a plus d'eau et une eau plus courante. En hiver, il inonde une partie de la plaine. Un petit pont à deux arches est suspendu sur son lit, qui, un peu plus bas, n'a que trois pieds de largeur. Strabon dit qu'il a son embouchure sur le rivage de Phalère. Comme nous ne l'avons nulle part rencontré en venant du Pirée, il faut qu'il se perde aujourd'hui dans les marais formés au nord de ce dernier port.

En marchant à l'est, nous vînmes mettre pied à terre dans le village de Padischah. Il ne répond à aucun bourg fameux de l'antiquité ; mais il était connu par ses jardins et ses belles plantations de cyprès, qui sont aujourd'hui dévastées. Pendant que nous déjeunions à la porte d'une cabane grecque, des soldats réguliers, armés d'un fusil de fabrique européenne et de deux pistolets d'arçon à la ceinture, formèrent le cercle autour de nous. Ils se distinguèrent des hommes errants que nous avions trouvés au Pirée par une froide et morne réserve. Des enfants de quatre à cinq ans se glissèrent à travers leurs rangs, pour venir auprès de nous ; mais à peine nous leur eûmes donné quelques morceaux de pain, qu'ils se sauvèrent à toutes jambes pour les dévorer dans leurs huttes de roseaux. Nous ne vîmes pas d'autres habitants. Avant de rentrer dans la ville, on nous conduisit, à gauche de la route de Thèbes, dans un champ couvert de têtes humaines. Les cadavres étaient cachés sous de hautes herbes. Tous les crânes qui blanchissaient sur le sol, détachés des corps, étaient là depuis plusieurs mois. Ce sont les restes des prisonniers faits par la garnison. Nous savons néanmoins que les hommes pris dans les dernières attaques, et notamment dans celle qui a précédé de deux jours notre arrivée, ont été conduits sains et saufs jusqu'à Négrepont.

Mais le Parthénon ? allez-vous dire ; les statues de Phidias ? les Propylées ? n'en parlerez-vous pas ? En quel état les avez-vous laissés ?

— Je ne les ai pas vus.

— Quoi ! partir d'Athènes sans avoir vu la maison de Minerve ? Cela se peut-il ?

Il fallut m'y résigner. Le Parthénon, changé en citadelle, fut le seul point que le bim-baschi m'interdit de visiter. Combien de fois pareille chose ne m'est-elle pas arrivée dans d'autres circonstances de ma vie ! Combien de fois je suis resté au pied du sanctuaire sans avoir pu franchir le seuil ! Je voudrais me consoler de cet échec en me disant qu'il m'est commun avec tous les hommes ; puisque tous nous visitons Athènes sans entrer dans le sanctuaire de la sagesse et sans en rien rapporter.

Il était trois heures quand nous rentrâmes dans la ville. L'intervalle de deux jours qui nous avait été accordé allait expirer, et l'interprète nous pressait de ne pas attendre le coucher du soleil. Il y eut quelques difficultés pour les chevaux, que deux Arabes nous amenèrent. Un jeune Grec se mit à courir à côté de nous pour nous servir de guide, et nous passâmes de nouveau aux pieds de l'Aréopage et du Pnyx ; mais, au lieu de suivre le chemin de la veille et les longs murs, nous voulûmes prendre à droite, dans une autre partie de la forêt que celle que nous connaissions. Des arbres brûlés et couchés sur le sol arrêtaient à chaque instant notre marche. Nous perdîmes le sentier et nous ne le retrouvâmes qu'après avoir revu le Céphyse. Il coule en cet endroit à fleur de terre, dans une plaine découverte qui doit sa fraîcheur aux débordements du ruisseau en hiver. Je m'amusai à poursuivre au galop des sarcelles qui se baignaient sur ses rives et qui ne fuyaient qu'à une trentaine de pas. A mesure que le moment approchait de quitter le sol d'Athènes, chaque image que le hasard me présentait me devenait plus précieuse. Un peu plus loin nous passâmes à côté d'un corps de cavalerie. Les chevaux s'abreuvaient dans le ruisseau ; les hommes étaient assis sur l'herbe, nous tournant le dos ; ils ne firent pas mine de nous apercevoir. Nous traversâmes avec peine des marais, formés au fond du Pirée par les cours d'eau du mont Ægalée. Notre barque, qui nous attendait au milieu du port, nous avait déjà aperçus, et faisait force de rames pour aborder. Le même groupe d'Albanais qui nous avaient accueillis la veille nous avaient précédés dans les ruines du monastère. Les uns retirés sous les voûtes, les autres debout et errants au haut des tours, tandis que l'obscurité du soir augmentait par degrés, ajoutaient une singulière tristesse à ce départ. Pendant quelque temps nous les vîmes encore s'agiter, passer leurs fusils à travers les brèches des murailles, grimper sur les décombres, à mesure que nous nous éloignions. Enfin le rivage et les masses blanchâtres de l'acropole se confondirent dans une même ligne humide, qui se balançait avec notre caïque, qu'un fort vent d'ouest commençait à contrarier.

Après quelques efforts pour lutter, le vent continuant de nous barrer le chemin, on cargua la voile ; les matelots proposèrent de se laisser dériver sur les côtes de Salamine. Mais, au lieu de les atteindre, la lame nous poussa sur le petit îlot de Psyttalie. Il est désert, sans traces de végétation, et sa forme est celle d'une écaille de tortue. A dix heures du soir, nous trouvâmes justement sur ses bords un creux de rocher pour nous y échouer et y passer la nuit. Nous étions alors précisément au centre de bataille de la flotte de Xerxès. Le front de ses lignes s'étendait un peu en avant. C'est dans cette île qu'avaient été placés avant l'action quatre cents barbares, qui furent égorgés par Aristide.

Dans cette journée la Grèce accomplit l'œuvre de sa destinée. Pour la première fois la lutte était engagée corps à corps entre le génie immobile et jusque-là tout-puissant de l'Asie et l'esprit novateur des races helléniques ; la victoire fut incertaine jusqu'au soir. Mais, quand les galères du grand roi, ébranlées par l'orage, commencèrent à gémir et à se heurter sur cet îlot de Psyttalie, il parut bien que la conduite de l'univers allait passer à d'autres mains. Pendant que le colosse de l'Orient, mutilé et ruiné, rentrait pour toujours dans le fond de ses temples, Sophocle, encore enfant, couronné de feuillage, célébrait par ses danses, sur le promontoire opposé, l'émancipation de l'adolescence du genre humain.

Cette nuit fut une des plus belles que j'aie vue en Grèce. Pas une étoile ne manquait au ciel. Notre écueil nous couvrait contre la vague qui venait mourir à nos pieds. Un de nos matelots murmura un chant plaintif, qui avait quelque ressemblance avec le murmure étouffé du vent dans un récif. Un autre ramassait des coquillages sur la grève. Notre caïque, caché dans l'ombre du rocher, était entouré de mille petites langues de feu, qui tantôt s'attachaient au bord de l'île, tantôt rasaient la surface de l'eau, ou plongeaient à quelques pieds et étaient là plus lumineuses qu'en pleine mer. Le flot était brisé et mort. Fatigué de ces deux journées, après avoir encore un peu pensé à la grandeur et à la solitude de ces lieux, je finis par m'envelopper de ma capote et par m'endormir avec l'équipage, appuyé contre le mât, et ayant la grande ourse presque au-dessus de ma tête (1).

---

(1) Il y a plusieurs raisons pour qu'Athènes devienne la capitale du nouvel État grec. La principale est que, la puissance réelle de cet État se trouvant dans sa marine, la ville du Pirée serait au centre même de la force nationale. La nature lui a donné le Négrepont pour retranchement indispensable du côté de la terre.

Les clefs de la place sont au sommet de la colline du Musée, qui n'est séparée de la face du sud de la citadelle que par un ravin. Dans l'antiquité, cette éminence a toujours été enfermée dans l'enceinte de la ville et fortifiée dans les moments d'alarmes. La première œuvre d'une administration militaire serait d'y construire un ouvrage avancé. Les Turcs n'y ont pas même un poste.

CHAPITRE XII.

LES CYCLADES. — LE GIAOUR. — SYRA. — LES ÉLECTIONS. — RETOUR.

Tant que durèrent les fêtes de Pâques, aucune barque ne quitta le port. Pour sortir de l'île, je m'embarquai sur un trabacolo dalmate, qui me fît regretter souvent les felouques d'Hydra. Après avoir longé la Morée, sans avoir trouvé rien à vendre que quelques patates à Patras, ce petit bâtiment allait porter sa cargaison dans les îles de l'Asie Mineure. L'équipage, que le capitaine réduisait à la famine, menaçait constamment d'abandonner son bord. Les uns et les autres se promettaient de se venger sur la Grèce par la renommée qu'ils allaient lui faire, de retour à Trieste. Du reste, ils avaient pris sur une grève pour pilote côtier un pirate et renégat de Rhodes. Cet homme, d'une rare beauté, avait été blessé à Navarin sur une frégate turque. Depuis ce temps il gardait à Ibrahim une fidélité fanatique. Errant dans la Morée, il avait attisé partout sa haine contre ses compatriotes. Maintenant il espérait rentrer dans la flotte égyptienne, et y trouver encore une occasion de se battre contre eux. Nos matelots dalmates s'amusaient de sa fureur concentrée et de ses longs soupirs, toutes les fois qu'au gouvernail il tournait les yeux à l'arrière vers le Péloponèse. Au milieu des querelles de l'équipage, le calme sombre de ce pilote, son désespoir contenu, sa beauté même, ses cheveux noirs et bouclés, ses yeux fixes et durs, sa préoccupation d'une unique pensée, annonçaient un de ces renégats qui ont fourni à Byron l'idée du Giaour, du Corsaire et de Lara.

Nous restâmes toute la journée par le travers de Poros. Le soir une brise nous poussa, à minuit, entre le cap Sunium et la pointe de Zéa. Quand le jour parut, nous nous trouvâmes en calme au milieu des Cyclades. A l'avant, la longue crête d'Andros, qui s'élève et s'abaisse comme la crinière d'un cheval marin, était suspendue au cap de Négrepont, et de l'autre côté à Tinos, qui en semble le prolongement. Syra, Trémia, les flancs plus abrupts de Dziria, la ligne aplanie de Zéa, semblaient autour de nous autant de vapeurs bleues qui rasaient nonchalamment la mer, d'ailleurs si légères et si diaphanes, que j'aurais cru que le soleil levant allait en un instant les dissiper. Dans ces longues journées où la voile frappe de tout son poids contre le mât, où l'équipage reste endormi à fond de cale, où le flot sous la quille se recouvre à peine de quelques floques d'écume, le repos de la mer, la monotonie des terres, causent une inexprimable langueur. Mais, pour peu qu'une brise vienne à souffler, tout cet horizon s'émeut aussitôt. Les îles se bercent sans se désunir ; partout où le vent vous conduit, vous êtes au centre d'un cercle nouveau ; cela me rappelait les chœurs de danse de mes hôtesses d'Égine, que j'avais vus se balancer ainsi, pendant une nuit entière, sans jamais se rompre. Il faut que cette illusion soit ancienne, puisque c'est elle qui a donné leur nom à ces îles ; je m'imagine que quelque matelot dans l'antiquité, en les regardant de cette même place, aura involontairement songé au chœur des Heures qui se bercent et se donnent la main autour du temple de l'Apollon de Délos.

Le 30 avril il s'éleva un vent violent de sud-est ; pendant deux jours, il nous fit faire fausse route, et faillit échouer notre massif embargo sur plusieurs de ces côtes. Le troisième jour au soir nous finîmes par nous jeter dans une anse d'Andros. Ce petit port, qui a été longtemps le repaire des pirates de l'Archipel, se signale de loin par deux rochers blancs. L'entrée en est semée de brisants à fleur d'eau. Notre pilote les évita avec l'indifférence d'un homme accoutumé depuis longtemps à ce parage ; il nous fit jeter nos trois ancres dans un étroit amphithéâtre de montagnes boisées, sur un fond de moins de cinq brasses. Derrière nous les vagues

bouillonnaient avec fureur dans un long canal.
Quelques maisons basses, adossées à la grève, ruisselaient de l'écume que le vent chassait sous leurs portes à plein cintre. Les habitants, du plus loin qu'ils nous avaient aperçus, étaient venus s'asseoir en cercle sur le rivage ; à voir ce mélange de couleurs et d'habits bigarrés, on aurait dit de notre bord des fleurs marines arrachées et amassées là par le sirocco. En approchant d'eux, nous apprîmes qu'ils observaient entre eux, et avec nous, une espèce de quarantaine. La peste était dans l'île.

Par delà le village, sur une haute crête, le soleil à son couchant effleurait les créneaux et les tours d'un monastère. Cette citadelle religieuse s'accordait parfaitement avec la renommée toute martiale des trois cents caloyers d'Andros. Je ne sais comment leurs ancêtres, dans la guerre médique, quand Thémistocle vint demander le tribut, eurent l'audace de répondre que la famine et la disette ont été de tout temps les deux divinités protectrices du pays ; car il y croît de belles moissons jusque sur le bord de l'eau. Mais tel est le génie de ces îles. Éternellement indécises entre l'Europe et l'Asie, depuis les temps de Xerxès jusqu'à ceux d'Ibrahim, sans histoire et sans passé, tout leur effort a été dans les âges héroïques de se réveiller de leur indolence pour couronner un jour d'un rêve de poésie les cimes de leurs côtes.

La tempête continua durant la nuit, et le lendemain, dès que le vent tourna à l'ouest, nous partîmes, et à midi nous étions déjà à la barre du lazaret de Syra. Une foule de petits bâtiments à l'ancre annonçaient de loin que ce port deviendra pour l'Archipel ce que celui de Délos était dans l'antiquité. Plus de vingt mille étrangers se sont réfugiés sur ce rivage désert, il y a quelques années. Les anciens possesseurs de l'île, qui appartiennent au rite latin, se tiennent confinés sur leurs sommets, et n'ont aucune communication avec la nouvelle ville grecque. Au bas sont ces fameux chantiers, où des ingénieurs, sans études, construisent avec les bois de Prévésa les bricks ailés de la Grèce, les meilleurs voiliers du monde. Quand on arrive du continent au milieu des petites rues du bazar, on est tout disposé à admirer les amandes de Chio, les vins de Naxos, les raisins de Patras, les huiles et les soies de la Morée, les cordages de l'Olympe, le tabac de Volo, les riz d'Alexandrie, les laines de la Romélie.

Depuis les côtes jusqu'au sommet, l'île forme un cône parfait sur lequel la ville grecque et latine grimpe en spirale; à mesure que l'on s'élève de cercles en cercles, l'activité et le bruit diminuent. Le mugissement de la haute mer, le clapotement des rivages, le retentissement des chantiers, le fracas du port, le brouhaha du bazar, le cri des moulins à vent, le bruit plus léger des pavillons des consulats ; puis, si l'on atteint plus haut à la région de la population latine, le murmure endormi du fuseau d'une femme accroupie à sa porte, la plainte d'un capucin quêteur, se succèdent sans intervalle, et à la fin, si l'on gagne le sommet de l'île, tous ces bruits s'effacent et disparaissent dans la cellule d'un ermite de Gênes, qui, seul dans le couvent français, regarde tout le jour, sans y songer, les brigantins et les goélettes qui glissent à ses pieds, de la grosseur du gland de son bourdon.

Il se trouva que j'arrivais précisément pour assister aux élections de la ville basse. Elles auraient dû être closes le dimanche précédent ; mais, soit dépit, soit indiscipline, l'assemblée, au lieu de nommer des électeurs, avait proclamé Capo-d'Istria député, électeur, dictateur, à son choix. Depuis, les esprits s'étaient calmés ; les populations avaient été partagées, et l'on ne parlait plus qu'en souriant et la tête baissée de ce coup d'État de palichare.

Dès le matin, la cloche de Saint-Georges appela les réfugiés de Chio à l'église, pour y reprendre de nouveau l'œuvre de la dernière semaine. Du porche où l'on se réunissait, les regards rencontraient Délos, Myconi, et, à droite, les teintes plus pâles de Naxie et de Paros. L'intérieur de l'église, que soutiennent de grandes colonnes torses, en forme de candélabres, était déjà encombré. Les démogérontes me firent asseoir à leur table. Quand chacun eut fait inscrire son nom, le rideau du chœur s'ouvrit; il en sortit un prêtre entouré d'enfants et de flambeaux. Il apporta le livre de l'Évangile, et commença quelques chants nasillards, auxquels toute l'assemblée répondit par de vifs battements de mains. Il lut ensuite en tremblant le serment, que répéta ensemble, et par trois fois, la foule des assistants. Ces matelots à demi nus, autour des spirales des colonnes, sur les degrés de la chaire, dans la haute stalle de l'archevêque, ou appuyés contre les fresques dorées du chœur, la main droite tendue sur l'Évangile, tous ces yeux qui perçaient la figure éteinte et stupéfaite de ce vieux caloyer, le souvenir des désastres que cette scène réveillait, tant chacun mettait de sérieux dans le moindre mouvement, tout cela formait un tableau digne d'être retracé par un grand peintre. Le prêtre devait ajouter une instruction verbale à la cérémonie. Mais ce vieillard, nouvellement sorti de quelque monastère, était déconcerté de ce qui se passait autour de lui; il tournait des regards suppliants sur la muraille, il finit par se derober et se cacher sous les manteaux des démogérontes; c'est ainsi qu'en toute rencontre l'Église grecque s'abstient des honneurs que l'État veut lui rendre.

Un groupe de primats, dans leurs cafetans, s'agitaient et tempêtaient sous le porche. Çà et là quelque capitaine d'une haute taille accourait machinalement au moindre bruit. Quant au peuple, sans avoir l'air de s'inquiéter ni des uns ni des autres, et sans jamais proférer une syllabe, il paraissait uniquement occupé de la pensée de ne rien faire que de bienséant et de conforme aux bons usages. Les pieds nus, la tête découverte, les matelots venaient à la file, lentement, silencieusement, déposer dans deux cartons leurs boules de sapin à la barbe de quelques fanariotes. A la fin on ouvrit les lettres de plusieurs familles disséminées à Égine et dans d'autres lieux, et qui envoyaient ainsi leurs suffrages. Toutes les décisions furent prises à la presque unanimité ; les applaudissements éclataient à mesure qu'un démogéronte proclamait un nom nouveau, qui se trouvait toujours choisi avec un singulier discernement parmi ceux que des habitudes européennes et quelque reste d'aisance tenaient également éloignés des intrigues des primats et de l'ignorance de la foule.

Ainsi on voyait là une population vagabonde, celle de Chio, depuis plusieurs années privée de son territoire, et qui nommait tranquillement ses juges, ses officiers municipaux et ses représentants. Je ne sais s'il y a rien au monde de plus respectable que la foi dans l'avenir que ces hommes puisaient dans l'excès même de leurs malheurs. Les précautions naïves que chacun mettait à l'exercice de son droit montraient assez quelle valeur il y attachait. Mais le soir, quand, les portes fermées, tout le monde attendait religieusement les paroles définitives du démogéronte, que serait devenu ce grand calme, si un étranger nouvellement débarqué eût crié par les fenêtres de l'église : Pauvres gens, jetez au vent vos boules de sapin, vous n'avez ni feu, ni lieu. Il est écrit à six cents lieues d'ici que ni vous, ni personne des vôtres, ne reverrez jamais la poussière de votre île.

L'intérieur de l'île de Syra est formé de cônes d'un calcaire semblable au marbre. Dans les plis des rochers sont ramassés des bouquets de figuiers, des vignes, des plateaux d'orge. Il y a aussi des puits et de l'eau à presque toutes les élévations, ce qui n'empêche pas que la campagne ne soit presque déserte et très sauvage. Du sommet on domine tout l'archipel. Une pluie de mai presque imperceptible tombait en rosée sous un soleil ardent ; la brise dormait dans les cavernes ; entre les promontoires de Syphno, de Thermia et de Naxie, se déroulaient à l'horizon des bandes bleues semées de quelques voiles blanches qui se penchaient comme un lis ou une anémone des champs sur un sillon d'azur.

Le seul nom d'homme que l'île ait laissé appartient à l'histoire des plus hautes contemplations de poésie et de philosophie. Sur ce même sommet, Phérécydès rassembla, le premier, dans une prose cadencée, les hymnes d'Orphée. Disciple de Thalès et maître de Pythagore, il faisait là, du haut de la civilisation mixte des Cyclades, le lien entre le génie de l'Ionie et le génie de la grande Grèce.

En général, la philosophie a commencé et fini à l'écart dans le monde réfléchi des colonies. La Grèce antique projette loin de soi, dans sa philosophie, l'ombre de sa pensée sur les côtes de l'Asie, de l'Italie, de la Sicile. C'est là que passent et repassent, au fond des âmes, dans la grotte de Thalès, dans l'antre d'Empédocle, ces prodiges d'idées, ces songes tout divins, ces harmonies sans voix, retentissement muet de l'histoire et des hommes sur la rive opposée.

Cet univers mystique, cet être de raison, qui se croit éternel, se rassemble avec les races d'hommes, se dissipe avec elles. Colosse aux mille pieds que l'Orient a formé, il éclate en systèmes hostiles l'un à l'autre, avec les dialectes, les tribus, les ligues des villes et les ordres divers des colonnes et des temples.

En même temps que l'épopée de l'Ionie et l'hymne des Doriens s'unissent dans le drame attitique; les écoles opposées de philosophie affluent et se rencontrent dans les dialogues de Platon. A peine rassemblées, ces écoles se dispersent avec l'héritage d'Alexandre, comme un vanneur disperse sa moisson. Quand, à la fin, la Grèce, l'Orient, Rome, sont près de disparaître, ce vieux monde social se réfléchit encore au loin dans les systèmes d'Alexandrie : lambeaux d'idées, de croyances et de doute, sciences qui croulent l'une sur l'autre, souvenirs du monde naissant, rayons de l'art grec, mêlés aux visions d'un mourant ; telle fut la philosophie qui sortit de ces ruines.

Ainsi dans ce songe sacré du genre humain, l'image de la veille se retrouve partout. La Grèce s'est fait, de son propre reflet, un dieu resplendissant et souriant comme elle. Au moyen âge, le rêve change avec la réalité. Un alchimiste divin, à l'ombre des cathédrales, broie la substance nouvelle des mondes et des peuples dans son creuset gothique.

Le moyen âge a brisé son creuset, d'où s'est exhalé un peu de fumée. La Grèce est là qui gît sous ses forêts de pâles oliviers. Hier, je la cherchais sur ses mers, sur ses monts de bruyère. Rien n'est resté de l'un et de l'autre, que cette ombre divine qui s'accroît et grandit après eux. Où donc irai-je pour toucher de mes mains le corps solide qui me renvoie cette œuvre infinie?

Je terminerais volontiers mon récit à cet endroit, puisque ce qui me reste à dire n'intéresse que moi. La famine et la fièvre de la Morée m'avaient réduit à un épuisement qui allait toujours croissant; je résolus d'aller me remettre sur pied à Malte, d'où je comptais repasser ensuite facilement en Sicile et à Zante. L'occasion d'un brick psariote, qui me promit de me jeter en passant sur les côtes, acheva de me décider. Je m'embarquai sur le Nelson. Deux Candiotes, qui nous accompagnaient, se mirent à danser sur le pont aux cris de *Vive la France!* Pendant que le bâtiment dérivait, un vieux pilote, couvert de sa chasuble de laine, faisait grincer les trois cordes d'une espèce de lyre qu'il avait faite lui-même. Un enfant brûlait une coupe d'encens devant l'image de la Panagia, il allait présenter la coupe fumante à chaque matelot, qui s'inclinait et faisait le signe de la croix.

Nous avions pour capitaine Dimitri, le premier qui incendia un vaisseau de ligne à Mytilène. Cet excellent homme ne se résignait qu'avec douleur à désarmer ses sabords pour lester d'un chargement d'huile son navire si élégant et si élancé. Il y avait recueilli plusieurs enfants dont les pères avaient été tués sur ses brûlots. Le reste de l'équipage se composait d'une trentaine de matelots psariotes. Les cheveux blonds et bouclés sur les épaules, le type albanais déjà assoupli par le souffle de l'Asie Mineure, rien n'égale la grâce et l'air de fête que ces klephtes de mer mettent à chacune de leurs manœuvres. A mesure que nous doublions les îles Syphno, Thermia, Serpho avec son monastère à mi-côte dans la forêt, quand les éperviers des montagnes venaient se percher sur nos vergues, que le pilote s'appuyait sur la barre du gouvernail, comme un laboureur sur sa charrue, je regardai une dernière fois les rivages de la Grèce, avec le pressentiment que je ne devais plus les revoir. Adieu les caps, adieu les côtes; adieu les huttes et les vieilles villes, et les tours rasées, et le pas des chevaux sur les voies vénitiennes; adieu le chant des palichares dans les ravins, le sommeil sur les nattes, l'ombre dans les monastères, et ce soleil qui, dès le matin, aspirait l'âme avec la rosée des nuits et la tenait au-dessus des vapeurs des vallées, suspendue et absorbée dans ses plus purs rayons. Jamais je ne verrai plus mes hôtes de Dherveny et de Mistra, ni les forêts brûlées, ni les os sur la grève, ni tout ce que des hommes peuvent souffrir pour une pensée, sans cesser de la mettre à haut prix!

Huit jours après, nous arrivâmes à une lieue et demie en vue de Malte. Malgré les représentations de l'équipage annonçant une tempête, je m'obstinai à descendre dans le plus petit canot avec quatre rameurs et le capitaine, qui voulut m'accompagner. A peine avions-nous touché au rocher du débarcadère, un administrateur anglais vient m'enjoindre de repartir à l'instant, sur le prétexte que mon bâtiment n'étant point entré au port, on n'en pouvait faire la visite sanitaire. Je répliquai que je ne m'opposais nullement à être traité au lazaret comme un pestiféré et que je ne demandais aucune autre faveur. J'invoquai la justice, l'humanité; je déclinai mon titre de membre de l'expédition scientifique; je réclamai quelque intérêt, sinon pour ma personne, au moins pour mes collections, pour le résultat de mes travaux. Le capitaine ajouta que nous repousser de la côte en pleine tempête à pareille heure, c'était nous exposer à périr cent fois. Le consul français se joignit à nous; toutes nos représentations furent inutiles. L'Anglais donna ses ordres et se retira.

Pendant ce temps, la tempête s'était déclarée, la nuit était venue; sur notre brick l'équipage délibérait de s'éloigner des côtes jusqu'au lendemain. Ainsi épuisés par la fièvre, nous fûmes rejetés à la mer à la nuit noire et obligés par un violent ouragan d'aller chercher notre brick qui courait avec ses petits huniers des bordées au large, sans nous apercevoir. Il est vrai que lorsque les vagues noires, si fortes sur ces parages, allaient nous engloutir, j'eus le plaisir tout poétique de voir notre capitaine souffler sur les flots et crier à ses rameurs, qui perdaient contenance et ne pouvaient plus lutter contre le vent : Paidia, palichari! regardez les démons qui s'envolent. Après plusieurs heures d'efforts désespérés, nous rejoignîmes enfin notre bord, où tout le monde était dans la plus grande inquiétude de Dimitri. On filait alors douze nœuds au nord-ouest.

Le lendemain, comme nous approchions de la carcasse déchirée de Pandataria, la mer, ordinairement si bleue et si azurée, se couvrit de lames blafardes et argentées; le mistral se déclara aussitôt. Pendant toute une semaine il nous ballotta dans le canal de l'Afrique et de la Sicile. Chaque matin nous étions avec une seule voile sur les côtes de Marsala, et le soir dans les eaux du Cap-Bon. Une fois, comme nous étions chassés plus près qu'à l'ordinaire vers les grèves de Tunis, une corvette, qui se dirigea à l'improviste sur nous, mit l'alarme dans l'équipage. Pour moi, le chagrin d'avoir été repoussé si inhumainement des côtes et une fièvre inflammatoire me tenaient étendu sur les planches de ma cabine. Je n'entendis plus autour de moi dans les longues nuits, où je restai là presque sans connaissance, que le gémissement intérieur du bâtiment à fond de cale, le roulis des yataghans et des fusils suspendus sur ma tête, et le craquement du tonnerre au haut des mâts.

NOTE

Page 107.

Νά είμουν πουλὶ νὰ πέταγα, νὰ πάω 'ς τὸ Μισολόγγι,
Νὰ ἰδῶ πῶς παίζουν τὸ σπαθὶ, πῶς ῥίχνουν τὸ τουφέκι,
Πῶς πολεμοῦν τῆς Ῥούμελης τ' ἀνίκητα ξαφτέρυα!
Μὰ ἕνα πουλὶ χρυσόφτερο κηλαϊδιστὰ μοῦ λέγει·
Στάσου, Γεωργάκη, κὶ ἂν διψᾷς τ' Ἀράπικο τὸ αἷμα·
Εἶναι κ' ἐδῶ Ἀγαρηνοὶ νὰ σφάξῃς ὅσους θέλεις.
Βλέπεις ἐκεῖ 'ς τὰ μακρινὰ, τὰ τούρκικα καράβια;
Ὁ χάρος στέκει ἐπάνω τους, καὶ θὰ γενοῦνε στάχτη!
Πουλάκι μου, πῶς ἔμαθες ἐτοῦτα 'ποῦ μοῦ λέγεις;
Ἐγὼ πουλὶ σοῦ φαίνομαι, ἀλλὰ πουλὶ δὲν εἶμαι·
Εἰς τὸ νησὶ 'ποῦ ξάγναντα εἶναι, τῶν Ναβαρίνων,
Ἐκεῖ τὴν ὑστερὴν πνοὴν ἄφησα πολεμῶντας,
Ὁ Τσαμαδὸς εἶμαι ἐγὼ, καὶ ἦλθα εἰς τὸν κόσμον!
'Σ τοὺς οὐρανοὺς 'ποῦ κάθομαι, καθάρια σᾶς ξανοίγω,
Μὰ νὰ σᾶς διῶ ἀπὸ κοντὰ εἶν' ἡ ἐπιθυμιά μου.
Καὶ τί νὰ διῇς τώρα 'ς ἐμᾶς, 'ς τὸν δύστυχό μας τόπο;
Δὲν ἔμαθες τί γείνηκε καὶ τί 'ναι 'ς τὸν Μωρέα;
. . . .
Γεωργάκη μου, μὴ χάνεσαι, μὴ θέλῃς ν' ἀπελπιέσαι·
Ἂν ὁ Μωριᾶς δὲν πολεμᾷ, καιρὸς πάλιν θὰ ν' ἄλθη
Νὰ πολεμήσουν σὰν θεριὰ καὶ τὸν ἐχθρὸν νὰ διώξουν.
Κόκκαλα μαῦρα θὰ σπαρθοῦν ἐμπρὸς 'ς τὸ Μισολόγγι,
Καὶ τὰ λεοντάρια τοῦ Σουλιοῦ ἐκεῖ θὲ νὰ χαροῦνε·
Καὶ τὸ πουλὶ ἐπέταξε, 'ς τοὺς οὐρανοὺς ἀνέβη.

DE
L'HISTOIRE DE LA POÉSIE

AVERTISSEMENT

Aussi longtemps que ce siècle s'est intéressé à quelque chose, il a mis au premier rang les origines des traditions nationales. C'est peut-être par l'instinct des monuments primitifs, qu'au point de vue littéraire il se distingue le plus des époques précédentes. Il a eu l'ambition de contempler l'humanité dans son germe, et le monde dans l'œuf.

Cette recherche des éléments primitifs a même été poussée de notre temps jusqu'au mépris des époques cultivées. Nous avons vu le moment où le chant populaire était placé *au-dessus de toutes les œuvres d'art.*

J'ai résisté à la fascination excessive qu'exercent sur l'imagination les formes incultes et spontanées des peuples, dans leurs berceaux.

Ici se trouve une question semblable à celle que j'ai examinée dans la *Vie de Jésus*. Les grands poèmes n'ont-ils point d'auteur? les peuples n'ont-ils point de grands hommes? faut-il absorber dans le grand Tout anonyme non seulement l'histoire, mais la poésie?

J'ai revendiqué les droits de l'artiste, du poète, du héros. Ne disons pas trop de mal de l'individualité et de la conscience, ne nous fions pas trop du soin de sculpter de beaux marbres, d'accomplir de grandes œuvres, d'utiles actions, à la force répandue dans l'univers; il s'agit de la vie même.

La nature aussi se recueille dans des organisations vivantes; elle ne laisse pas tout faire à l'océan aveugle.

EDGAR QUINET.

Bruxelles, 11 mai 1857.

DE

L'HISTOIRE DE LA POÉSIE

CHAPITRE I.

L'ÉPOPÉE GRECQUE.

HOMÈRE A-T-IL EXISTÉ ?

C'était un des arguments familiers à l'antiquité pour démontrer l'existence du créateur par le spectacle de son œuvre; on disait : « Quel est celui qui, voyant l'ordonnance d'un long poème héroïque, prétendrait que ce poème n'a point d'auteur ? » L'antiquité pensait ainsi porter le défi au doute. Mais ce qu'elle croyait impossible est devenu le lieu commun de la critique moderne. Le dix-huitième siècle a accepté le défi de l'antiquité; il a trouvé la chimère.

Entre les croyances du paganisme, il en était une surtout qui semblait indestructible. C'était la foi que l'on avait en ce vieillard aveugle qui s'appelait Homère, et qui payait son hôte avec ses chants. On avait pu renoncer à ses dieux ; mais le moyen de croire que cette voix qui vibrait encore aux oreilles du monde n'eût jamais résonné, que les sept villes se fussent disputé une ombre, que cet immense festin dont Eschyle avait recueilli les débris, n'eût été qu'une illusion, et ce génie incomparable un néant qui n'avait été possédé par personne? Certes, voilà, aujourd'hui, le vieillard de Chio plus misérable qu'il ne fut jamais sur les chemins poudreux de l'Ionie, si le monde continue d'accepter ses chants, et lui refuse en retour le pain de miel de sa gloire accoutumée. Le rhapsode immortel a erré et chanté depuis trois mille ans sur le seuil de tous les peuples. Tous ont cru en lui; tous ont lavé ses pieds et touché avec respect ses vêtements; pour lui, errant de siècle en siècle, il allait recueillant de chaque génération nouvelle une couronne nouvelle. Après cela, il est bien tard pour le traiter de fantôme; quand même aujourd'hui le siècle viendrait à bout de lui arracher sa couronne, qu'en ferait-il?

La question de l'existence d'Homère n'est pas un simple amusement pour la curiosité; au contraire, elle tient à toutes les origines de la poésie. Nul système de critique littéraire ne peut se dispenser de résoudre cette énigme. Car selon que cette solution est déterminée dans un sens ou dans un autre, on change les bases même de l'art; ce que l'on admet pour Homère peut être appliqué à d'autres noms, à d'autres temps, et devenir par extension la règle de l'épopée; en sorte qu'il s'agit ici d'une loi générale bien plus que d'un accident particulier. Aussi, n'est-il aucun fait de l'histoire littéraire qui soit discuté de nos jours encore avec plus d'obstination par la critique européenne?

Le premier qui refusa formellement l'existence à Homère, fut ce même Vico que l'on rencontre à l'entrée de toutes les routes philosophiques, espèce de Titan qui agite sur leurs gonds d'ivoire les portes des songes. Il réduisit Homère à une abstraction. Il en fit l'écho, la voix de la Grèce antique; écho de la parole divine, voix de la foule qui n'appartient à personne, âme des temps héroïques, alors que toute bouche était d'or, que tout homme était rhapsode. Cette audacieuse métaphysique toucha peu l'époque où elle parut d'abord. Le vieil aveugle n'en fut point ébranlé sur son piédestal; personne ne comprit ce que l'on gagnait à cette manière de douter qui débutait sur le ton des oracles de Thrace.

Toutefois, le signal avait été donné; le siècle ne devait pas finir sans que la critique allemande acceptât, pour son compte, la théorie de la *Science nouvelle*. Wolf fut celui qui attacha son nom à cette entreprise. Avant lui, les commentateurs alexandrins avaient remarqué dans l'Iliade et l'Odyssée des passages falsifiés, des anachronismes de langage et de mœurs; plus d'un vers portait encore au front le signe injurieux dont il avait été marqué par Aristarque.

A cette critique de détail, Wolf ajouta celle de l'ordonnance des poèmes d'Homère. Il tirait son principal argument de l'époque tardive dans laquelle il rejetait l'usage de l'écriture parmi les Grecs. D'une part, il établissait l'impossibilité que des plans si incohérents fussent l'œuvre d'un seul poète; de l'autre, il montrait la difficulté de croire que des poèmes aussi étendus eussent été composés, retenus, transmis sans le secours de l'écriture. L'hypothèse qu'il présentait mettait fin à ces incertitudes.

Les poèmes homériques étaient une série de chants populaires; les auteurs en étaient nombreux; chacun avait suivi son inspiration, à sa guise. Ils n'avaient eu entre eux d'autres rapports que celui du sujet et du lieu, d'autre unité que celle du génie grec; car il n'était point sûr qu'ils eussent vécu à la même époque. Loin de là, il y avait mille raisons de penser qu'ils s'étaient succédé les uns aux autres à la distance de plusieurs siècles. D'ailleurs, on ignorait le nom de ce peuple de rhapsodes; ou plutôt la mémoire d'eux tous était absorbée dans ce nom générique d'Homère, si pesant qu'il semblait impossible qu'un homme en eût seul supporté le fardeau.

Ces considérations en entraînaient de plus importantes : le mystère jeté sur la vie d'Homère, la facilité de trouver dans son nom des significations emblématiques, le penchant bien connu de l'antiquité pour les symboles, son besoin de tout personnifier, d'où naissait son défaut d'esprit de critique dans ce qui tient à l'histoire. Rien n'était plus conforme à la tradition que d'admettre que ces chants eussent été réunis d'abord par les soins de Pisistrate. Par là s'expliquaient sans peine les discordances du poème et le caractère officiel et légal qui lui avait appartenu dans l'antiquité.

Ceux qui embrassèrent cette opinion et qui étaient familiers avec le moyen âge ajoutaient que des exemples d'une composition semblable s'étaient reproduits dans les temps chrétiens. On citait les chants allemands recueillis par Charlemagne, les romances du Cid, les divans des Arabes. Les découvertes que l'on venait de faire dans l'histoire des temps chevaleresques semblaient éclairer tout à coup, par une analogie incontestable, le problème de l'épopée grecque. Elles donnèrent au moins une sorte de popularité à cette question mêlée au goût renaissant des origines nationales et chrétiennes.

Cette solution séduisait, au reste, par sa simplicité, outre qu'elle offrait aux conjectures une carrière inattendue; elle déplaçait l'ornière accoutumée de la critique; elle ravivait toutes les questions en les transportant sur un terrain où l'imagination et l'érudition pouvaient facilement se rencontrer l'une l'autre. Aussi, est-il difficile de se figurer l'empressement avec lequel elle fut accueillie par les contemporains. Wolf eut pendant quelques années une ovation semblable à celle de Macpherson. Il semblait qu'il venait de retrouver les poèmes auxquels il attribuait une origine si imprévue.

On eut alors un exemple de la facilité avec laquelle les esprits allemands, les plus rassasiés de science positive, se laissent entraîner presque sans défense aux moindres leurres de l'imagination. L'hypothèse de Wolf fut promptement admise comme l'axiome fondamental de la critique nouvelle. Chacun sépara, divisa, disséqua à son aise les rhapsodies ioniennes. C'est alors que les membres du poète furent vraiment dispersés sur tous les monts de la Thrace. Les uns rejetèrent le début de l'Iliade, les autres les six derniers livres. Si quelque voix s'élevait contre ces changements, elle était toujours couverte par celle des novateurs; on déférait bientôt à leur autorité.

Les *Prolégomènes* de Wolf avaient paru en 1795, et la Convention française n'avait pas été plus ardente à renverser la royauté politique, deux années auparavant, que cette Convention d'érudits ne l'était alors à abolir dans Homère la vieille et légitime royauté du peuple des poètes. L'opinion des plus réservés était qu'un plan primitif avait à la vérité précédé la composition actuelle des poèmes homériques; mais ce plan d'un rhapsode inconnu n'avait dû être qu'une ébauche informe, laquelle avait été développée d'âge en âge jusqu'aux proportions dans lesquelles l'Iliade et l'Odyssée nous sont parvenues. Ce fut là le jugement des plus timides.

D'ailleurs, cette explication fut promptement étendue à d'autres monuments de l'antiquité orientale et grecque. Tout le système des anciens fut ébranlé, et la mémoire d'un grand nombre d'entre eux menacée d'être abolie en un jour, comme un rêve du genre humain.

Si l'on recherche quelle fut l'opinion des poètes dans une question où leurs sentiments étaient de quelque poids, on trouve qu'ils furent presque tous contraires aux novateurs. Ni Herder ni Schiller n'inclinèrent vers cette école. Goethe s'en moqua ouvertement; Voss fit longtemps de son opposition un secret de famille, mais il l'avoua à la fin. En Angleterre, la théorie allemande fut attaquée par Coleridge. En France, elle ne fut ni acceptée, ni défendue, ni combattue avec éclat. La France de 1795 avait assez à faire de ses propres ruines ; elle n'en cherchait point d'autres.

 Plusieurs années se passèrent avant qu'aucune réaction se fît sentir parmi les érudits. Si la marche des vrais poètes ne fut pas sérieusement modifiée par le système nouveau, ce n'est pas la faute de la critique, qui en fit de nombreuses applications. Il est certain que la critique grecque étant entièrement fondée sur l'idée de l'unité des œuvres d'Homère, toute la poétique des anciens fut renversée en un moment. Ce fut la première fois que leurs lois littéraires étaient sérieusement menacées par la base. On avait ainsi obtenu un double résultat. On avait changé à la fois l'histoire et la théorie, c'est-à-dire le passé et l'avenir. Ce résultat s'accordait merveilleusement avec les hardiesses d'un art nouveau, qui paraissait surgir de toutes parts. Pour ruiner Aristote, on avait trouvé la vraie voie, on avait détrôné Homère.

 Cependant lorsque l'hypothèse de Wolf eut parcouru toutes ses phases, il fallut s'arrêter; ce système tant vanté présentait lui-même d'insurmontables difficultés qui commencèrent à éclater. De nos jours quelques-uns de ses plus ardents défenseurs n'hésitent pas à l'abandonner pour se mettre du côté de ses adversaires; on revient à Homère par l'impossibilité de rien résoudre sans lui. Avec la théorie de Wolf beaucoup d'autres chancellent, qui vont tomber d'une chute com-

mune; le temps approche où disparaîtront, sans
doute, ces triomphantes hypothèses qui, partout
mettant des forces abstraites à la place de l'homme,
abolissaient partout la vie dans l'histoire et dans
l'art.

CHAPITRE II.

LES RHAPSODES.

COMMENT ONT ÉTÉ COMPOSÉS LES POÈMES D'HOMÈRE ? — SI L'ÉCRITURE ÉTAIT NÉCESSAIRE.

Avant de parvenir jusqu'à nous, les vers d'Homère ont traversé un certain nombre de vicissitudes dont l'histoire ferait seule une longue Odyssée. On rencontre d'abord, dès l'origine, ce mystérieux nom d'Homère. Après lui surviennent des générations d'hommes appliqués seulement à transmettre ses chants. Ce sont les Homérides, les aœdes, les rhapsodes, puis les scholiastes et les grammairiens d'Alexandrie. Chacun de ces noms désigne des conditions très différentes.

Les Homérides, qui se glorifiaient d'être de la famille d'Homère, étaient une dynastie de poètes qui prétendaient avoir hérité de ses chants, et se les transmettaient les uns aux autres. Ils avaient gardé eux-mêmes une partie de l'inspiration des temps héroïques. La même chose peut être dite des aœdes. Les rhapsodes qui les suivirent se bornèrent peu à peu à l'étude de la déclamation. C'est de leur bouche, dit-on, que Pisistrate fit recueillir les poésies homériques. Mais ce qu'il fit pour l'Attique, d'autres villes le firent, sans doute, pour leur propre compte, et rien ne prouve que les éditions de Marseille, de Chio, d'Argos, de Sinope, de Chypre et de Crète, aient été copiées sur la sienne. Les diaskeuastes formèrent le lien entre les rhapsodes et les grammairiens d'Alexandrie. Le texte d'Homère fut alors fixé ; les rois de Macédoine et d'Égypte le commentèrent à leur tour ; il y a des hommes dont le nom ne périra pas, seulement parce qu'ils ont déplacé un accent dans un vers de l'Iliade. Jusqu'au dernier moment l'antiquité se tient ainsi courbée, comme un scribe, sur le texte d'Homère. Quand à la fin les Byzantins tournent la page, ils y trouvent l'Évangile.

Maintenant, si l'on se représente les altérations de tous genres que ces poèmes ont dû subir en passant par tant de mains, au lieu de s'étonner de la discordance de quelques parties avec l'ensemble, on admirera bien plutôt que ces incohérences ne soient pas plus nombreuses. Pour moi, toutes les fois que je réfléchis à ce mode de transmission par le chant, aux fantaisies des rhapsodes, à la variété et à la lutte des États, à l'orgueil des villes, intéressées à falsifier à leur guise le récit du poète, surtout, à cet espace si difficile à traverser de la tradition orale à l'écriture ; puis après cela, aux caprices des scholiastes, aux systèmes des philosophes et des critiques ; je suis, au contraire, confondu qu'à travers tant de chances, l'unité du poème ait pu survivre telle quelle, et je conclus que cette unité a dû être, au commencement, l'œuvre d'une volonté souveraine, puisque de semblables révolutions n'empêchent pas d'en reconnaître la marque.

Si l'on disait que l'ordonnance des parties est l'œuvre de Pisistrate, j'ajouterais que Pisistrate fut le plus grand et le plus incompréhensible des poètes. Car pour unir bout à bout des membres de corps différents, pour concilier sans les recomposer des rhapsodies vagabondes, pour rassembler dans un même système des inspirations et des volontés si diverses, pour soumettre ces fragments à une transformation générale, capable de produire l'illusion de la vraie beauté, et d'égarer sur ce point le jugement si assuré de toute l'antiquité, on oublie qu'il faudrait plus de génie que le monde n'en a jamais attribué à Homère. Le prodige ici surpasserait le poème.

Mais cette difficulté n'est pas la seule. Si les œuvres d'Homère sont un recueil de chants de divers poètes de semblable génie, comment ne nous est-il resté que ces deux épisodes l'Iliade et l'Odyssée ? Au temps des Alexandrins, on avait recueilli dans les écoles une série de poèmes qui s'achevaient l'un l'autre, et embrassaient toutes les traditions de la guerre de Troie. Leurs auteurs avaient reçu pour cette raison le nom de *Cycliques*. On avait alors, par exemple, la Titanomachie, la Danaïde, l'Amazonie, l'Œdippide, la petite Iliade, la prise d'Ilion, la Télégonie.

J'admets, pour un moment, que chacun de ces poèmes fût véritablement authentique, et que nul d'entre eux ne fût le fruit de l'inspiration tardive d'Alexandrie. Voilà la tradition entière des temps héroïques. Elle forme un grand, un immense poème, semblable à ceux de l'Inde. Que l'on m'explique maintenant pourquoi, en possession de cette foule d'épopées de même nature, l'antiquité n'a des yeux et des oreilles que pour Homère; pourquoi elle le distingue avec tant de soin de ses imitateurs; pourquoi Pisistrate, voulant fonder un corps complet de traditions, abandonne tout cet ensemble pour se renfermer dans les chants de l'Iliade et de l'Odyssée.

Si cet édifice de poésie formait avec Homère un tout homogène, contre l'assertion positive d'Aristote, il ne valait guère la peine d'être le chef du premier État de la Grèce, et d'avoir sous sa main toutes les ressources de l'Attique, pour ne recueillir du poème national que deux fragments étrangers aux traditions locales d'Athènes. Ou bien, si, conformément à l'opinion des anciens, ces poètes cycliques ne faisaient que languir aux pieds d'Homère, d'où venait cette différence ? Assurément de la différence du génie et de la supériorité d'un seul sur tous les autres. On n'échappe à cette conséquence que par la réhabilitation tardive que l'on a voulu faire des cycliques, contrairement au jugement de la saine antiquité. Entre Athènes ou Alexandrie il faut choisir.

Que de difficultés et de faux-fuyants pour aboutir à un prodige ! Je doute qu'il en coûtât davantage de revenir à la tradition toute simple, telle qu'elle a été si longtemps acceptée par le bon sens du genre humain. En effet, que met-on en balance de ces contradictions évidentes, insolubles ? Que leur oppose-t-on pour rejeter l'unité de l'œuvre d'Homère ? la difficulté d'admettre que ses poèmes aient été inventés sans l'usage de l'écriture ; objection qui tire toute sa force d'une manière fausse de considérer le procédé de composition des poètes antiques.

Il ne faut pas oublier, en effet, que le chant était un élément inséparable de leur art, un moyen de conservation et de transmission, lequel a été pour eux ce que l'écriture est devenue pour le moyen âge, l'imprimerie pour les temps modernes. On est trop enclin à se représenter ces vieux poètes, à la manière des contemporains, seuls avec leur inspiration et leur sujet, gardant tristement, comme l'avare, le secret de leur œuvre jusqu'à ce qu'elle soit achevée. Rien de pareil chez eux à cet isolement. Ils n'étaient jamais séparés du peuple. Ils vivaient au sein d'une atmosphère éternellement résonnante, où la moindre de leurs paroles était recueillie. A peine avaient-ils chanté une rhapsodie, mille mémoires s'en emparaient autour d'eux ; mille voix la répétaient et se la transmettaient l'une à l'autre. Cet écho de tout un peuple vibrant, c'était là leur publicité et leur manière de fixer leurs pensées.

Il y a quelque chose de vrai dans cette idée que les poèmes homériques ont été composés par fragments, si l'on veut dire que le poète ne les a pas entassés tous à la fois dans sa mémoire, comme un écrivain moderne entasse les pages de son livre. Ce n'étaient point des livres que composaient ces heureux poètes ; et quand on s'occupe d'eux, on ne pourrait trop oublier tout ce qui se rapporte aux procédés de la littérature écrite. Chaque chant, à mesure qu'il était entendu, tombait dans le domaine de la tradition publique. C'est aussi là que le poète allait le rechercher quant il en avait besoin. Tout vivait de son œuvre autour de lui ; tout la lui renvoyait. Qu'avait-il à faire de feuilleter des pages écrites pour retrouver son passé ? Il pouvait feuilleter la mémoire de tous ceux qui l'entouraient.

C'est dans ce sens qu'il est permis d'admettre

le mot de Vico, que l'Iliade et l'Odyssée sont l'œuvre du peuple grec. Le peuple, en effet, y travailla autant que le poète. Le poëte inventait, le peuple se ressouvenait. L'un était la voix ; l'autre était l'écho. Le peuple grec tout entier, voilà le livre incessamment ouvert sur lequel le poète des premiers temps a écrit, jour par jour, son œuvre impérissable.

Quelque chose de semblable se retrouve dans la manière dont le Coran a été publié. Chaque chapitre augmentait successivement pour les Arabes le domaine de la révélation religieuse ; de même, chaque rhapsodie a complété peu à peu la révélation de l'art grec. De nos jours même, n'avons-nous pas un exemple frappant de ce qui précède ? Qui doute que les principales chansons de notre Béranger n'eussent pu être recueillies l'une après l'autre, seulement par le secours du chant ? Il lui eût été possible de composer et de publier ses œuvres sans l'appareil d'aucun des arts mécaniques propres aux modernes. Que l'on étende cet exemple aux proportions de la Grèce héroïque, on aura retrouvé le procédé de ses premiers artistes.

Il n'est douteux pour personne, aujourd'hui, que Wolf et ses disciples ont assigné une origine trop récente à l'usage de l'écriture, chez les Grecs ; il n'est pas moins certain que l'institution des rhapsodes fut suffisante pour assurer d'abord la durée de l'œuvre du poète. On apprenait les poésies d'Homère comme on apprend aujourd'hui une profession libérale. La mémoire de ces vers était un héritage que les familles se léguaient les unes aux autres. La rivalité des chanteurs servait à en garantir l'authenticité. On mettait son orgueil, non seulement à les déclamer mieux qu'un autre, mais aussi à en posséder la version la plus belle, la plus complète, la plus correcte.

Au commencement, les rhapsodes plus rapprochés du poète s'accompagnaient comme lui d'un instrument. On peut se figurer cette partie musicale comme un prélude, ou comme un accord très simple qui formait la basse naturelle d'un récitatif continu. Dans tous les cas, c'était un moyen de soutenir la voix du chanteur, pour l'empêcher de détonner plutôt que pour servir réellement à la mélodie. Plus tard, les rhapsodes abandonnèrent la lyre; ils prirent en échange une branche de laurier. Le temps approchait où le chant lui-même allait disparaître devant l'écriture.

On admet que ces poèmes aient été retenus par les rhapsodes; mais, dit-on, où trouver un auditoire capable de les entendre jusqu'au bout? — De la même manière que ces épopées n'ont pas été produites dans un même moment de la vie du poète, elles n'ont pas été non plus chantées en un seul jour. Chez les anciens, la poésie était une condition nécessaire de la vie ; tout était une occasion pour les vers : le matin, le soir, le repas, la fête, les travaux, les noces, l'arrivée, le départ. Dans une vie ainsi faite, l'attention en quelque sorte ne s'épuisait pas plus que le poème.

Les mêmes contrées offrent encore quelques restes de cette passion du chant. On m'a montré, en Morée, aux environs de Mistra, un klephte qui récita pendant tout le printemps, à la même place, les chants populaires des Grecs modernes, et son auditoire ne lui manqua jamais. A Naples, j'ai vu les improvisateurs du Môle continuer leur profession pendant l'année entière. La même histoire n'était jamais terminée le même jour, ni souvent dans la même semaine. C'était, au contraire, un de leurs artifices, de remettre chaque soir la conclusion au lendemain. La foule revenait, bien avant l'heure, à sa place accoutumée, et je n'ai jamais remarqué que ni le vent, ni le soleil l'ait empêchée de se rassembler. Ces improvisations, payées par le peuple, durent chaque jour trois ou quatre heures. Maintenant, que l'on prête seulement au peuple grec d'Athènes, de Syracuse, de Chio, des Cyclades, la curiosité poétique qui se retrouve encore chez les peuples du midi, et sous les haillons des lazzaroni ; le même chanteur pourra réciter facilement mille vers en un jour, et les poèmes d'Homère suffiront à peine pour un mois au même rhapsode.

CHAPITRE III.

INFLUENCE DES POÈMES D'HOMÈRE SUR LA RELIGION ET L'UNITÉ SOCIALE DES GRECS.

Cependant, il est difficile d'admettre que l'Iliade et l'Odyssée ne soient rien autre chose que des chants populaires. Ces poèmes sont nationaux; mais ils dépassent évidemment les forces de l'instinct abandonné à ses seules ressources. Que l'on compare tous les chants reconnus pour émaner directement de l'inspiration du peuple, et que l'on dise si l'on trouve dans un seul d'entre eux le caractère achevé de cette poésie homérique. Dans lesquels découvrira-t-on rien qui ressemble à cette plénitude de diction, à ce nombre, à ce tempérament majestueux, et il faut le reconnaître aussi, à cette réflexion assidue? Les irrégularités et les licences du rythme, les *vers faux*, si fréquents qu'on veuille les supposer, ne feront jamais que cet hexamètre olympien appartienne dans l'art à une condition pleinement analogue aux redondillas des romances espagnoles, aux chants serbes ou bohêmes. Le vers d'Homère est né de l'inspiration populaire; il en conserve les formes et quelques habitudes, mais il porte déjà la couronne et le sceau d'un art cultivé. Il est sorti de la foule ; on reconnaît le roi à sa démarche royale.

Non seulement Homère appartient à la poésie cultivée, tout démontre qu'une longue tradition d'art existait avant lui. Les poètes, ses précurseurs, resteront éternellement inconnus. Rien ne soulèvera le voile qui couvre leur mémoire ; mais parmi eux, il y en eut, sans doute, de grands et de puissants. C'est lui qui s'empara de leurs chants isolés, et qui fit réellement la tâche que l'on voudrait attribuer à Pisistrate. Seulement il ne recueillit pas ces rhapsodies pour les coudre au hasard ; il absorba dans son œuvre les gloires passées, et c'est là sa grandeur. Plusieurs noms sont contenus dans le sien, qui en doute? Ce sont les noms des hommes dont il a, sans le vouloir, usurpé la mémoire. Ainsi, le poète persan, Ferdoussi a résumé les traditions qui l'ont précédé. Ainsi, Arioste, en les polissant, s'est approprié les œuvres des trouvères de Charlemagne et de la Table Ronde. Bien que dépouillés, deux ou trois noms ont survécu. Thamyris peut avoir été pour Homère ce que Boiardo a été pour Arioste.

L'Iliade et l'Odyssée ne marquent pas le commencement de la vie du peuple grec. Ces poèmes sont bien plutôt, suivant un des caractères de l'épopée, le testament d'une époque passée, et le monument qui clôt une antiquité oubliée. Ils sont placés sur la limite d'un monde qui finit et d'un monde qui commence. Ce qui périt, c'est le régime du sacerdoce et des rois ; ce qui va naître, c'est le règne de l'aristocratie et de la démocratie ; Sparte et Athènes vont remplacer Mycènes. Le long travail des éléments qui ont formé le caractère grec est déjà achevé, lorsque Homère paraît. Avant lui, se rencontre la fondation de Troie. Il n'en connaît que la chute. Le vieux rhapsode ne sort pas du berceau du monde. Il est déjà assis sur des ruines.

Pour mesurer les temps qui l'ont précédé, il suffirait de considérer ses dieux. Ce n'est point en un jour, en effet, que son Jupiter Olympien est sorti ainsi tout armé des croyances du monde. Qui pourrait dire ce qu'il a fallu d'années pour que sa Vénus surgît des eaux, et que l'univers lui nouât sa ceinture ? Par combien de transformations ont passé ces dieux ténébreux de l'époque de Saturne, avant de sourire sur le seuil de leurs temples de marbre ! Chacun d'eux est une statue lentement taillée dans le bloc grossier des croyances primitives. Que de peuples d'artistes ont lentement travaillé dans ce grand atelier des temps héroïques, avant que la croyance fût complète, et que chaque divinité fût dressée sur sa base ! Pour apparaître d'abord dans la splendeur de son œuvre, la Grèce a brisé ses ébauches.

Homère est déjà loin des croyances antiques. Son Olympe n'est plus l'Olympe des vieux jours, et voilà sans doute pourquoi Platon le tenait pour un corrupteur du dogme religieux. Parmi les modernes, celui qui l'explique le mieux est Raphaël. Lui aussi abandonna la tradition. Il renonça à peindre les vierges byzantines telles que l'art sacerdotal du moyen âge les avait consacrées. Il se fit un ciel nouveau, peuplé des images des jeunes filles de Foligno, de Sienne et de Pérouge. De même, Homère et ceux qui l'ont précédé changèrent la nature et l'aspect des dieux du passé. Ils leur donnèrent, quelle que fût l'origine, le profil du génie grec. Ils les couvrirent de la pourpre des rois d'Argos et d'Orchomène. C'était là de l'hérésie; mais cette hérésie allait être la foi de l'avenir. Orphée était remplacé par Homère, le prêtre par l'artiste.

On a prodigieusement disputé dans ces derniers temps sur la forme et le sens de cette ancienne orthodoxie du paganisme grec avant Homère. D'où sortaient ces dieux? du sol de la Grèce, ou du sol de l'Orient? On a attribué à ces prêtres du passé une science profonde, cachée sous des symboles. Il est permis de croire que l'on a transporté au berceau des religions ce qui ne se rencontre guère que sur leur déclin. Les premiers prêtres furent certainement les premiers croyants; quand ils firent cette distinction théologique entre le dogme et le sens naturel, la foi était déjà tombée. Il est difficile de s'empêcher de penser que la simplicité fut surtout l'âme du monde naissant. Des pêcheurs de Galilée ont, les premiers, prêché le christianisme. J'ai peine à croire que le paganisme ait été fondé par des docteurs.

Quoi qu'il en soit, le caractère le plus vrai des monuments homériques est d'avoir scellé et consacré pour jamais l'unité du peuple grec. Toutes ces tribus hostiles les unes aux autres, différentes de mœurs, de cultes, d'institutions, se rapprochèrent, sous la protection du grand nom d'Homère. Jamais chants épars, sans ordonnance et sans plan, eussent-ils produit ce miracle? Si la poésie eût été abandonnée à toutes les chances de la diversité des peuples et des tribus, au lieu de la sagesse et de l'harmonie que l'antiquité admirait dans les œuvres de son poète, n'y découvrirait-on pas bien plutôt le génie tumultueux des États grecs? On aurait des rhapsodies doriennes, ioniennes; l'aristocratie heurterait la démocratie. On aurait une poésie de contraste, non pas la poésie d'Homère.

Il fallait, chez ces peuples épars, un Moïse païen qui ramenât le chaos à l'unité. Homère fut après Orphée, le Moïse du monde grec. L'Iliade et l'Odyssée furent sa Genèse et son Deutéronome. Tout un peuple d'artistes reçut à son berceau la Bible de l'art, non point écrite sur le mont Sinaï, au milieu des éclats de la foudre, mais gravée dans la mémoire des hommes, au son de la cythare de Smyrne.

Les peuples grecs peuvent désormais s'engager à leur aise dans les luttes intestines. Leur lien de famille ne sera plus brisé. Ils portent tous, dans leur souvenir, une même et ineffaçable loi d'harmonie et de beauté. Lentement ils vont chanter et épeler le livre du vieux rhapsode ; lentement aussi, un autre peuple dans les montagnes de la Judée, va psalmodier sous son dattier les cantiques de l'Homère du mont Sinaï. Plus tard, quand leur éducation sera achevée, ils se rencontreront les uns et les autres à Éphèse, dans l'auditoire de saint Paul.

Les poèmes d'Homère ont été donnés à l'enfance de la Grèce pour qu'elles les feuilletât, en souriant, sur ses gradins d'albâtre, comme un livre fait de gravures et d'images coloriées ; car l'éducation de ce peuple s'est faite dans la joie et non pas dans les larmes. Il était le dernier né du dieu antique. Il a été caressé de la main du Jacob olympien, comme son dernier fruit et son Benjamin, entre toutes les nations. Son breuvage lui a été présenté soir et matin, dans la double coupe emmiellée de l'Iliade et de l'Odyssée. Oh ! l'étrange idée de

Platon de vouloir faire d'Homère un triste philosophe ! Qui jamais le fut moins que lui ? La sérénité était sa plus grande science.

Considérez seulement la simplicité de son mécanisme. Son hexamètre, formé presque tout entier de dactyles, s'avance, comme Achille aux pieds légers, puis se repose un moment, à la fin de sa course, sur son lent spondée; puis comme un voyageur qui a repris haleine, ou comme un laboureur qui s'est assis au bout de son sillon, le vers se relève et part plus agile pour sa nouvelle carrière. A cette simplicité des moyens répond la simplicité du but. Si c'est Homère qui a changé la figure des dieux, assurément il l'a fait sans se mêler de doctrine. Que l'on étende, autant qu'on le voudra, la science des symboles, pour lui, il s'en est peu soucié. Heureux poète qui n'avait besoin que d'aspirer à la beauté la plus pure, pour être en même temps le plus savant, le plus politique, le plus religieux de tout son peuple ! Ceux qui viendront après lui, ne manqueront pas d'imiter cette sérénité divine, son principal caractère ! Mais quelque malaise du monde les démentira toujours. Virgile, Tasse, Camoens, ont caché maintes blessures sous leur pourpre tyrienne. Dante, Shakspeare, se sont montrés à leur tour. D'autres siècles ont amené d'autres vers. Le temps des rires a passé comme celui des larmes. Le moyen âge, contristé, a fini comme la Grèce imprévoyante. La douleur s'est effacée comme la joie. Tout a été essayé ; tout a changé ; tout a reparu. Mais rien n'a plus souri, sur la terre, du sourire de la poésie d'Homère, ni la fleur, ni la vierge, ni le vieillard, ni le poète.

Souvent j'ai vu, en Grèce, au lever du soleil, la terre épanouie à la brise de mer, comme à une espérance nouvelle. Les bois, les vallées exhalaient une odeur particulière à ce pays. Peu à peu, les montagnes, les golfes sortaient des ténèbres. Chemin faisant, on passait sous des bosquets humides d'agnus castus et d'ébéniers sauvages, ou l'on arrivait près d'une baie dont les bords fumaient, au matin, comme une braise ardente, ou l'on voyait de loin de blondes colonnes suspendues, comme un rayon de miel, aux flancs azurés de la montagne, et tout faisait silence, et restait dans l'attente. On eût dit que cette terre, renouvelée en une nuit, avait retrouvé, dans le repos, comme un athlète, ses forces consumées. Malgré soi, on s'arrêtait pour entendre si des flots, des ravins, des collines, n'allait pas s'élever une harmonie séculaire ; si ce sol n'allait pas vibrer et enfanter de lui-même un nouveau chant d'Homère. Mais à mesure que le jour grandissait et divulguait la misère de ces contrées, cette impression de l'adolescence de la nature se dissipait par degrés ; on rencontrait une ville écroulée, ou la carcasse d'un aqueduc vénitien, ou des champs blanchissant d'ossements, et le soir au chant du hibou, au cri du chacal, la terre se rendormait avec un soupir, comme épuisée de ce rêve du passé et de cette illusion évanouie.

CHAPITRE IV.

qu'est devenue l'inspiration épique après homère ? — aristote. — les modernes.

La différence qu'il y a entre les anciens et les modernes se fait bien voir dans la préférence qu'ils ont donnée à l'un ou à l'autre des poèmes homériques. L'antiquité, éprise des vertus héroïques, avait plus de sympathie et une admiration plus prodigue pour l'Iliade. Au contraire, les modernes, élevés dans la vie de famille, ont choisi l'Odyssée. En effet, l'Iliade est le poème de la jeunesse du monde. L'Odyssée est le poème des vieillards. Dans l'Iliade, le matin de la vie grecque commence à éclater. Tout est espérance et désir. Chacun a sa passion qu'il n'a point assouvie. L'incertitude de la victoire laisse encore tout l'avenir intact ; les glaives brillent pour tous au soleil. Dans l'Odyssée, le but est accompli ; c'est le retour. Chargés de butin, les vaisseaux sont dispersés ; ils brisent leurs pesantes carènes sur le sable, comme autant d'espérances naufragées. Les hommes ont renoncé à leur chimère ; muets, ils retournent dans leurs foyers. La Troie fumante reste seule en ruine et déshabitée sur la côte d'Asie. Les loups, les chacals la visiteront ; les hommes ne la visiteront plus. C'en est fait ! le poème de la vie est fini. La jeunesse et la vieillesse, l'avenir et le passé, le désir et le regret, tout déjà a été raconté. On pourrait s'en tenir à ces deux livres.

Les poètes grecs ont tous les traits d'Homère ; ils sont de la même famille. Ils n'ont pas seulement recueilli les miettes de son banquet ; ils sont du même sang, ils vivent du même souffle ; par-dessus tout, ils ont les mêmes conditions d'art et de beauté. Un seul d'entre eux est marqué d'un type tout différent et appartient à une autre lignée. C'est Eschyle. Celui-là remonte à Orphée. Jamais la tradition d'Homère ne suffirait pour l'expliquer. Il possède, lui seul, le mystère des origines ; comme Electre, il porte l'urne et les cendres du passé, pendant que la maison est remplie de la joie des convives. Quant aux autres, ils sont aussi étrangers qu'Homère à toute intention de mysticisme. S'il est des profondeurs cachées sous leur polythéisme, ils l'ignorent ; ils acceptent leurs dieux, sans arrière-pensée, de la même manière que le moyen âge acceptait ses croyances ; ils marchent comme le cercle des heures, autour de ce grand char d'Homère, touchant à peine le sol, loin d'en fouiller le triste abîme.

On ne peut douter que cette préoccupation unique de l'idée de beauté ne soit la principale cause de la supériorité de l'art grec sur tous les autres; et quand le vieil Aristophane dénonçait à l'aréopage les interprétations morales du dogme païen, il défendait la cause de la poésie, non moins que celle de la religion. C'est ce qui parut assez clairement lorsque la Grèce d'Alexandrie pénétra le mystère de son culte. Sa philosophie avait grandi, mais son art était perdu. La curieuse Psyché avait allumé sa lampe ; le dieu s'était enfui.

Si l'on recherche pourquoi la haute antiquité n'a pas produit d'autres épopées que celles qui touchent aux traditions voisines de la guerre de Troie, il est facile de voir que l'unité nécessaire à ce genre de poésie ne s'est plus rencontrée jamais, si ce n'est par intervalle et par surprise, dans l'histoire grecque. A peine cette époque est-elle achevée, le vieux monde se divise. La venue des Héraclides établit une dissension qui ne finira plus. Il y aura encore quelques moments passagers où la Grèce essayera de retrouver l'harmonie qu'elle a perdue. Mais ces moments rapides ne constitueront plus un état durable : ils seront l'exception, non la loi. Dans un état ainsi partagé, le drame naîtra de la nature des choses; il fomentera à son aise ses discordes au milieu des discordes de tous. Deux fois, il est vrai, la Grèce, avant de périr, remonte à l'unité : une fois à Sala-

mine, contre les Perses — mais cette levée de
boucliers ne dure qu'un jour— une autre fois, sous
Alexandre, et cet effort ne se prolonge pas davantage. Le drame était dans l'histoire, il fut auss
dans l'art. Sur le terrain éternellement chancelant
des discordes d'Athènes et de Sparte, au milieu
de ce dialogue sanglant des deux cités, il y a
place pour Eschyle, Sophocle, Aristophane, mais
non plus pour l'escabeau paisible du vieil Homère.

Pour voir combien la cause de l'épopée était désespérée dès le temps d'Aristote, il faut lire ce qui
reste de sa Poétique. Cet ouvrage peut être considéré comme le recueil des lois qui ressortaient nécessairement, pour la poésie, des conditions politiques de l'époque où il fut écrit. La forme qui
frappe son auteur est celle du drame, parce que
c'est celle qui s'appliquait le mieux à l'état présent
du monde ; et quand il plaçait l'épopée au-dessous
de la tragédie, Aristote ne faisait en cela qu'apprécier avec justesse les éléments du génie contemporain.

Après lui, son disciple Alexandre pleura, pensant qu'il n'aurait point d'Homère. Ce furent là les
plus nobles larmes de l'antiquité. Le héros prenait
congé de l'art grec ; il se sentait irrévocablement
tombé du poème à l'histoire. Il avait bien pu fonder
dans Alexandrie, un peuple savant et philosophe ;
mais cette ville éternellement balbutiante saurait-

elle jamais enfanter un art nouveau ? Alexandre est l'Achille d'une Troie pédantesque. Il a heurté de son glaive et provoqué de toutes parts le monde pour en faire jaillir l'inspiration antique, et pas un écho n'a répondu ; ses larmes tombent sur la terre, parce que la terre est devenue froide et muette. Pourquoi régner ? pourquoi combattre ? Il n'y a plus ni lyre, ni poète dans l'Ionie, sur l'Euphrate, ni sur l'Indus. En ce moment, Alexandre sentit s'approcher la mort du monde païen. Cette âme immense connut par avance cette infinie douleur qui devait enfanter un jour le christianisme.

Il suffit d'indiquer l'influence d'Homère sur les temps qui suivirent. Chez les Romains, ses œuvres furent traitées comme un monument, non de main d'homme, mais de la nature même. Tout l'art consista à s'en rapprocher le plus possible. On l'imitait comme on aurait imité le ciel, ou l'Océan, ou le désert. Plus tard, le moyen âge ne connut de lui que son nom ; quand même il en eût été autrement, que pouvait-il y avoir de commun entre le mysticisme du treizième siècle et les traditions de l'Ionie ? De quel air Dante, chargé de soucis, aurait-il abordé la figure rayonnante d'Homère ! Qu'aurait compris le vieux rhapsode à l'éternelle douleur du Florentin ? Le mélancolique Virgile, voilà l'initiateur du moyen âge, le guide naturel du chantre de la *Comédie divine*, *il duca mio*, à travers les cercles d'épreuve et la tradition de douleur de l'humanité soit chrétienne, soit païenne.

Le premier changement que l'on rencontre chez les modernes, en quittant l'Iliade et l'Odyssée, se trouve dans la forme même du récit; le narrateur épique reprend souvent haleine; sans cesse il s'interrompt comme un vieillard embarrassé dans ses longs souvenirs. Combien les chants de Dante ne sont-ils pas fréquemment coupés et brisés! C'est pis encore dans l'Arioste, dans le Tasse, dans Camoens. Partagé en stances, le récit a perdu entièrement sa continuité; il se rompt, il se renoue sans cesse; mais les paroles ne coulent plus comme le miel de la bouche du poète. Milton est peut-être le seul qui ait conservé dans sa forme quelque chose du repos et de l'abondance antique. On le dirait né d'un ange d'épouvante d'Israël, et d'une naïade de Thessalie. Dans la littérature française du siècle de Louis XIV, si l'on excepte La Fontaine et Fénelon, les traces visibles de l'influence grecque ne paraissent pas remonter plus loin qu'à Sophocle. Les Allemands, venus les derniers, se sont épuisés en scientifiques efforts pour retrouver, dans quelques œuvres, le repos et la félicité d'Homère. Mais ils se sont bien vite lassés eux-mêmes de cette épreuve d'un jour au sein des rêves de l'âge d'or et de la poésie patriarcale.

Aujourd'hui, le critique n'est pas séparé de

l'Iliade ou de l'Odyssée par moins de commentaires
que le croyant ne l'est de l'Évangile. Que de gloses,
que de systèmes, que d'interprétations à traverser
pour remonter au sens propre et littéral d'Homère!
Les modernes ont réussi à cacher, sous l'étalage
des paradoxes, cette colossale figure. Ce n'est pas
sans effort que l'on repousse cette science parasite,
pour retrouver la beauté toute nue du poète; il ne
faudrait pas moins que la brise d'Asie elle-même
pour dissiper la poussière des écoles.

Je me souviens qu'un jour j'arrivai au fond du
golfe d'Argos. La mer brillait à l'extrémité de la
rade. Des montagnes nues, évasées, cernaient l'horizon; d'épais nuages, poussés par le vent, jetaient
leurs ombres vagabondes au milieu de la plaine.
Vers le soir, j'atteignis des collines chauves et désertes; sur leurs flancs pendaient des murailles
cyclopéennes; à travers les ouvertures de ces murailles, on voyait de longues couleuvres qui dardaient leurs langues sur le bord des ravins. Je passai près d'une porte où était sculpté un lion; en
descendant quelques pas je parvins à l'entrée d'un
grand tombeau. Cette ville était Mycènes; cette
porte était celle par où le roi des hommes, Agamemnon, avait dû passer pour aller à Troie; ce
tombeau était celui de l'un des Atrides. En ce même
moment, le vent de mer arrivait en murmurant,
comme une cythare ionienne, sous des touffes de

jonquilles séchées. Ce soir-là, je renonçai pour jamais aux systèmes des glossateurs; je vis bien qu'il n'est qu'un seul vrai commentaire d'Homère, à savoir, son pays, son ciel, ces murailles de géants, et là-bas cette mer *divine*, et ces vagues du golfe qui continuent de se bercer au chant du vieux rhapsode, comme la danse des filles de Chio.

CHAPITRE V.

L'ÉPOPÉE ROMAINE.

TRADITIONS NATIONALES DE L'ITALIE ANCIENNE. — SYSTÈME DE NIEBUHR.

Rome et Athènes ne sont pas seulement sœurs. L'une est la continuation de l'autre. Ce sont deux phases d'une même société. Mêmes dieux, même ciel, même droit, même esclavage; par conséquent même idéal et même poésie. D'où il suit encore que l'on ne peut ébranler Homère sans ébranler le système des antiquités romaines. Le Parthénon a toujours eu son écho dans le mont Palatin.

Les hypothèses de Wolf sur l'épopée ionienne avaient paru vers la fin du siècle dernier. Seize ans après, elles furent appliquées avec beaucoup plus d'éclat encore à l'histoire romaine, par un homme qui possédait toutes les qualités nécessaires pour détruire et pour édifier; car il avait du scepticisme et de l'enthousiasme dans une mesure égale, presque autant d'imagination que de science, et par-dessus tout cela une ardeur de prosélytisme, une gravité, un héroïsme d'intelligence, tels qu'il est bien difficile à ses adversaires même de prononcer son nom sans vénération. Imaginez un Curtius érudit, toujours prêt à se jeter dans les gouffres inconnus. C'est de lui qu'on pouvait dire à juste titre, qu'il prophétisait le passé, tant il excellait à découvrir dans l'histoire de merveilles inconnues à ce passé lui-même.

Cet homme était Niebuhr; esprit, âme, imagination du nord, s'il en fut jamais; vrai Scandinave sous la figure d'un compatriote de Montesquieu et de Montaigne. Il tenait d'ailleurs de cette grande époque de guerre où la nation allemande, maniant à la fois l'épée et la truelle, combattait en même temps qu'elle bâtissait, dans sa poésie et dans sa philosophie, l'édifice de ses rêves. Personne ne sentit plus que Niebuhr, l'héroïsme des passions de ce temps-là. De son camp d'érudit, il commença par attaquer Napoléon avec le texte commenté des Philippiques de Démosthènes. Plus tard, cette épée athénienne ne suffisant plus, il travailla à épauler des batteries aux journées de Bautzen, de Lutzen, de Leipsick. Ce fut, en tout, un noble, un courageux, un implacable ennemi.

Au milieu de ces passions encore contenues, il publia en 1811 la première partie de son *Histoire Romaine*. Cette époque est importante à constater. Les chants nationaux venaient d'acquérir dans la mêlée de l'Europe une valeur imprévue. L'expression soudaine et inculte des sentiments de la foule avait alors plus de prix que n'en avait eu jamais l'art savant et cultivé; on entendait dans l'air comme un éternel murmure de mélodies nationales, qui précédaient le cri de la bataille. Romances espagnoles, ballades écossaises, irlandaises, chansons des Tyroliens, des Russes, des Serbes, étaient incessamment traduites d'une langue dans une autre. Les poètes comme les princes s'humiliaient devant la muse des peuples.

Surtout, c'était le règne du poème des Nibelungen. On adorait de nouveau le vieux poème germanique comme une de ces reliques que l'on exhume de leurs châsses, à la veille du combat; tout vivait, tout s'inspirait, tout s'enivrait du chant populaire, le poète, le critique, le soldat, le prêtre, le roi. Ce fut le tour de l'érudit. C'est sous cette préoccupation, ou plutôt sous cette obsession, que Niebuhr conçut sa théorie de l'histoire primitive de Rome. Ainsi, du moins, s'explique comment il transporta la harpe de Siegfried dans le Pomœrium des Latins, et comment il attribua à la plèbe romaine le génie idéal des Scandinaves et l'instinct de poésie des Burgondes. On a reproché au siècle de Louis XIV d'avoir fait des anciens autant de seigneurs de la cour de Versailles. Ne pourrait-on pas dire que Niebuhr les a trop souvent changés en Germains de sa tribu des Dittmarses?

De la même manière que Wolf avait aboli l'autorité d'Homère, Niebuhr abolit les trois premiers siècles de Rome, au profit du chant populaire. Cette hypothèse n'était ni moins hardie, ni moins féconde que la précédente; elle s'appuyait comme elle sur l'analogie; en outre, elle édifiait ce qu'elle semblait détruire. Déjà à moitié renversées par Beaufort, les annales des rois et des premiers consuls se changeaient en une suite d'aventures fictives et de rhapsodies héroïques; ainsi dans Virgile, les vieux vaisseaux échoués s'étaient métamorphosés en amoureuses naïades. On perdait dans cette transformation trois ou quatre siècles de l'histoire; on y gagnait une poésie primitive, indigène, ou du moins l'ombre de tout cela. Au lieu d'une succession d'événements souvent impossibles, presque toujours contestables, on avait le chant de Romulus, le chant de Tarpéia, ceux de Numa, d'Ancus, de Servius, de Lucrèce, de Tarquin.

Par une analogie nouvelle avec les Nibelungen, on établissait que ces poèmes latins n'avaient été achevés que plusieurs siècles après les temps auxquels ils se rapportaient par leurs sujets. De plus, chose merveilleuse! ces chants étaient tantôt d'origine populaire, tantôt d'origine aristocratique. Il y avait, pour ainsi dire, le chœur plébéien sous Servius, le chœur patricien sous Tarquin le Superbe; de sorte que la grande épopée se partageait en un dialogue dans lequel on reconnaissait la différence des voix et des conditions. La harpe de fer du Capitole exprimait les deux modes entre lesquels se divisait la cité de Romulus.

L'histoire allemande avait commencé par le chant de Siegfried dans le poème des Amales, l'espagnole par celui du Cid, la bretonne par celui d'Arthus. Pourquoi en serait-il autrement de l'histoire romaine ? Que de raisons se joignaient à celle-là ! Les contradictions des historiens, l'absence de monuments certains, l'incendie du Capitole dans lequel avaient péri tous les vestiges de la tradition écrite ; ces motifs avaient une valeur négative : on y ajoutait le merveilleux des aventures, la poésie des caractères, puis enfin, quelques textes égarés ; car c'était le côté faible de ce système, que le petit nombre et l'insuffisance des témoignages sur lesquels il devait s'appuyer.

Mais cette faiblesse n'était-elle pas bien rachetée par les ressemblances de l'histoire universelle, par la grandeur des résultats, par l'audace de la découverte qui tenait d'une sorte de révélation, surtout par l'accent convaincu du chef de la nouvelle doctrine. Son intolérance étant un gage de vérité, on cédait à une conviction si orgueilleuse tout ce que la science laissait douteux.

Voilà comment on crut voir reparaître, sous les récits oratoires de Tite-Live, comme sous de poudreux palimpsestes, une série de chants épiques en mètres saturnins. Ces chants, qui commençaient à Romulus, avaient pour dénoûment la bataille de Régille. Après cette journée seulement, on entrait dans l'histoire. Par là était résolu le problème de l'épopée romaine. Ce n'était plus dans le siècle d'Auguste qu'il fallait chercher le vrai monument de la poésie latine. Tout au contraire, c'est au commencement, et dans les langes de la société romaine, que se rencontrait ce chef-d'œuvre. Les lignes principales, les formes, les divisions, les épisodes, même quelques débris du rythme, venaient d'en être découverts; chacun pouvait le refaire à son gré.

Est-il besoin de dire que l'on attribuait par avance à ce *Paradis perdu* de la poésie latine, toutes les qualités que l'on refusait à l'époque de culture, originalité, grandeur, naïveté, indépendance? Au milieu de cela, survinrent les critiques; ils arrachèrent à Virgile sa couronne chancelante; ils la mirent au front du fantôme de l'Homère latin, nouvellement retrouvé dans les huttes de la Rome primitive. Bien des cordes, il est vrai, manquaient à cette lyre perdue depuis trois mille ans. Mais l'imagination des érudits était empressée à les rattacher et à les faire vibrer à leur guise. Ainsi s'acheva le triomphe d'un rêve; rien ne manqua au fantôme, pas même l'apo-

19.

théose ; après quoi on se demanda un jour s'il avait réellement existé, et quelle preuve on en avait ; ce jour-là, la foi tomba comme elle s'était élevée. Niebuhr s'appuyait sur Wolf ; la ruine de l'un devait entraîner la ruine de l'autre. Ni chez les anciens, ni chez les modernes, il n'y a place à la fois pour deux Homère.

Il y eut un temps où toutes les hypothèses, pourvu qu'elles arrivassent d'Allemagne, étaient acceptées par nous en France sans presque aucun contrôle. Il semblait qu'elles portassent au front le signe visible de l'infaillibilité. Plus elles sortaient des habitudes reçues, plus ces filles de la révélation nouvelle étaient accueillies avec avidité. Mais ces temps sont passés ; un trop grand nombre de ces fantômes nous ont trompés, se donnant chez nous pour jeunes et nouveaux quand ils étaient déjà surannés et décrédités dans leur pays. La barque qui va et vient sur le Rhin nous a apporté de la contrée des songes assez d'ombres sans corps, auxquels nous avons accordé le droit de cité. Avant de les suivre dans leurs vides royaumes, il doit nous être permis aujourd'hui d'examiner ces hôtes.

CHAPITRE VI.

RÉFUTATION DU SYSTÈME DE NIEBUHR.

HYPOTHÈSE D'UNE ÉPOPÉE PLÉBÉIENNE. — LE CHANT POPULAIRE CHEZ LES ROMAINS.

Quand je considère de près la question d'une épopée populaire dans les premiers temps de Rome (1), autant cette hypothèse agrée d'abord à mon imagination, autant, après cela, je trouve peu de raison de me fier à cet attrait; et je finis par découvrir autant d'invraisemblance dans le système nouveau que dans la fable antique. La première chose que je demande est de savoir par quels organes cette épopée s'est exprimée, par quels moyens elle s'est transmise et perpétuée. Or, cette difficulté si élémentaire m'arrête incontinent. Où sont, dans Rome, les chanteurs des poèmes romains? où sont les rhapsodes, les homérides latins?

(1) Les ouvrages récents que j'ai consultés sur ce sujet sont, après l'*Histoire romaine* de Niebuhr, les examens qui en ont été faits par les deux Schlegel, 1815 et 1818 ; *de Fontibus historicis T. Livii*, Lachmann, 1822 ; *Epicrisis quæstionis de Hist. Rom., antiq. fontibus et veritate*, Beck ; *de Originibus Hist. Rom. dissertatio*, Petersen, 1835 ; *Histoire de l'État romain*, Wachsmuth ; *Hist. lat.*, Krause, 1835, Blum. 1828.

Il n'y en a point, et je n'aperçois rien qui puisse les suppléer.

Évidemment, si, pendant quatre siècles, les souvenirs nationaux ont été transmis par le chant, on aura découvert dans les habitudes publiques des Romains la trace d'établissements semblables à ceux des Grecs. Il y aura parmi eux des familles qui feront profession de réciter, de père en fils, l'Iliade de Romulus; cette profession elle-même sera une sorte de sacerdoce. Ce que la société héroïque du moyen âge a fait pour des fictions qu'elle savait être telles, la société romaine ne l'aura-t-elle pas fait pour le poème sacré de la cité? Chez les modernes, je connais des bardes, des ménestrels, des trouvères, des jongleurs, des meistersaengers, qui tous ont chanté la fable d'Arthus ou de Charlemagne; à plus forte raison trouverai-je un grand nombre d'hommes et de conditions semblables dans la vieille Rome.

Mais il n'en est rien; loin de là, le nom même du poète manque à la langue de cette société du patron et du client, tant ils sont loin de posséder une école de rhapsodes épiques; ils ne connaissent d'abord que le prophète et le devin augural, *vates*. Ainsi, voilà une société fondée, dit-on, sur l'épopée, et qui n'a pas même dans sa langue un mot pour désigner la condition du poète (1)!

(1) Le mot *vates* n'a eu cette signification que depuis Ennius.

Du moins, en admettant que ce dernier, quelque nom qu'on lui donne, ait été l'unique conservateur de la tradition des ancêtres, il sera, sans nul doute, honoré dans Rome plus qu'en aucun lieu du monde. Le rhapsode latin, s'il existe, aura sa part de gloire au festin du patriciat; sa place sera marquée dans la cité; il n'aura rien à envier au rhapsode d'Ionie. Or, c'est précisément encore le contraire qui a lieu; dans la vieille Rome, le poète n'est rien autre chose qu'un histrion, un parasite. Caton peut reprocher à un proconsul, comme une action déshonorante, d'avoir lié commerce avec l'un d'eux, quand même cet histrion était le grand Ennius. Ce sont là de singulières contradictions dans une société qui devrait tout au poète.

J'admets qu'on ne s'en offense point, non plus que de cette hypothèse étrange qu'aucun Romain n'a eu connaissance des origines romaines. De semblables méprises se découvrent chez d'autres peuples, et je consens qu'on n'en tire aucun argument sérieux. Mais, après cela, je m'informe des autorités antiques sur lesquelles le nouveau système est fondé; et mon étonnement est grand de voir qu'en écartant les citations parasites, tout se réduise à deux ou trois lignes de Caton l'Ancien, répétées presque dans les mêmes termes par Varron et par Denys d'Halicarnasse.

Dans le peu de mots extraits de son livre sur

les origines, Caton affirme que, longtemps avant lui, c'était une coutume de chanter, dans les repas, des vers à la louange des vertus des grands hommes. Qui croirait que ce soit là, avec quelques mots semblables, l'unique fondement de la théorie nouvelle? Rien pourtant n'est plus vrai. Détachée de ce qui la précédait et de ce qui la suivait, l'assertion de Caton prouve bien l'existence de quelques chants de table, quand même elle laisse ignorer si ces chants étaient véritablement populaires, ou s'ils étaient déjà un produit de l'imitation des Grecs. Seulement il y a loin de là à une série de longues aventures, qui formeraient ensemble un cycle et une histoire continue. On pourrait même dire que les circonstances indiquées par Caton s'opposent à cette dernière idée. Dans la société frugale des premiers Romains, la coutume fut-elle jamais de prolonger les festins aux accords interminables de la lyre épique? Un chant de guerre, une prière sacrée, une nénie de funérailles, voilà ce qui s'accorde avec ces mœurs; de lentes rhapsodies au banquet de Cincinnatus, c'est là ce qu'on ne peut se figurer.

Il ne sert de rien de remarquer que les faits de l'histoire romaine, pendant trois siècles, sont pleins de merveilleux; car, pour affirmer que des événements ont leur origine dans un poème, il ne suffit pas que le récit en soit mêlé de circonstances surnaturelles. D'une part, la tradition la plus merveilleuse peut fort bien se transmettre et durer sans le secours du chant et sans celui du rythme. C'est ce que l'on voit par les traditions ecclésiastiques, par les contes populaires, par la légende dorée. D'autre part, il est des faits poétiques qui, sous des accessoires fabuleux, peuvent être très réels. Nous en avons eu, de nos jours, un exemple frappant qui ne doit point être perdu. Chacun a pu voir, au milieu d'événements très authentiques, dans la guerre des Grecs contre les Turcs, l'effort d'une mythologie naissante, qui rappelle, par beaucoup de points, l'esprit de l'antiquité héroïque. A presque tous les Klephtes, nos contemporains, sont attribuées des actions surhumaines. Que manque-t-il, dès à présent, à Karaiskaky, à Botzaris, à Tzamados, à Nikitas le turcophage, pour devenir, si on le veut, autant de types généraux ? Ils conversent avec leurs sabres, avec les têtes coupées, avec le fleuve qu'ils traversent, avec la montagne qu'ils gravissent; les oiseaux aux ailes d'or leur parlent une langue magique. Souvent, d'après la tradition, un seul d'entre eux accomplit des prodiges pour lesquels suffirait à peine une armée entière.

Est-ce assez pour me démontrer que ces hommes que j'ai vus de mes yeux et touchés de ma main ne sont que des êtres de raison, et qu'ils n'existent qu'en vertu d'un poème inventé par l'orgueil populaire ? Cependant la plupart des raisonnements de Niebuhr s'appliqueraient à eux, et conduiraient invinciblement à ce résultat. Souli n'est pas moins fabuleuse que Rome.

Que si, laissant les considérations extrinsèques, je pénètre plus avant dans la question, et si j'examine les règnes des sept rois de Rome, non seulement je cherche en vain le caractère évident de poésie populaire qu'on croit y découvrir ; mais encore j'y aperçois tout le contraire. Ces éternelles divisions de tribus, de curies, de centuries, ces règlements politiques, lois, collèges pontificaux, établissements de monnaie, ces commentaires, ces grandes annales, ces *libri lintei*, cette division des artisans par Numa, des classes par Servius, ces lentes constructions d'aqueducs, de murs d'enceinte, de routes, de cloaques ; voilà d'étranges sujets de chansons et de thèmes héroïques ! A quoi bon tout inventer pour n'inventer pas mieux ? Dans la plupart des autres faits se découvre un mélange d'érudition grecque, peut-être plus opposé encore au génie de l'inspiration plébéienne ; et dans tous les cas, l'empreinte d'un génie juridique s'y laisse voir bien plutôt que celle d'un génie poétique et spiritualiste.

Ce triste peuple romain ne chante pas, il écrit ; il écrit sur le bois, sur l'écorce, sur le cuivre, sur le plomb, sur l'airain, sur la toile. En vain les Sibylles ont tiré de bonne heure son horoscope dans la langue d'Homère ; il n'a point la sérénité de l'Ionie pour épancher ses rudes souvenirs en longues rhapsodies. Il n'a point eu d'enfance ; sa jeunesse a mûri en un moment, et le travail, la guerre, le châtiment, la loi, la nécessité, l'imitation, l'ont vieilli avant l'âge. Ses années sanglantes sont constatées par le pontife, et marquées d'un clou au pilori sacré ; voilà sa première épopée, la seule indubitable. Prédestinée à la prose, Rome a toujours su écrire. Elle s'est formée et s'est accrue à l'ombre d'Alexandrie. Ses rois, hommes ou idées, Klephtes ou symboles, ont deux visages comme son Janus : l'un très idéal, l'autre très réel. A côté de la louve du Tibre, vous les rencontrez dans tous les embarras de la jurisprudence et de la parole écrite. Des fastes, des commentaires, des annales, un droit fécial, un droit papirien, écrits sur l'écorce du figuier ruminal ; est-ce là le berceau d'un rhapsode ? N'est-ce pas plutôt l'antre d'un légiste ?

En vain oppose-t-on que les livres ont été détruits dans l'incendie du Capitole, et que chacun, plébéien, praticien, a recomposé à sa guise les âges perdus. Admettez qu'un seul monument ait échappé aux flammes, l'arbitraire dans la tradition devient impossible, et personne ne nie aujourd'hui qu'il n'y en ait eu plusieurs de sauvés. Joignez à cela que le chant populaire ne se réforme pas systématiquement trois ou quatre cents ans après les événements dont il s'inspire; cet artifice est le contraire même de la nature. Les livres écrits se falsifient en un moment; il n'est besoin que d'un trait de plume, et voilà des interpolations, des omissions irréparables. Avec l'épopée chantée, il en est autrement. Pour la falsifier en un jour, il faudrait que tout le monde conspirât sans que personne en fût instruit. Le chant populaire s'altère avec le temps; de génération en génération, il se développe, il se modifie, il s'atténue, il se transforme; il ne se recompose pas tout d'un coup et sciemment au profit d'un autre âge.

Supposé même que cela fût, le corps des prêtres (que l'on fait au reste trop peu intervenir dans cette question) n'a pu perdre entièrement le souvenir du passé. Si le peuple romain eût voulu à certains jours, façonner un poème systématique à son profit, qui doute que cette version mensongère n'eût été démentie par les pontifes? Au moins elle n'eût jamais pris la place de leurs annales. Partout où le sacerdoce a été établi, la muse plébéienne n'a pu l'emporter en autorité sur la tradition des prêtres. Ceci est confirmé par l'exemple des Hébreux, des Égyptiens et du monde catholique. Au moyen âge, les caractères d'Attila, de Charlemagne, ont été défigurés par la poésie populaire. Mais au sein de l'ignorance générale, qui, certes, équivaut à l'incendie du Capitole, la simple chronique des monastères a empêché dans le monde la confusion absolue de l'histoire et du poème. Ce que le magicien Turpin n'a pu sous les Carlovingiens, je doute qu'il l'eût pu davantage dans le grand cloître de la Rome patricienne.

D'ailleurs il n'est que trop visible qu'à force de l'exagérer, Niebuhr détruit lui-même son assertion. Il suppose que les poèmes héroïques de Romulus et de Numa existaient encore au temps d'Auguste ; c'était donc à l'insu de tout le siècle. Il croit aussi reconnaître dans la prose de Tite-Live des lambeaux de vers saturnins, et je ne sais quels vestiges d'un mètre lyrique dont personne au monde ne connaît seulement les règles. Autant vaudrait dire que les œuvres de Pascal et de Bossuet sont les débris d'un vieux poème, sur ce fondement qu'il se trouve dans leur prose des lambeaux d'hémistiches.

Non, Rome n'est point sortie de terre, comme les villes grecques, au son des flûtes enchantées ; un plus rude commencement l'a préparée à une virilité plus austère. Les exemples de l'épopée germanique, de l'espagnole, de la persane n'ont point ici d'application. Le plébéien romain ne s'égare pas, comme le Siegfried des Nibelungen, dans une vague contrée, au chant des cygnes du Rhin et au son des harpes des Valkyries. Il n'est point assis, comme l'Arthus breton, dans un festin éternel, à la table ronde, parmi les bardes de Cornouailles et du pays de Galles. Il n'écoute pas, comme le Cid à côté de Chimène, les luths de Castille ; il ne ressemble pas même au Serbe errant sur son cheval caparaçonné, ni au Klephte libre sur le sommet du Vourcano. Avant tout, le plébéien romain est dominé par la loi, par l'écriture, par la prose. C'est un débiteur entre les mains de son créancier; c'est un jurisconsulte, un Gaïus, un Papirius, non un Homère. S'il balbutie un poème, c'est la litanie des laboureurs et des prêtres arvales, ou plutôt quelque lambeau du poème horrible des douze tables, *lex horrendi carminis*.

Les formules des patriciens, le nom secret de la cité, les cérémonies, les ruses, le spectacle dramatique de la loi, voilà ce qui excite son imagination plus que des aventures idéales, que rejette son esprit matérialiste et de bonne heure enchaîné. Il a des traditions de famille, des légendes, quelques rares chansons de guerre et de table, des hymnes religieux, point de poèmes ni de rhapsodies continues. Quand même il en aurait, où les chanterait-il? Quel loisir lui laisse la guerre ou l'*ergastulum*? Est-ce sous le fouet du créancier qu'il chantera le triste chant du plébéien? Il n'a point d'assemblées poétiques, point de jeux de Némée ni d'Olympie ; il ne voyage pas comme le rhapsode grec ; il ne chevauche pas comme le chanteur serbe. A trois lieues de sa ville il trouve l'ennemi. Au dedans, au dehors, est l'esclavage. De là il faut supposer ou que ce furent les patriciens qui chantaient à leurs banquets le chant composé contre eux par les plébéiens, ou que ce poème populaire fut de bonne heure écrit et conservé en secret par le peuple sous cette forme savante ; je ne sais laquelle de ces deux hypothèses est la plus inadmissible.

Ce n'est pas tout. Si les plébéiens ont été capables de produire dans l'âge barbare une épopée telle qu'on la suppose, cette faculté n'aura pas disparu en un moment. On retrouvera plus tard, je ne dis pas des poèmes semblables, mais au moins des fragments et des tentatives du génie populaire. Quand les poètes patriciens, formés sur les modèles grecs, commenceront à paraître, on verra une lutte, un effort de la pensée plébéienne, pour résister à l'innovation. Si l'on n'admet pas la lutte de deux écoles, il y aura au moins quelque part un regret pour cet ancien vers saturnin inventé par les Faunes (1) et aboli par Ennius. Dans les

(1) Scripsêre alii rem
Versibu' quos olim Fauni vatesque canebant.
(*Ennii fragmenta.*)

grandes occasions, on entendra encore le retentissement de ces chants évanouis. Après le poète viendra l'écho, après Homère les Homérides. Dans l'époque de l'art le plus cultivé, le génie national conservera encore des marques de son origine, et la muse des premiers temps visitera par intervalles le siècle de Mécène.

A cet égard, je sais bien qu'on peut nous objecter, à nous autres Français, l'oubli dans lequel le siècle de Louis XIV a paru laisser tomber les formes de la vieille poésie indigène; mais cet oubli n'a pas été complet. Dans cette seconde renaissance, il y eut toujours des hommes et des monuments qui représentèrent la tradition du vieux génie que l'on appelait gaulois. Sans parler des Amadis et des poèmes chevaleresques en prose, La Fontaine seul ferait soupçonner tout un monde perdu. Il n'y a point de La Fontaine sous Auguste.

Enfin, on ne sait où remonter pour trouver dans la poésie romaine la trace du chant populaire : plus vous poursuivez ce fantôme, plus il vous échappe ; dès que vous entendez prononcer un nom de poète, la réaction grecque est déjà complète. Le plus ancien de tous, Livius Andronicus, débute par une traduction de l'Odyssée. Après lui, Nævius et surtout Ennius, en racontant les histoires les plus intimes de la vieille Rome, sont déjà sous le joug d'Euripide. Si l'on remonte plus haut, on trouve la liturgie des prêtres pour bénir le temple, le champ, le tombeau, mais point de rhapsodies, point de poèmes héroïques, point d'épopée.

Pour enfanter une série de poèmes, il faut à un peuple une certaine oisiveté ou liberté poétique ; celle du Germain dans la forêt hercynienne, du Gaël dans le clan, de l'Arabe dans le désert, du Troubadour dans sa maison joyeuse de Provence. Mais il n'y a point, il ne peut y avoir d'épopée de l'esclave dans la prison, du serf sur la glèbe, du débiteur entre les mains du créancier, du plébéien sur le mont Aventin. Jusqu'à l'établissement du tribunat, la plèbe romaine fut en quelque sorte muette ; c'est là son caractère dans la loi et dans l'art. Il ne faut pas le lui ôter. Pour créer un poème héroïque, il manquait à la plèbe bien plus que le génie de la poésie et de l'art instinctif ; il lui manquait la libre possession d'elle-même. Sa langue était liée ; car l'épopée nationale a toujours été l'expression idéale de l'indépendance et de la personnalité conquise, non celle de la servitude consentie ou disputée. Or, c'est à mon avis, une contradiction insoutenable de réduire, d'une part, presque à rien le droit et la personnalité morale de la population plébéienne dans les premiers temps de Rome, et de l'autre, d'attribuer à cette espèce de paria ou d'*outlaw*, ce qui est dans un peuple le produit le plus manifeste du sentiment exalté de l'existence, je veux dire, le poème héroïque et épique. Cette contradiction, à la vérité, d'un ordre purement philosophique, se trouvant jointe à celles qui naissent, en foule, du fond même des choses, des circonstances de la langue, de l'histoire, et du concours entier des faits, m'empêche de donner la moindre créance à l'hypothèse d'une épopée idéale dans les quatre premiers siècles de Rome.

CHAPITRE VII.

POURQUOI L'IMITATION A ÉTÉ LA RÈGLE DES ROMAINS.

Ces principes posés, il est aisé de voir comment ils ont été confirmés par la poétique des Romains. Le vice que l'on découvre dans leurs origines se perpétue pour eux à travers toutes les époques. Ce qu'ils n'ont point eu dans les âges barbares, ils ne le possèdent pas davantage dans les âges les plus cultivés. Le poème héroïque n'étant que le développement continu des formes indigènes et spontanées dans l'art, aucun mécanisme n'a pu suppléer pour eux ces formes qui leur manquaient. Le défaut d'une Énéide populaire, dans les premiers temps de Rome, devait entraîner tôt ou tard, pour résultat, la forme empruntée et abstraite de l'Énéide du siècle d'Auguste. Ce fut là ce qui, à la fin, poussa Virgile au désespoir. Comme son héros, il sentit qu'il n'avait embrassé qu'une ombre.

Une conséquence qui tient de près à celle-là, est l'idée que les Romains en général se formaient du but de la poésie. De ce qu'elle n'avait point été chez eux l'expression consacrée des croyances populaires et nationales, il s'ensuit qu'ils la considérèrent dès l'origine, comme une invention arbitraire qui pouvait être ou n'être pas, plus propre à orner le mensonge que la vérité, et faite surtout pour l'amusement des patriciens. Chez les Grecs, la poésie avait été religion, culte et dogme tout ensemble. Elle était pour eux plus vraie que l'histoire ; c'est même là tout le système d'Aristote. Chez les Romains, rien de cela. La poésie est fiction, fable, mensonge ; c'est à leurs yeux un grand mérite que de savoir s'en défier.

Aussi, quand Tite-Live transcrit Ennius, il se garde bien de le citer ; il croirait, en le faisant, manquer à la dignité de la tradition. En un mot, le divorce entre la poésie et la réalité s'est accompli par les Romains. Le monde idéal et le monde réel, réunis jusque-là dans les lyriques orientaux, dans les prophètes hébreux, dans les hymnes orphiques, dans les rhapsodes ioniens, sont désormais séparés ; ils ne se confondront plus. Le poète n'est plus le guide des peuples. Il a perdu une à une toutes ses couronnes, hors la couronne des songes. Il n'est plus ni législateur, ni prêtre, ni historien. Il est devenu on ne sait quoi, une espèce de fou de cour fait pour divertir, après le lion muselé du cirque, l'univers devenu vieux.

D'après ce qui a été dit plus haut, il est également manifeste que l'art romain devait nécessairement adopter pour loi suprême la loi d'imitation.

C'était la règle à laquelle il était soumis en naissant. Ses formes lui étaient imposées en même temps que la théodicée et la cosmogonie des Grecs. Un même système religieux ne pouvait pas produire deux systèmes d'art différents ; et les dieux helléniques une fois reconnus, la conséquence était de donner à l'Iliade et à l'Odyssée presque la même importance sociale dans Athènes et dans Rome.

Tout se tient dans la poétique païenne, même lorsque tout semble s'y contredire. Depuis le grammairien jusqu'au père des dieux, tout s'engendre l'un de l'autre ; tout s'appuie l'un sur l'autre ; Terentianus sur Horace, Horace sur Aristote, Aristote sur Homère, Homère sur Jupiter. Pour changer la forme de l'art, il fallait changer les dieux, et il n'y avait que le Christ qui pût déshériter Homère. De là, quand les critiques modernes ont tenté de rétablir telle quelle la théorie de l'imitation, ils ont fait une règle générale de ce qui avait été un cas particulier à l'établissement des Romains. Ce sophisme a son nom dans les écoles.

En effet, il est arrivé aux Romains ce qui est advenu à toutes les civilisations naissantes, quand elles ont été subitement mises en rapport avec des civilisations plus avancées : celles-ci ont promptement dévoré celles-là. Dès le berceau, l'Hercule latin a été enlacé par les replis du serpent grec ; jamais il n'a pu s'en dégager. Au-dessus des huttes de Romulus planait le fantôme de la civilisation homérique. A peine ce dernier commença-t-il à paraître, il fut le maître, et l'on n'en voulut plus reconnaître d'autre. La révolution commença par les dieux; le Tagès d'Étrurie s'inclina sur sa glèbe, comme un serf, devant le Jupiter Panhellénien.

Ce changement ne produisit pas même un schisme, et le polythéisme fonda dès lors dans Rome une sorte de catholicisme païen. Le vieux Saturne d'Italie se laissa détrôner sans résistance par les dynasties des dieux étrangers. Le ciel grec s'abaissa avec toutes les nuées olympiennes sur l'Italie, sans qu'il sortît un seul murmure de cette terre déshéritée. Il est vrai que les populations les plus religieuses avaient été extirpées au préalable. Les cités cyclopéennes n'étaient déjà plus habitées que par les couleuvres toscanes, et les Romains avaient traité les Étrusques de la même façon que plus tard Charlemagne traita les Saxons hérétiques. Par là fut frayé le chemin aux croyances et aux divinités nouvelles. Quand l'invasion religieuse fut ainsi consommée, que resta-t-il à faire à l'art? Il lui resta à l'admettre et à s'y conformer.

Supposez que, dans la lutte, les Étrusques l'eussent emporté sur les Romains, l'Italie ancienne eût certainement produit une poésie plus originale. Au lieu de tout puiser dans l'imitation de la Grèce, l'art de l'Étrurie eût trouvé ses formes dans la liturgie toscane, dans les hymnes des prêtres, des augures, des sibylles. Mais l'extirpation de ce peuple fut en même temps l'anéantissement de la vieille poésie. Remarquez que la même question de civilisation qui se débattit entre Athènes et les Persans, se résolut dans le même sens entre Rome et les Étrusques. En soumettant ces derniers, Rome soumit avec eux le sacerdoce qui, devenu muet, perdit sa poésie dans l'esclavage de la cité politique. Ainsi, on peut dire que, dans l'antiquité, l'école d'Homère triompha deux fois du génie sacerdotal et oriental, la première avec les Grecs à Salamine, la seconde avec les Romains au bord du lac Régille.

Si, pour produire un système de faits propres à la poésie épique, il n'était besoin que du concours du monde matériel, aucune tradition, aucune histoire ne seraient plus riches que la tradition et que l'histoire des Romains. Il suffit de rappeler les principaux sujets qu'elles fournissent, et qui embrassent tous les rapports du monde antique : — la tradition d'Énée, — l'époque des rois, — les guerres puniques, — César, — les invasions des Barbares. — Ces sujets ont été traités successivement par Nævius, Ennius, Virgile, Lucain, Silius Italicus, Claudien ; mais chacun d'eux porte en soi un vice commun à tous, et que rien ne peut racheter. Rome a beau être placée au cœur du monde, un univers tout entier échappe constamment à sa conquête, je veux dire l'univers impalpable des croyances et des idées. Le monde réel dominait trop fortement chez elle le monde idéal, pour qu'il pût s'établir entre eux les justes proportions d'où naît l'harmonie de l'art; l'action surpassait la pensée, l'histoire opprimait le poème. Entre la terre et le ciel, l'accord ne fut jamais parfait, et la faute en fut toujours aux dieux.

Premièrement, ces dieux étrangers, sortis de la Grèce, restent froids et inanimés dans leur nouvelle patrie; point de sympathie ni d'alliance entre eux et les événements au milieu desquels le poète les transporte. Ils ne sont pas nés de ce sol, ils n'ont pas grandi avec ce peuple. C'est un monde qu'ils ignorent, qu'ils protègent sans l'avoir fait, qu'ils condamnent sans le haïr, qu'ils servent sans l'aimer. Pour eux, les honneurs politiques du culte romain ne valent pas l'indépendance des monts de la Thrace. Dans le Panthéon d'Agrippa, ils regrettent la liberté de l'Olympe et le grand ciel d'Homère; à proprement parler, ils sont prisonniers de guerre dans l'épopée latine. Comme des rois vaincus, ils suivent, enchaînés et muets dans l'Énéide, le char de triomphe de l'imagination romaine.

Autre difficulté. Ces dieux ont beau arriver de toutes les parties du monde antique dans le Panthéon latin, ils ne le remplissent qu'à peine; car leur nombre augmente en raison inverse de la foi. D'abord, à mesure que les dieux étrusques commencent à déchoir, leurs sièges vides sont occupés par les dieux Grecs. Ceux-ci, venant à décliner à leur tour, les dieux orientaux sont admis à leur place.

Les Romains en usent avec l'Olympe comme les modernes avec leurs chambres hautes : ils créent à volonté, selon le besoin qu'ils en ont, des dieux politiques, comme les Anglais des lords et des barons. C'est ainsi que se forma, en un moment, cette cohue olympienne dans laquelle se coudoient Jupiter, Mithra et Osiris. Dès le temps de Virgile, les cieux étaient pleins de ces ombres qui traînaient leur éternité défunte dans les ruines du firmament de Saturne. De toutes parts, de l'Orient et du couchant, les dieux morts arrivaient dans la grande Josaphat de la Rome impériale pour entendre à la fois le jugement du Christ nouveau-né : Retirez-vous, maudits!

Il résulte de là que l'État romain, se développant incessamment dans les limites et les conditions du monde matériel, tandis que le monde idéal (celui des croyances) suivait un progrès tout contraire, la faible concordance qui existait à l'origine de l'un et de l'autre ne devait pas tarder à être rompue. Sous César, l'univers matériel présentait, comme il a été remarqué ailleurs, des conditions très épiques. Mais le système de la théodicée païenne était dès lors aussi impuissant à le comprendre qu'à le régir. Les grands dieux étaient devenus trop petits pour suffire à l'administration du monde romain. L'humanité avait grandi. Jupiter, auprès d'elle, était un nain.

En un mot, il y avait une sorte d'unité dans l'établissement humain, et une anarchie absolue dans l'établissement céleste, c'est-à-dire tout le contraire de l'équilibre nécessaire à un art novateur. De plus, dans la lutte déjà flagrante entre la civilisation antique et les hommes du Nord, les dieux de Rome, épuisés et vieillis sous leur pourpre, n'auraient pas eu facilement raison des dieux barbares sous le frêne sacré. Les premiers ne pouvaient plus résoudre les difficultés où le monde était plongé. Lequel eût cédé la place à l'autre? Odin ou Jupiter? Il était temps que le Christ parût pour les concilier l'un et l'autre.

Par tout ce qui précède, on peut se faire une idée des difficultés au milieu desquelles était plongé le poète romain. Il n'avait pour lui ni le peuple ni les dieux; il fallait qu'il pût dire à chaque instant du jour, comme Médée : Moi seul, et c'est assez. Aussi, Nævius, Ennius, malgré tous leurs efforts pour imiter Homère, ne furent-ils que des chroniqueurs en vers, ou ce que l'on appelait des *cycliques.* L'art romain était un ange tombé de la sphère idéale des Grecs dans la Sodôme impériale. Le poème y fut de bonne heure asservi à l'histoire, d'où il semble que la poésie latine, abandonnée à son propre instinct, eût dû produire à la fin une grande chronique nationale, moitié fictive, moitié réelle, et telle peut-être que le Schahnameh des Persans et que les Sagas d'Islande.

Cette voie se présentait à Virgile ; pour la suivre, il lui suffisait de résumer dans son œuvre, comme dans un Panthéon, les rudes poètes qui l'avaient précédé. Il pouvait aussi sortir des formes nationales, et s'élever, par l'imitation d'Alexandrie, à une sorte d'épopée abstraite et savante. C'est là le parti qu'il choisit : c'est celui qui était dans le génie de son temps. Le vieil esprit de Rome était mort avec Caton ; l'esprit cosmopolite avait vaincu avec César.

La tradition d'Énée, quelle que soit son origine, marque au moins l'alliance de la Grèce et de Rome. C'est sur l'idée de la parenté de ces deux civilisations que repose l'œuvre de Virgile. Dans ce sens, ce poème, plus cosmopolite que romain, a pour unité celle de l'antiquité. L'Énéide clôt comme d'un sceau le paganisme ; son rapport avec l'Iliade est le même que celui du *Paradis perdu* avec la Bible. Homère et Virgile sont unis entre eux comme le sont le commencement et la fin d'un même monde. C'est la queue du serpent qui va rejoindre sa tête. En outre, si Homère marque le lien de l'Orient et de la Grèce, Virgile marque celui de la Grèce et de l'Italie ; par ce côté, il s'est attaché à l'une de ces idées qui appartiennent à l'épopée philosophique du genre humain. D'où il arriva qu'au moyen âge il représenta lui seul l'antiquité tout entière, et qu'il devint un personnage plus poétique que son poème. Les légendes des monastères firent de lui un prophète moitié païen, moitié chrétien, qui survivait à tout un monde détruit. Parmi les ruines de l'empire romain, il resta comme le spectre de la poésie antique ; ombre vagabonde qui devait initier Dante à la cité des morts.

Malgré cela, Virgile ne peut servir de centre à l'histoire de la poésie latine. Les poètes romains ne forment pas autour de lui une étroite famille, comme les Grecs autour d'Homère ; et l'avare festin de l'Énéide ne les nourrit pas tous ensemble de ses débris. C'est dans Rome que s'est brisé, pour la première fois, le chœur antique des rhapsodes et des muses. L'inspiration religieuse et populaire, qui jusque-là tenait tout réuni, a disparu. Chacun s'en va sans savoir où, l'un dans la joie, l'autre dans la douleur. Les poètes ne sont plus frères. Plus d'unité, plus de lien, plus de système qui les rassemble, si ce n'est peut-être le matérialisme de Lucrèce. Enfants prodigues, ils vont paître au hasard le troupeau dispersé d'Épicure ; au reste, sans aïeul, sans chef, sans guide, ils sont tous orphelins.

Une chose pouvait les réunir. En effet, si l'asservissement prématuré du sacerdoce, si la pénurie des éléments nationaux nuisaient au développement du poème lyrique et du poème héroïque, une troisième forme restait, qui paraissait devoir résumer tout le génie romain ; c'est la forme du drame.

La querelle incessante des patriciens et des plébéiens faisant le fond de leur histoire, qui ne penserait, au premier abord, que ce dût être là une situation éminemment propre aux inventions du théâtre ? Cette querelle éternelle de l'aristocratie et de la démocratie, qui commence entre Romulus et Rémus sous le figuier ruminal, qui se poursuit sur l'Aventin et dans le soliloque du mont Sacré ; ce dialogue sans fin, qui s'agite dans la paix plus que dans la guerre ; ce peuple muet, qui transmet sa parole au tribun ; cette lutte acharnée dans l'enceinte des mêmes murailles ; ces péripéties continues, ces réconciliations subites, et de nouveau ces récriminations furieuses ; et au dénoûment comme le dieu de la machine, tantôt un Marius, tantôt un Sylla, tantôt un César, qui, détruisant tout, renversant tout à son profit, concilie tout aussi ; voilà certainement une tragédie ou une comédie historique dont chaque scène suffisait à la vie d'un poëte.

Sans doute elle eût été exécutée par quelque Shakspeare du mont Aventin, si la violence des patriciens n'y eût mis bon ordre ; mais la loi des douze tables, en punissant de mort l'ironie plébéienne, coupa court de bonne heure à toutes les tentatives. Malgré cela, le poëme fut commencé par Nævius, qui expia son audace dans les prisons des Métellus. Après lui, il fallut trois siècles avant que sa colère étouffée éclatât dans Juvénal. Rome finissait alors comme elle avait commencé, par la satire.

CHAPITRE VIII.

CARACTÈRES DIFFÉRENTS DE LA DÉCADENCE CHEZ LES ANCIENS ET LES MODERNES.

Lorsqu'on pénètre plus avant dans le temps de la décadence romaine, c'est aujourd'hui l'usage d'expliquer cette époque par ses ressemblances avec la nôtre; on cède volontiers au plaisir de fustiger son siècle avec cette vieille férule; et pourtant Dieu sait sur quels faux semblants reposent presque toujours ces analogies! Si Lucain, Silius Italicus, Stace, Claudien, marquent une chute prodigieuse dans l'art, ce n'est pas seulement parce qu'ils ont altéré la diction et la langue. Jusqu'au dernier soupir, les Romains ont excellé à composer ce qu'on appelle de beaux vers et de belles phrases, sorte d'art mécanique, dans lequel ils sont évidemment supérieurs aux Grecs, le moindre d'entre eux pouvant en remontrer là-dessus au vieil Homère.

La décadence ne vient pas non plus de ce qu'ils ont quitté les principes du siècle d'Auguste. Le contraire de cette idée serait plus exact. Dites que ces poètes sont demeurés stériles parce qu'ils sont restés asservis à une loi morte, et vous toucherez au vrai. Pour eux, la vieille société a beau mourir, ils n'en ont cure. La même expression, la même règle, la même mythologie, ils l'appliquent à l'Italie d'Évandre et à l'Italie des empereurs. Avant et après les Barbares, Rome est toujours pour eux la Rome de Fabricius et de Caton. Que leur fait le bélier qui frappe à la porte? jusqu'au bout, ils continuent le jeu classique des temps de Saturne. C'est toujours, quoi qu'il arrive, même sénat, mêmes naïades, même triomphe, surtout même imitation. Sous le Goth Stilicon, reparaît l'âge d'or. Alaric est le commensal d'Énée; le siècle de Claudien se revêt de la peau du lion homérique. La poétique du siècle d'Auguste régit jusqu'à la fin le siècle d'Augustule.

Qui ne voit clairement que si l'art de cette époque n'a aucune valeur sérieuse, ce perpétuel mensonge en est la cause? Car ce n'est pas la poésie en soi qui manquait au spectacle de cette société agonisante; le spectateur seul y manquait. De tant de prophètes officiels, augures, devins, aruspices, pas un n'a le pressentiment de ce qui menace le monde antique. Tranquillement et stupidement, la société romaine s'en va à l'abîme sans qu'il se trouve, parmi tous ces intrépides disciples du siècle d'Auguste, un homme qui ait le cœur de se lever, et de dire : « Nous périssons. »

Certes, il ne valait guère la peine d'avoir à son berceau tant de Sibylles pour n'être pas prévenu de sa chute une heure d'avance. Ni Attila, ni aucun des Barbares, ne peuvent arracher cette momie impériale à l'imitation de l'Énéide, qu'elle balbutie encore dans son tombeau de Byzance. Veut-on voir quelque chose de plus, il faut relire Symmaque. Quand tout est fini, et qu'il n'y a déjà plus de Rome, sous Théodose, il se trouve encore un homme pour demander, au nom de la société qui n'est plus, le rétablissement du culte de Janus. Sans doute cet homme-là croyait qu'il ne fallait qu'un décret de l'empereur pour ressusciter les dieux ensevelis, depuis trois siècles, sous le grand tumulus de l'Olympe. S'il y a parmi nous des Symmaques, on avouera au moins qu'ils se cachent bien mieux.

Cela admis, je demande sur quel fondement certain on peut comparer une société si peu préoccupée de sa fin à la société moderne, si habile au contraire à compter ses plaies, à écouter ses ruines, à sonder ses blessures, à prophétiser sa chute, et qui, de plus, tire de cette science même sa principale grandeur. Chez les Romains, on ne trouve point, comme il a été dit ci-dessus, de Jérémie ni d'Isaïe pour pleurer sur leur misère future. Mais il n'y a point non plus parmi eux de René, point de Childe-Harold, point de Faust pour dévoiler leurs combats intérieurs. Il n'y pas même de don Juan à la dernière orgie du paganisme.

Le monde romain et la société moderne sont, si l'on veut, et quand même cela pourrait se nier, deux établissements près de se dissoudre. Ils se ressemblent par une même apparence de ruine. Mais, pénétrez au delà, tout est divers. Le monde païen n'a pas la conscience de sa misère ; il est tel que cet univers physique dont parle Pascal, et qui ne sait pas qu'il meurt ; l'autre, le monde moderne, le sait si bien, qu'il est toujours sur le point de s'exagérer son mal. Et pour ce qui regarde la poésie, la philosophie, ou, pour tout dire, le principe de la morale, ces deux conditions d'une ruine qui se connaît et d'une ruine qui s'ignore, sont si différentes entre elles, l'une est si pauvre, l'autre est si riche de sa propre misère, que ce point seul, une fois bien établi, suffirait à renverser toutes les analogies qu'on y pourrait opposer. A quoi bon attacher ce corps vivant à ce corps mort ? On ne serait pas plus loin du vrai en comparant aujourd'hui la plainte de la société chrétienne à la plainte des prophètes, laquelle était aussi pleur et joie, passé et avenir tout ensemble.

Depuis longtemps on nous assure qu'il se prépare dans la poésie contemporaine un retour vers l'imitation de l'antiquité. Si cette réaction tant promise conduisait enfin à l'étude des formes grecques, nul doute qu'elle ne fût un progrès pour tous. Au contraire, si ce devait être seulement un retour à la poétique latine, il y aurait, d'un aussi brusque repentir, plusieurs inconvénients à redouter. C'est le sentiment qui a inspiré les stances suivantes :

A LA MUSE LATINE.

Sous mon toit résonnant gazouille l'hirondelle ;
Le petit du bouvreuil dont j'ai vu croître l'aile
Commence à becqueter mon pain de chaque jour.
Car le toit du poète est ouvert dans l'orage,
A la jeune hirondelle, aux parfums du rivage,
      A tous les chants d'amour.

Il n'est fermé qu'à toi, triste Muse latine !
Loin ton ciel plagiaire où le frelon butine,
Sur leurs longs pieds de bouc tes mètres saliens,
Vieux enfants d'un vieillard tes hymnes de Saturne,
      Puis au bord de ton urne
L'épopée épanchée à flots olympiens !

Sans ailes, sans guirlande et plus riche que belle,
Je ne t'aimai jamais. Ton avare mamelle,
Loin de ma mère, enfant, m'a nourri de mes pleurs.
Tu ne sus qu'insulter les plus doux de mes songes !
Et dans mon ciel d'avril tu mêlas tes mensonges
      A mes premières fleurs.

Ta férule outragea ma muse à la lisière ;
Et moi, fuyant déjà ta classique lanière,
J'allais où va l'oiseau me plaindre dans les champs ;

Et quand j'avais pleuré mes larmes de poète,
  Sautillant sur ma tête,
C'est l'oiseau nouveau-né qui m'enseignait mes chants.

Mais toi, pendant ce temps, sur le trépied montée,
Vestale, qu'as-tu fait du feu de Prométhée ?
Tu l'as laissé mourir sous ta tremblante main.
Ton souffle sur ton âtre ose à peine descendre ;
Car les pensers d'amour qui raniment la cendre
  N'habitent pas ton sein.

Vestale, qu'as-tu fait du foyer d'Ionie ?
Dans tes mètres d'emprunt la torche du génie
Sur l'autel des Latins n'a brillé qu'en mourant.
Ton œuvre la plus belle est un sépulcre vide,
  Et, dans ta cruche aride,
Tu taris en un jour l'eau puisée au torrent.

Fille de ravisseurs, sans semer tu moissonnes,
Des guirlandes d'autrui tu te fais tes couronnes ;
Aux prophètes vieillis tu dérobes leurs cieux.
Quand tes Lares sont nus, pour les vêtir de soie,
  Dans les tombeaux de Troie,
Tu ravis le linceul à l'épaule des dieux.

Hors du monde des sens pour toi tout est chimère ;
Et ton vers, parasite à la table d'Homère,
N'a foi qu'en ses cinq pieds de dactyles chaussés.
Tu crois qu'au lieu de l'âme un lambeau d'anapeste,
Comme un Mercure ailé, porte au faîte céleste
  Tes larcins cadencés ;

Que l'iambe inégal peut forger sur l'enclume,
Comme un Vulcain boiteux, sans que le cœur s'allume,
De deux coups de marteau ses brûlants javelots ;
Et que mieux qu'une veuve en sa douleur voilée,
  Auprès d'un mausolée,
Un spondée, à pas lents, va traîner ses sanglots.

Le métier use en toi la verve sibylline.
Tu fardes ta Vénus du fard de Messaline ;
De Delphes sans profit tu pilles le trésor ;
Rien n'enrichit jamais les cythares menteuses,
Et c'est en vain qu'au front des prières boiteuses
      Tu mets un masque d'or.

Voilà, voilà comment, quittant le laticlave,
Et ceignant à ses reins ta ceinture d'esclave,
L'art se fit artisan au fond des lupanars.
Ouvrier des Pisons à la courte tunique,
      Dans ta geôle classique,
Il tourna sur le grain la meule des Césars.

Tous les grands ciseleurs d'une vide parole,
Tous les beaux désespoirs qu'une rime console,
Tous les prophètes faux dans leur vaste cité,
Des poètes sans cœur les rampantes extases,
Tous les limeurs de mots, les artisans de phrases,
      Sont ta postérité.

Ah ! si pour apaiser la fièvre de notre âge,
A l'âme il faut verser un antique breuvage,
Dans la coupe des Grecs nous boirons à longs traits.
Quand nous sentons au cœur la flèche qui dévore,
      Nous apprendrons encore
A cueillir sur l'Ida les simples des forêts.

Je n'ai point oublié le sentier de l'Attique.
J'ai suivi, sous la brise, au bord de mon caïque,
Dans le flot albanais la plainte de Sapho.
Mes yeux ont vu de près les grands dieux sur leur faîte ;
Et, dans ma longue nuit, des cinq voix du Taygète
      J'entends partout l'écho.

Mais toi n'espère pas que nos libres pensées,
Sous ton joug, reprenant les entraves passées,
La muse, à ton autel, plie encor les genoux.

Non, non ; trop de sentiers, sur de nouveaux abîmes,
>Ont aplani nos cimes.
La muse repentie habite loin de nous.

De tes philtres latins nous défions les charmes.
Des amours plus puissants ont de leurs chaudes larmes
Effacé dans nos mains tes livres entr'ouverts.
Que feraient, sous nos toits, tes petits dieux de plâtre,
Et tes Lares gourmands, qui, rangés dans ton âtre,
>Nous cachent l'univers ?

Maudit ! maudit cent fois le poète parjure
Qui, le premier, livrant son aile à ton injure,
Voudrait tout ramener aux lois de ton ciseau ;
Et, prenant ta quenouille où ta main l'a laissée,
>Dans ton froid gynécée,
En rimes filerait un servile fuseau !

Que jamais sa maison ne soit de chants remplie !
Que l'amphore en ses mains ne garde que la lie !
Que les mots dans son cœur ne rendent qu'un vain bruit !
Que jamais une vierge, amante de sa gloire,
N'éveille, pour l'entendre, en leur couche d'ivoire,
>Les songes de la nuit !

CHAPITRE IX.

L'ÉPOPÉE FRANÇAISE.

LES LÉGENDES, LES CHANTS DE GUERRE. — TRADITIONS CELTIQUS. — CYCLE D'ARTHUS.

Au moment où le génie païen venait de disparaître, on entendit un chœur de voix sortir du fond des catacombes ; c'était le chant de l'éternelle poésie qui ressuscitait avec le Christ. Durant quatre siècles les litanies des martyrs formèrent l'épopée de l'avenir. L'art chrétien naquit dans un tombeau, comme la société chrétienne.

Pendant que Rome s'écroule, l'hymne ecclésiastique retentit comme la trompette du jugement dernier ; depuis saint Ambroise jusqu'à saint Bernard, un éternel *Te Deum*, qui passe de bouche en bouche, célèbre en des mots différents l'humanité perdue et rachetée. Ce chant immense de l'Église, prolongé de génération en génération, fait le lien de la société qui n'est plus et de la société nouvelle. Il occupe dans la civilisation des modernes la place du chœur dans la civilisation grecque. Quand tous les empires sont tombés, comme des acteurs, et que les faux dieux ont jeté le masque, il reste seul sur la scène, et c'est lui qui tire la morale de la pièce. Il éclate comme le clairon; il vibre comme la harpe; il enfle sa voix comme l'orgue; il balbutie comme un peuple de ressuscités. Tout émane de lui; tout commence par lui; rythme, stance, ode, drame, épopée. La poésie, depuis deux mille ans, s'appuie sur l'hymne, comme l'architecture gothique sur le pilier byzantin.

En même temps naissaient les légendes, poèmes qui n'appartiennent à personne; sans formes comme la société qui les produit, ils vivent, pour ainsi dire, secrètement dans les cœurs, et croissent avec l'herbe sur les tombeaux des saints et des martyrs.

L'union du ciel et de la terre, de Dieu et de l'homme, était alors si complète, que le merveilleux et le divin apparaissaient en toutes choses. Ce n'étaient pas seulement les âmes des hommes qui étaient enivrées de la foi nouvelle. L'univers muet, saisi de repentir, semblait abjurer aussi les voluptés passées, et un nouveau soleil sortait de la nuit païenne, rajeuni dans le baptême d'un océan immaculé. En ce temps-là, les lions creusaient le tombeau des anachorètes; les oiseaux de proie apportaient aux ermites le pain des anges dans les cavernes. Au fond des cellules, les saints se taisaient pour entendre sur le toit le cantique des hirondelles à l'étoile matinale. Le matin et le soir, les cigales (1) écoutaient, comme les panthères, la prière des cénobites; et les biches sauvages (2) venaient lécher la main des vierges à la porte des monastères. Sur le tombeau des fiancés, la vigne mystique se mariait miraculeusement aux roses de Judée.

Alors aussi finissaient les invasions barbares ; le pape Grégoire (3) voyait dans le ciel de Rome les deux archanges vengeurs du Christ remettre dans le fourreau l'épée d'extermination. Dans leurs sépulcres olympiens, les dieux ressuscitaient sous des formes nouvelles. Sur le chemin des solitaires, les Faunes effrontés enflaient leurs pipeaux; dans la Thébaïde, les divinités de l'Égypte, noircies par le soleil, venaient murmurer à l'oreille d'Antoine les incantations du désert. Ailleurs, le géant Christophe, emportant sur ses épaules le Christ nouveau-né, et lui faisant franchir le grand fleuve, était un symbole des peuples barbares qui recueillaient le christianisme au berceau, et l'aidaient à franchir la limite des vieux empires.

Les idées les plus hautes sur la nature, l'histoire, le monde, aussi bien que les sentiments les plus

---

(1) Vir Dei manum extendens vocavit dicens : Soror mea cicada, veni ad me. Quæ statim obediens, etc. (*Sanctus Franciscus, Legend. aurea*, p. 176.)

(2) *Acta sanctorum, Martii*, tom. II, p. 606.

(3) *Legenda aurea, de sancto Gregorio.*

simples, se résumaient dans des emblèmes divins. Sur les ruines de la mythologie païenne ressuscitait une mythologie spiritualiste et sainte. L'Église enfantine, comme la vierge de Raphaël, s'asseyait parmi les fleurs des champs, et épelait son divin livre. Auprès d'elle le Christ au berceau jouait avec les insignes du Calvaire. Poésie du dogme naissant et de la foi inviolée! fondement de tout ce qui s'appellera plus tard imagination, mélodie, sculpture, peinture, art catholique !

Au milieu de ces origines, quand on voit les peuples germaniques passer le Rhin, on doit croire que leurs traditions vont former les éléments dominants de l'art au moyen âge. Mais il n'en est rien. Leurs souvenirs s'évanouissent comme leurs langues; la chaîne commence à se rompre sitôt qu'ils quittent le sol natal. Les bardes des Celtes ont laissé avec leurs noms quelque trace dans l'imagination de la France du moyen âge. Les traditions héroïques des Francs, des Bourguignons, n'y laissent aucun vestige. Tout ce que ces peuples gardèrent de leur passé fut l'habitude des chants de guerre. Ainsi, l'hymne, la légende, le chant guerrier, le lai des bardes, voilà les premiers rudiments de l'art en France. Chacune de ces formes se développant séparément, il y avait une poésie et point de poème, comme il y avait des débris de peuples et point de peuple, des hommes et point de société.

Si, de cette première époque, on jette les yeux sur le douzième siècle, un grand miracle est accompli; la société est née. Le germe caché dans le sillon barbare a lentement percé le sol. Courbés sur la glèbe, des siècles serfs, et qui n'ont point de nom, ont travaillé sans bruit; ils n'ont point vu leur œuvre; et maintenant, comme une plante qui naîtrait d'elle-même, une architecture nouvelle surgit de terre. En même temps, des compositions épiques de trente, de quarante, de soixante mille vers, éclatent presque à la fois, dans des dialectes naissants. Qui a ainsi enchanté la terre de la barbarie? Qui a délié la langue des siècles muets? Le christianisme et la féodalité. Pendant que la société se formait de l'alliance de l'Église et de la force barbare, l'épopée naissait de la légende et du chant de guerre.

La première chose que l'on remarque dans ces poèmes, c'est que les événements qui se passaient au temps où ils furent composés n'y tiennent point de place; ces temps furent pourtant de ceux où l'homme s'agita le plus. Les cœurs vibraient encore au souvenir de saint Bernard. L'émancipation des communes qui est partout le signal de l'émancipation des langues vulgaires, la France et l'Angleterre mises l'une après l'autre en interdit, les croisades, la guerre des Albigeois, la bataille de Bouvines, la prise de Constantinople, Innocent III, Philippe-Auguste, Richard Cœur-de-Lion, Frédéric II, Dandolo, remplissaient ces jours de colère et de bruit ; et pourtant jamais l'homme ne vécut dans une séquestration plus complète du monde réel. Au milieu de ce fracas, le siècle, sous le cilice, se condamnait et se macérait lui-même. Les yeux baissés, sans rien voir autour d'eux, les peuples, comme des fantômes qui vont à Josaphat, s'acheminaient vers la Syrie. La Terre repentante se cachait sous l'aile des anges de la passion; rois, empereurs, nations, tous reniaient le présent. Comment le poëte eût-il fait autrement ?

En vain une épopée vivante l'environnait ; en vain l'un après l'autre les peuples-pèlerins vinrent à passer près de son seuil, il ne détourna pas les yeux vers eux. Comme le saint dans sa cellule, le trouvère ne vit que l'idéal qui lui avait été légué par la tradition ; il ne chercha que son propre songe. Si les événements qui le réveillaient au milieu de ce songe divin entrèrent pour quelque chose dans ses chants, ce fut à son insu. A travers le bruit des armées des croisés, il n'entendit que les pas des paladins sur la feuillée, dans les forêts enchantées d'Ardennes ou de Broceliande.

Le treizième siècle, qui est pour nous aujourd'hui l'image de la foi, avait déjà son âge d'or, vers lequel il se retournait avec douleur. Cet idéal religieux que nous cherchons dans le moyen âge, le moyen âge le cherchait dans les temps qui l'ont précédé ; et en effet, les grandes épopées de cette époque ne sont que l'expression de cet infini désir d'une condition qui n'a jamais été éprouvée, mais dont le christianisme avait éveillé l'idée. Elles prouvent irrésistiblement que les hommes n'étaient point frappés de la poésie qui se développait sous leur yeux. Ils regrettaient une chose qui n'avait jamais été, qui ne pouvait pas être, et ce regret prodigieux d'un passé impossible fut le principe et l'aliment de toute la poésie au moyen âge.

L'empire d'Arthus et celui de Charlemagne devinrent le paradis terrestre de la féodalité et du catholicisme. Toutes les pensées, repoussées de la réalité, se réfugièrent, comme des veuves et des orphelines, dans leurs châteaux imaginaires. L'un et l'autre, ils devinrent les rois de l'empire idéal, et chevauchèrent, entourés de leurs paladins, à travers la contrée des songes qui leur était inféodée. Chaque civilisation a commencé ainsi par se créer un passé imaginaire, l'Orient son Éden, la Grèce son âge d'or, Rome le temps d'Évandre. Arthus est l'Évandre du moyen âge.

De cette vue générale si l'on descend à un examen plus détaillé, on s'aperçoit d'abord que ces noms d'Arthus et de Charlemagne, qui se partagent l'empire des songes, marquent deux systèmes différents de tradition, d'origine et d'art. Inconnus l'un à l'autre, ils règnent chacun dans un monde séparé ; et tout le système religieux et politique du moyen âge se trouve figuré dans ces deux vivants emblèmes.

Arthus, parmi les rochers de Cornouailles, au milieu des paladins qui s'égarent dans les forêts primitives, est le vague représentant d'une nation perdue. Les souvenirs des peuples dépossédés par les invasions germaniques se sont rassemblés sous sa couronne ; les forêts enchantées, les chênes fatidiques, les sources qui provoquent les tempêtes, les nains errants sur les décombres, les serpents ensorcelés, les monstres de la mythologie des Celtes, voilà ce qui reste de ces souvenirs. Dans cet horizon imaginaire, Arthus, qui n'a rien de commun avec les chevaliers d'origine germanique, est le roi des songes de la population conquise. Il vit refoulé dans le pays de Galles, avec le peu de sujets qu'il a conservés, Parceval, Lancelot, Tristan, Yseult la blonde ; fantômes d'un peuple évanoui, ils ne poursuivent que des fantômes.

Bien différent est Charlemagne. Maître du monde, dans ses voyages fabuleux, il erre librement des Pyrénées aux Ardennes, des Ardennes en Terre-Sainte. Ses grands vassaux, Renaud de Montauban, Aubry le Bourguignon, Guillaume, Olivier, les fils Aymon, installés dans leur donjon, ont pris fortement possession du sol. Ils sont d'origine franke et barbare. Leurs exploits se rattachent à l'établissement de la féodalité. Ils en sont les champions et les héros.

Cette première différence en entraîne de plus grandes. Le personnage d'Arthus, plus imaginaire, se pliait plus facilement aux fantaisies des légendaires. De là son palais devient promptement un des centres de la poésie ecclésiastique. Son empire est celui de l'ascétisme et de la macération. Arthus est le roi de la légende; Charlemagne reste le roi du poème héroïque. Comme il y avait dans la société deux principes fortement constitués, l'église et la féodalité, il y eut aussi deux mythologies, deux héros, deux systèmes de poésie épique, lesquels jusqu'au bout se distinguent l'un de l'autre par deux systèmes de rythme et de versification.

Dans le cycle d'Arthus, la poésie de l'église s'est rencontrée quelque part avec un reste des croyances celtiques; le prêtre s'est uni avec le barde pour chanter ensemble le lai des traditions bretonnes. La légende du Saint-Graal (1), c'est-à-dire du vase mystique qui contient le sang du Christ,

---

(1) Pour suivre l'histoire de cette légende, voyez l'Évangile apocryphe de Nicodème, cap. XIX et XV. — *Acta sanctorum*, III. *Joseph. Arimath. Martii*, tom. II.

a grandi là peu à peu jusqu'aux formes de l'épopée ; car tout ce système de poésie est subordonné à l'idée du calice de la passion, de la même manière que le moyen âge tout entier s'agenouille devant les reliques du Calvaire.

Voilà le but des courses, des épreuves, des combats des chevaliers ; c'est d'aller en quête de ce talisman de douleur. Le mont, la plaine, la forêt, le château abandonné, le sentier, tout vous ramène au sang encore mal étanché du Golgotha. Dans mainte vallée passent des cavaliers taciturnes. De loin à loin, l'un d'eux demande à l'ermite le chemin de l'infini ; l'ermite montre un sentier escarpé sur un mont sauvage. Le cavalier reprend, sans mot dire, son mystérieux voyage et disparaît. Sous cette forme, l'épopée ressemble à un prêtre templier ; elle cache le cœur du moine sous la cuirasse et le haubert.

Il y avait une autre forme sous laquelle le Graal, symbole de perfection, apparaissait aux chevaliers. C'était sous la forme d'une pierre précieuse. Les rubis, les diamants, les nobles métaux, gardés par des griffons, étaient alors doués de vertus divines (1), qui se montraient dans les incantations. L'émeraude donnait la chasteté; l'agate, l'éloquence; l'améthyste, la tempérance; le jaspe, la

---

(1) Absque dubio cœlesti virtuti deputandum. (*Albertus magnus.*)

puissance ; l'onyx, la beauté ; le saphir, la paix. Le corail préservait de la foudre ; la turquoise, des embûches ; la calcédoine (1), des illusions ; l'escarboucle, des fantômes ; l'iris, des fausses ténèbres ; la chrysolithe, des passions ; la sardoine, de la tristesse ; la topaze, de la folie.

Mais c'était le Saint-Graal qui rassemblait toute ces facultés, et d'autres plus célestes encore. Talisman de sainteté, d'amour, d'immortalité ! le chevalier cherchait à travers monts et vaux, dans la nature, cette pierre précieuse, comme l'alchimiste cherchait dans son creuset la pierre philosophale. Cette tradition, à laquelle se rattache la philosophie d'Albert le Grand, et qui se lie à la mythologie arabe, à la science d'Avicenne, des mages et de l'Hermès égyptien, est le point par où l'épopée catholique s'allie à la poésie orientale. Ainsi, dans l'architecture gothique, l'ogive vous renvoie de Rheims à Damas et Ispahan.

Si l'on se contentait de chercher ce mélange du génie sacerdotal et arabe dans les poèmes de la langue d'oïl du douzième siècle, on ne l'y trouverait qu'à grand'peine ; car la poésie, en France, est sortie de bonne heure du sein de l'église. Telle que les trouvères l'ont faite, elle est déjà toute profane et mondaine. Les chevaliers, il est vrai,

(1) Calcidonius dicitur valere contra illusiones phantasticas et melancoliâ exortas. (*Albertus magnus.*)

poursuivent encore la recherche du saint vase ; la lance sanglante du Calvaire brille encore au sein des nuits enchantées de Parceval. Mais, à chaque moment, le but sacré est oublié, et la galanterie chevaleresque distrait déjà les poursuivants de l'amour divin.

Chrétien de Troyes, qui a été dans le nord le chantre de ce cycle, ne conserve plus rien du génie sacerdotal. Si l'on ne considérait que ses œuvres, on conclurait avec raison que ce génie n'a jamais existé. Rien n'arrête, rien ne précipite sur ses quatre pieds, son petit vers, qui, à l'origine, peut avoir été celui des proses rimées des chants d'église. Il va du même pas sans s'arrêter jamais, comme le palefroi amblant d'une noble demoiselle. Évidemment, le poète de Philippe-Auguste emploie à chaque instant des emblèmes sacrés qui ont perdu pour lui leur ancienne importance, soit que le génie des symboles répugne essentiellement à l'esprit français, soit que l'art au berceau ait déjà commencé à remplacer la foi.

Cette transformation de la poésie, qui d'ecclésiastique devint séculière, ne s'est pourtant pas opérée sans combats ; il reste assez de monuments de cette lutte pour qu'elle soit hors de doute. La partie religieuse et sacerdotale qui a promptement péri dans l'épopée française, était celle qui était le plus conforme au génie de la vieille Allemagne ; c'est aussi celle qui a été le mieux conservée dans les traductions tudesques faites par les poètes de l'époque des Hohenstauffen.

Le Lohengrin et les deux poèmes d'Eschembach, le Titurel, le Parceval, tous composés d'après d'anciennes versions françaises du cycle d'Arthus, ont fidèlement gardé le sens pieux des originaux. C'est là que l'on retrouve ces généalogies de rois servants de l'amour divin, qui, dans une éternelle macération, veillent sur le mont sauvage, auprès du vase sacré, le temple symbolique du Saint-Graal, les chevaliers qui, sans vieillir, contemplent, pendant des siècles, la goutte de sang du Calvaire. Tout ce mysticisme, si promptement aboli dans les imaginations champenoises et normandes, est surtout frappant dans le Titurel, poème à la fois enfantin et gigantesque, dont l'auteur pouvait dire :

« Celui qui le lira, ou l'entendra, ou le copiera, son âme sera emparadisée. »

C'est dans ce même poème que l'on retrouve cet élan d'amour religieux qui semble une variante du fameux chant de saint François d'Assise :

« L'amour dompte le chevalier sous son casque ;
L'amour ne veut point de partage dans sa gloire ;
L'amour comprend le grand et le petit ;
L'amour a sur la terre et dans le ciel Dieu pour compagnon ;
L'amour est partout, hormis dans l'enfer. »

Ici l'épopée chevaleresque se rencontre avec les

hymnes de l'église, avec le génie de saint Bernard, de saint Thomas, de saint Louis ; poésie immaculée de l'église militante et de l'amour divin ; commencée en France, continuée en Allemagne, elle devait trouver sa forme achevée dans le pays de la papauté et dans le paradis de Dante.

Lorsqu'à l'amour de Dieu, qui faisait le fond de ces traditions, succéda l'idéal de l'amour humain, tout ce cycle de poésie perdit en un moment son caractère. Ce changement arracha aux poètes les plus religieux un cri de douleur. Au nom de la foi allemande, Eschembach s'éleva contre l'école nouvelle (1). Après lui, Dante (2) plongea dans l'enfer des voluptueux le cycle d'Arthus dégénéré de sa forme sainte. Pétrarque (3) ne fut pas moins sévère.

Pourtant c'est par le dogme que le changement avait commencé. Marie venait d'être placée dans l'église à côté et souvent au-dessus du dieu jaloux des premiers siècles. Les hymnes de cette époque, l'*Ave Regina*, le *Salve Mater*, saluaient tous l'avènement de la reine des cieux. Les litanies de la Vierge retentissaient plus haut que les psaumes de Jehovah. L'Étoile matinale avait lui à l'horizon. La Tour d'ivoire s'était levée sur la monta-

---

(1) Parzival, p. 388.
(2) Dante, *Inferno*, 5, 6, 7.
(3) Petrarca, *Trionfo d'Amore*, cap. III-LXXIX.

gne ; le Vase d'élection s'était rempli jusqu'aux bords ; la Rose mystique s'était épanouie ; elle embaumait la terre. Partout la Madone d'Italie se substituait aux images lugubres du Christ des catacombes.

Cette apothéose de la femme passa du dogme dans l'art et dans la poésie. Au lieu de l'emblème de la sagesse infinie, mille fantômes adorés, l'épouse du roi Arthus, la reine Genièvre aux mains plus blanches que fleurs d'été, la reine Yseult-la-Blonde, qui tient sa tête *encline,* la châtelaine de Vergy, la Dame du Lac, Berthe aux yeux plus vairs que faucons ni émérillons, Aude aux crins d'or, Alice au cœur dolent, Clarisse, Églantine,

Qui toujours sent un dard d'amour sous la mamelle,

et l'enchanteresse Morgane, et, à la fin, Béatrix de Portinari, en qui semblent se résumer toutes ces images, remplirent peu à peu le paradis des poètes. Les sentiments continuèrent d'être infinis ; l'objet de ces sentiments avait changé.

Il arriva au moyen âge tout entier ce qui arrive encore au petit nombre d'hommes jeunes dont le siècle n'abâtardit pas de bonne heure les facultés. L'ardeur céleste qui consumait les cœurs avait fini par se concentrer sur un objet terrestre ; et, comme l'amour avait commencé par être tout divin, la langue qui servit à l'exprimer conserva longtemps l'empreinte et le caractère du culte. Le vase de la passion du Christ se remplit des philtres des enchanteresses et des larmes des amants.

Cette révolution, qui en contenait tant d'autres, commença par la France. La femme remplaça l'église ; le fabliau, la légende ; le roman, l'épopée. Assise au festin de la Table-Ronde, la France goûta la première, sur les lèvres d'Yseult et de Tristan, le breuvage des voluptés condamnées. Dès ce moment, elle commença à oublier, avec eux, la coupe trop amère du Golgotha.

CHAPITRE X.

ÉPOPÉES CARLOVINGIENNES.

DIFFÉRENCES DE L'HISTOIRE ET DE LA TRADITION POPULAIRE. — CARACTÈRE DES TROUVÈRES FRANÇAIS.

Les poèmes du cycle de Charlemagne se distinguent tout d'abord des précédents. Ils portent une autre bannière ; ils sont invariablement composés de vers de dix ou de douze syllabes (1). Avec leurs longues tirades, pendant lesquelles la même rime se reproduit et se répète sans relâche, à l'imitation de la poésie arabe, ils marchent pesamment, comme des chevaliers bardés de fer. Privée encore d'articulations mobiles, la langue se brise sous ce lourd vêtement d'airain. Nouvellement émancipée et naturellement forte, précise, héroïque, inflexible, encore grossière, mais jamais recherchée, à la fois tragique et enjouée, propre par là au grand récit, c'est un moule qui a été brisé avant d'avoir été achevé. Il n'en est rien

---

(1) Dans les versions étrangères, cette règle n'est plus observée. Ainsi, le Titurel, qui appartient au cycle du Graal, est composé de grands vers. Au contraire, *Guillaume* a été traduit dans le petit mètre.

resté depuis la Renaissance, Corneille, en qui survit le génie héroïque des trouvères de Normandie, ayant donné à sa langue un rythme et un accent tout différent.

Par leurs sujets, ces poèmes n'appartiennent pas tous à l'époque de Charlemagne. Il y en a qui remontent aux Mérovingiens et à Clovis, *le plus loyaux homme de France;* il y en a, au contraire, qui se rapportent à l'époque de Charles le Chauve. En général, tout le temps compris depuis la création jusqu'à l'avènement de la troisième race est un espace neutre, dont les trouvères se sont emparés. Ils en disposent à leur fantaisie.

Mais la société, les mœurs, les habitudes qu'ils dépeignent étant partout les mêmes, leurs compositions, souvent différentes par le temps et par le lieu, appartiennent toutes à un même système. Elles doivent porter un même nom. Par le droit divin de la poésie, Charlemagne fut, préférablement à tout autre, élu roi de ce vague et incommensurable empire. L'importance personnelle et presque miraculeuse du fils de Pépin, les souvenirs de la féodalité naissante, surtout la lutte du mahométisme et du christianisme, dont on lui attribuait la plus glorieuse part, ne laissaient pas un autre choix aux imaginations populaires.

Il ne s'agissait plus d'ailleurs, comme dans le système d'Arthus, de poursuivre un vague idéal.

L'objet de la nouvelle épopée était, au contraire, très réel. C'était le foyer même de la civilisation occidentale qu'il fallait défendre contre l'Orient. Le même intérêt, qui, chez les anciens, s'était attaché à la guerre de Troie, devait s'attacher, pendant le moyen âge, au souvenir des guerres contre les Sarrasins. L'Ilion des trouvères fut toujours la cité catholique.

Ce qui donne, outre cela, le caractère épique à ces poèmes, c'est qu'ils sont un tableau complet du système féodal. Ni l'amour ni la religion n'y tiennent une grande place ; au contraire, l'intérêt politique y passe toujours avant l'intérêt romanesque. L'anarchie du moyen âge est le fond même du sujet. Chaque province de France est le centre d'une épopée, chaque duché a son héros; Huon de Bordeaux, Gérard de Roussillon, Guillaume d'Orange, Renaud de Montauban, Aymeric de Narbonne, voilà les héros de la langue d'oc; Aubry-le-Bourguignon, Garin de Lorraine, Richard de Normandie, Raoul de Cambray, Thierry des Ardennes, voilà les héros de la langue d'oïl. Le grand fief de l'antiquité était aussi représenté par le personnage de l'imagination byzantine, Alexandre de Macédoine.

Au sommet de cette féodalité idéale apparaît Charlemagne, à la barbe plus blanche que fleurs de lis ; il préside solennellement et fastueusement à l'héroïsme de ses barons. Oisif et impuissant, il perd la France au jeu d'échecs. Il offre une couronne contre un cheval. Maugis l'emporte tout endormi dans le château de ses chevaliers rebelles. Incessamment il pleure, il se lamente, presque autant que l'Attila des *Nibelungen*. En un mot, l'auteur des Capitulaires, le grand empereur d'Eginhard, n'est plus, dans cette épopée, que l'image du roi féodal, abusé, moqué, bravé par ses turbulents vassaux.

Cependant, les chartes et les diplômes ne marquent pas mieux les conditions des hommes que ne font ces poèmes. Les relations des seigneurs et des vassaux, des vassaux et des serfs, les hommages-liges, les droits d'aînesse, d'aubaine, d'épave, le système de la propriété, les obligations et redevances des fiefs, sont mis là partout en action. On ne sent plus, il est vrai, l'exaltation d'amour qui est propre au cycle d'Arthus ; mais on a devant soi le tableau de la famille féodale, non pas l'amant et la fiancée dans la forêt enchantée de Broceliande, mais le père, l'épouse, le fils, la sœur, au grave foyer du châtelain. Par-dessus tout, la vie extérieure du moyen âge est peinte en couleurs très vivaces, comme elle l'est sur les vitraux ou dans les vignettes des manuscrits.

C'est dans ces longs récits que se retrouvent à leur place le baron dans sa tour, la guette sur les créneaux, le saint dans son monastère, les dames au clair visage cueillant les fleurs de mai, ou du haut des balcons, attendant les nouvelles, l'ermite au fond du bois qui lit son livre enluminé; la demoiselle sur son palefroi pommelé; les messagers, les pèlerins, les nains assis à table et devisant dans la salle pavée; le bourgeois sous la poterne, le serf sur la glèbe; les pavillons tendus au vent, les enseignes brodées et dépliées, les chasses au faucon, à l'émerillon; les jugements par le feu, par l'eau, par le duel; les plaids, les joutes, les épées héroïques, la Durandal, la Joyeuse, la Hauteclaire; les chevaux piaffants et nommés par leurs noms, à l'instar d'Homère, le Bayard des fils Aymon, le Blanchard de Charlemagne, le Valentin de Roland; tout ce qui accompagnait et suivait les disputes des seigneurs, défis, pourparlers, injures, prises d'armes, convocation du ban et de l'arrière-ban, machines de guerre, engins, assauts, pluies de flèches d'acier, famines, meurtres, tours démantelées; c'est-à-dire le spectacle entier de cette vie bruyante, silencieuse, guerrière, où tous les extrêmes étaient rassemblés; en sorte que ces poèmes, qui semblaient extravaguer d'abord, finissent souvent par vous ramener à une vérité de détails et de sentiments plus réelle et plus saisissante que l'histoire.

Tous les sujets que pouvait fournir le moyen

âge étaient ainsi traités par les trouvères ; mais dans ce grand nombre de thèmes principaux, il y en avait un auquel ils revenaient sans cesse ; ils ne pouvaient ni l'épuiser, ni le quitter quand ils l'avaient touché ; c'étaient les joutes et les batailles, non pas combats de galanterie, mais combats à outrance. Le génie guerroyant de la France respire principalement dans ces valeureux poètes.

Ajoutez que leur langue de fer les secondait à merveille ; pauvre en moralités, singulièrement riche et à l'aise, quand il s'agit d'armures, de hauberts rompus et démaillés, de sang vermeil, de vassaux navrés et de cervelles répandues. Aussi, au milieu de leurs interminables épopées, où souvent ils sommeillent comme leur ancêtre Homère, le signal de la bataille est-il toujours pour eux le réveil du génie. Un enthousiasme sincère les possède ; ils trouvent des lumières soudaines au plus fort de la mêlée. On pourrait leur appliquer ce que Napoléon disait de l'un de ses lieutenants : ils excellent à communiquer l'étincelle électrique aux hommes et aux chevaux. Des prouesses d'imagination les égalent à leurs héros, car ils sont eux-mêmes les chevaliers errants de l'art et de la poésie.

Malgré toutes les difficultés d'un idiome embarrassé, leurs fières fantaisies éclatent par de grands traits, comme la Durandal hors du fourreau. Sans le secours de l'art, ils combattent, à proprement dire, nus et sans armes ; et par la seule vaillance de la pensée, ils s'élèvent à un sublime naïf que l'on n'a plus retrouvé depuis eux.

Qu'importe ? direz-vous. Ils faisaient mentir les événements. Oui, mais encore une fois, sous ce mensonge, il y avait une vérité plus vraie que l'histoire ; et dans ces vers incultes, vous respirez, avec le génie de la force indomptée, l'orgueil suprême qui s'emparait de l'homme dans la solitude des donjons, d'où il voyait à ses pieds la nature abaissée et corvéable. Poésie, non d'aigles de l'Olympe, mais de milans et d'éperviers des Gaules.

Roland, à Roncevaux, est resté seul vivant de toute l'arrière-garde avec l'archevêque Turpin. Les Sarrasins vont l'atteindre. L'archevêque est descendu dans la vallée pour lui chercher à boire. Roland évanoui se relève sur son séant ; il sonne de son cor d'ivoire pour appeler Charlemagne à son secours. Dans ce dernier moment, il adresse ses adieux à son épée, sa fameuse Durandal. De peur qu'elle ne tombe entre les mains des mécréants, il veut la rompre contre le rocher ; mais c'est le rocher qui se brise. A la fin, il l'enfonce jusqu'à la garde dans le granit ; il la met en pièces en la tournant dans ses mains. Après cela il souffle de nouveau dans son cor jusqu'à ce que sa poitrine se brise. Et ce grand cri, plus fort que celui d'Achille, retentit dans toute la chevalerie et la noblesse de France jusqu'à la fin du moyen âge. Voilà le grand vassal seul avec lui-même et son épée.

Le duc Guillaume défend, lui seul, les approches de sa ville contre l'armée innombrable des Sarrasins. Son neveu, encore enfant, est blessé à ses côtés. Il le prend sur ses épaules; il combat de l'autre main et se retire à pas lents, poursuivi par une nuée d'ennemis. La duchesse, du haut des créneaux, le voit sans le reconnaître. Les ennemis l'entourent. Il frappe à grands coups à la porte. « Ouvrez, dit-il, je suis Guillaume. — Non, vous n'êtes pas Guillaume, répond la duchesse en refusant d'ouvrir (1). Ce n'est pas Guillaume qui fuirait devant une armée. » Poussé à bout par ces paroles, le duc s'élance au milieu des mécréants. Il les disperse, il les pourfend, après quoi il revient vers la duchesse en victorieux. Voilà l'héroïsme dans la famille féodale.

Au milieu d'une bruyère, deux paladins de Charlemagne, Olivier et Roland, sont aux prises l'un contre l'autre. Le combat dure depuis un jour entier; les deux chevaux des chevaliers gisent à leurs pieds ; le feu jaillit des cuirasses bosselées; le combat dure encore ; l'épée d'Olivier se brise

(1) Cette légende se retrouve dans les traditions des Moldaves et des Valaques.

sur le casque de Roland. — « Sire Olivier, dit Roland, allez-en chercher une autre, et une coupe de vin, car j'ai grand'soif. » Un batelier apporte de la ville trois épées et un bocal de vin. Les chevaliers boivent à la même coupe ; puis, le combat recommence. Vers la fin du second jour, Roland s'écrie : — « Je suis malade, à ne vous le point cacher. Je voudrais me coucher pour me reposer. » Mais Olivier lui répond avec ironie : — « Couchez-vous, s'il vous plaît, sur l'herbe verte. Je vous éventerai pour vous rafraîchir. » Alors Roland, à la fière pensée, reprend à haute voix : — « Vassal, je le disais pour vous éprouver. Je combattrais encore volontiers quatre jours sans boire et sans manger. »

En effet, le combat continue. Plusieurs événements du poème se passent, et l'on revient toujours à cet interminable duel. Les cottes démaillées, les écus brisés, rien ne le ralentit. Le soir arrive, la nuit arrive, le combat dure toujours. A la fin, une nue s'abaisse du ciel entre les deux champions. De cette nue sort un ange. Il salue avec douceur les deux francs chevaliers : au nom du Dieu qui créa ciel et rosée, il leur commande de faire la paix, et les ajourne contre les mécréants à Roncevaux. Les chevaliers, tout tremblants, lui obéissent ; ils se délacent l'un à l'autre leurs casques ; après s'être entrebaisés, ils s'asseyent sur le pré en devisant comme de vieux amis. Voilà le seigneur féodal dans ses rapports avec Dieu.

Tout cela n'est-il pas singulièrement grand, fier, énergique? Le tremblement de ces deux hommes invincibles devant le séraphin désarmé (1), n'est-ce pas là une invention dans le vrai goût de l'antiquité, non romaine, mais grecque; non byzantine, mais homérique? Or, il y en a un grand nombre de ce genre dans les trouvères.

(1) Voilà un sujet de tableau tout trouvé. Il me semble fait pour tenter un grand peintre.

CHAPITRE XI.

QUEL RANG OCCUPENT DANS L'ART LES POÈMES CHEVALERESQUES?

COMMENT ILS ÉTAIENT COMPOSÉS ET PUBLIÉS. — LES RHAPSODES DU MOYEN AGE.

Si l'on demande quel rang les trouvères occupent dans l'art, à moins d'être ébloui par le fanatisme commun aux érudits, on ne peut les mettre au rang des poètes des âges savants et cultivés. Leur place est celle des rhapsodes avant Homère, ou des peintres toscans avant Giotto et Orcagna. Quelques-uns d'eux avouent franchement que leur art est surtout un métier; et l'auteur des *Quatre fils Aymon* termine en demandant *or et argent assez,*

> Pour donner aux fillettes et maint bon compagnon.
> Car c'est tout ce qu'il aime : que vous célerait-on ?

Il est certain que les trouvères résumaient des chroniques fabuleuses auxquelles ils ajoutaient de leur chef peu de circonstances vraiment nouvelles. Les personnages et les types principaux qui doivent remplir la scène épique ont été créés ou plutôt évoqués par eux. Les temps qui suivront accepteront tous ces types, sans presque en inventer un seul. Mais l'art n'a point encore réellement varié ces figures. Sous leurs casques, tous les chevaliers sont semblables; la poésie, sans nuances, sans expression individuelle, tient encore, comme Clorinde, sa visière baissée. Le nain parle comme le géant, le seigneur comme le serf; formes à moitié ébauchées, qui ne peuvent se soulever de l'abîme, chaos balbutiant, d'où doit sortir le monde de Dante, de Boccace, d'Arioste, de Spencer, de Calderon, de Shakspeare.

Au milieu de cette création à demi née, vrai pandémonium de l'épopée, où toutes les larves s'agitent, c'est à peine si le caractère de chaque trouvère peut être distingué. Plusieurs générations continuent l'une après l'autre le même poème, et la différence des hommes et des temps ne devient pas plus sensible. Œuvres sans auteurs, elles appartiennent à tous, comme l'architecture anonyme des cathédrales, qui semble avoir été bâtie sans architecte.

Quoi qu'il en soit, ces poèmes n'ont pas toujours été scellés, comme aujourd'hui, sous l'or des manuscrits. Nous ne possédons plus que la lettre morte de ces rhapsodies qui tenaient beaucoup du caractère de l'improvisation. Elles ont été en partie chantées; les contemporains n'étaient point frappés comme nous le sommes du dénûment de l'expression, qu'une foule de circonstances servaient à relever. Si l'on veut même se faire une juste idée de l'effet que ces poëmes pouvaient produire, il faut se représenter le concours solennel des fêtes qui les environnaient.

Pendant six mois d'hiver, le château féodal était resté enveloppé de nuages. Point de tournois, point de guerre ; peu d'étrangers et de pèlerins ; de longs jours monotones, de tristes et interminables soirées mal remplies par le jeu d'échecs. Enfin, le printemps avait commencé ; la châtelaine avait cueilli la première violette dans le verger. Avec les hirondelles on attendait le retour du troubadour ou du trouvère. Par un beau jour du mois de mai, ce dernier envoyait ses chanteurs et ses jongleurs réciter ses anciens romans aux bourgeois et au menu peuple dans l'intérieur des petites villes. Pour lui, il suit la rampe escarpée qni mène au château. Sans demeurée, dès le soir de son arrivée, les barons, les écuyers, les demoiselles se réunissent dans la grande salle pavée pour entendre le poëme qu'il vient d'achever pendant l'hiver. Le trouvère, au milieu de l'assemblée, ne lit pas, il récite. Mais quand son récit s'élève, il chante par intervalles, en s'accompagnant de la harpe ou de la viole. Son début est plein de fierté et de naïveté. C'est en même temps un tableau de l'assemblée.

> Seigneurs, or, faites paix, chevaliers et barons,
> Et rois et ducs, et comtes et princes de renoms,
> Et prélats et bourgeois, gens de religions,
> Dames et damoiselles, et petits enfançons.

Le plus souvent il a composé son poème par l'ordre du seigneur, qui lui a prêté la chronique dans laquelle est contenue la tradition du sujet. Les ancêtres de son hôte y figurent. D'ailleurs, les lieux voisins, les petites villes, les bourgs, les moustiers, les monastères y sont désignés par leurs noms. Celui de France n'est jamais prononcé sans être accompagné d'un titre d'honneur : la *douce*, ou la *plaisante*, ou la *louée*, ou l'*honorée*. Le trouvère parle à ses auditeurs de ce qu'ils aiment et connaissent le mieux, de joutes et de batailles. Les qualités qu'il donne à ses héros sont peu variées, mais singulièrement frappantes et énergiques. A la *fière pensée*, hardi *comme lion*, à guise d'*homme fier*, à guise *de sanglier* (1), ces expressions et d'autres semblables, reviennent souvent dans ses descriptions.

Il raconte ainsi les grands faits d'Olivier, qui, navré à mort, se relève de son lit pour défier le géant, chef des Sarrasins; ou les larmes du cheval Bayard, que les écuyers saignent pour boire son sang, pendant que la famine est au château de Renaud; ou la prise de Barbastre, ou la bataille

---

(1) Dante dit : *A guisa di leone*.

d'Alichamp, ou l'arrivée de la fille de l'émir dans la prison des chevaliers, ou la plainte de Charlemagne, en entendant le cor de son neveu Roland. Au milieu des traditions qui se mêlent, le poète est souvent impuissant à régler ce désordre. Il se contente alors de répéter à la bruyante assemblée : Oyez, seigneurs ! Et cette formule féodale supplée à presque toute autre combinaison d'art.

C'était le contraire des époques de décadence. Les idées du trouvère sont fécondes, ses sujets innombrables ; sa langue seule est pauvre et plie sous le faix. Du moins, elle ne détonne jamais, et c'est une question de savoir si cette rudesse inculte ne valut pas bien souvent l'affectation de l'élégance moderne. L'accent et le rythme, auxquels la foule est surtout sensible, se marquaient par des procédés qui nous semblent aujourd'hui barbares, mais qui étaient alors tout puissants. En frappant vingt, quarante, soixante fois de suite et sans relâche la même rime, le vers finissait par graver la mesure dans l'oreille endurcie des vieux barons ; il retentissait ainsi, dans ces assemblées guerrières, comme l'épée sur l'écu dans un tournoi.

A la voix du chanteur, chaque objet rendait un écho sonore. Le château crénelé, le vent qui souffle dans les salles, les aubades des guettes sur les tourelles, le bruit des chaînes des pont-levis, tout cela fait en quelque sorte partie de son poème. Ce qu'il ne dit pas, les choses et les souvenirs des auditeurs le disent à sa place. Quand l'automne approche, le trouvère est à la fin de son récit; il part enrichi des présents de son hôte. Ce sont des vêtements précieux, de belles armes, des chevaux bien enharnachés. Quelquefois il est fait chevalier, si déjà il ne l'est. Souvent il emporte avec lui l'amour de la châtelaine; puis, lui absent, le manoir a perdu sa voix; tout retombe, jusqu'à la saison nouvelle, dans le silence et la monotonie accoutumée.

La carrière fabuleuse des héros du cycle carlovingien se terminait en général dans le couvent; en sorte que cette épopée finissait comme avait commencé celle d'Arthus, c'est-à-dire par la légende. Charlemagne est canonisé. Le géant des Sarrasins, Fierabras, se convertit et monte au ciel. Au déclin de leur vie, Guillaume d'Orange, Renaud de Montauban, Oger le Danois, se font moines de l'ordre de Saint-Benoît. C'était aussi la fin ordinaire des trouvères. Quand l'haleine venait à leur manquer, trompés par leur gloire éphémère, harassés et contrits, ils se réfugiaient dans le cloître. Tout sortait de l'église; mais aussi tout y rentrait. Le poëte y suivait son héros.

CHAPITRE XII.

LES POÈMES ORIGINAUX ET LES VERSIONS ÉTRANGÈRES.

UNITÉ DE LA POÉSIE AU MOYEN AGE. — LE TRISTAN FRANÇAIS
ET LE TRISTAN ALLEMAND.

C'est une grande question de savoir quelle fut la première origine de ces poèmes. Assurément, les traditions ont flotté longtemps dans les esprits, avant de prendre la forme qu'elles ont revêtue au douzième siècle. Dans ce chaos, il y a des parties celtiques, bretonnes, provençales, frankes, byzantines, arabes, païennes, chrétiennes. De là, avec d'égales raisons, on peut en attribuer la première invention à des pays et des génies très différents. L'épopée du moyen âge est aussi complexe que l'architecture même. Tous les peuples ont travaillé au plan de la cathédrale ; tous ont coopéré par quelque point à l'ébauche de l'épopée catholique et féodale. A l'égard de la forme, il était naturel qu'elle fût d'abord imposée par les poètes les plus précoces, les plus industrieux dans le mécanisme de l'art, surtout les plus voisins des traditions de l'antiquité.

Le témoignage des Meistersaenger (1) et le savant travail de M. Fauriel ne permettent guère de douter que les Provençaux aient été, en partie, les créateurs du mécanisme épique. Si d'ailleurs on compare les poèmes de la langue d'oc et ceux de la langue d'oïl, on s'aperçoit bientôt que les épithètes et les comparaisons convenues, les fins de vers fréquemment employées, les refrains, les habitudes et idiotismes particuliers aux trouvères, ont été littéralement transportés d'un dialecte dans l'autre. Le rythme une fois trouvé et reconnu, le branle fut donné ; de toutes parts, les épopées locales se formèrent comme d'elles-mêmes. Le verbe avait été prononcé, le chaos s'organisa.

Il en fut de la poésie comme de l'architecture.

---

(1) « De Provence en terre tudesque nous sont venues les vraies traditions. » (Parzival, page 388.) — Ces expressions d'Eschembach (1215) ont longtemps paru trancher la question, car elles semblaient indiquer que l'auteur avait puisé son sujet dans un poème provençal ; mais il n'en est rien. Dans un passage cité, l'année dernière, par M. Lachmann, Eschembach affirme positivement que l'ouvrage de Guyot le Provençal, où il a puisé le sien, était écrit en français :

> Kyôt ist ein Provenzâl ;
> . . . .
> Swaz er *en franzoys* dâ von gesprach.
> (Parzival, pag. 202.).

Et, en effet, presque tous les mots étrangers dont se sert le poète allemand appartiennent au dialecte du Nord. Cette observation importante, et qu'il est facile de vérifier, a été faite d'abord par M. Lachmann, dans sa belle édition du Parceval, préface, pag. 25.

Quand l'ogive se fut élevée en un point, elle se trouva par miracle couvrir toute l'Europe occidentale. Ainsi des épopées. Le Nord ne traduisit pas le Midi, ni le Midi le Nord; mais le problème de l'art une fois résolu par le rythme et l'accent musical de la Provence, la langue du moyen âge fut miraculeusement déliée. Le poème qui, depuis longtemps, se préparait au fond des cœurs, éclata de toutes parts, et presque à la fois, en des langues différentes.

Non seulement les provinces du Nord rivalisèrent avec celles du Midi; mais tous les peuples de l'Europe occidentale, Allemands, Anglais, Danois, Italiens, Espagnols, peu à peu ébranlés par cette cadence, se mirent à la suivre et à la répéter en chœur. Chacun d'eux plia sa langue au mode de la France, et redit à son tour les aventures du Graal et celles du fils de Pépin.

En ce temps-là, les nations jouaient avec les mêmes songes. Une même foi, un même amour, les rassemblaient encore. La France, qui devait plus tard les entraîner dans la vie politique, les entraînait alors dans la région des fables; cette unité de la poésie annonçait par avance l'unité de la civilisation moderne.

De nos jours, la critique allemande a la première donné l'exemple de publier des textes complets de ces différentes versions. Elle a fourni par là une base à l'étude des littératures comparées du moyen âge. Seulement, on s'étonne qu'elle ait mêlé si fréquemment à ces questions des origines, les passions et les antipathies d'un autre âge. Trop souvent on pourrait résumer comme il suit ses remarques sur la poésie d'Arthus et de Charlemagne : Tout ce qui, dans l'épopée chevaleresque au moyen âge, est grandeur, pureté, chasteté, sainteté, est l'*élément* allemand. Tout ce qui, dans la même épopée, est immoralité, monotonie, corruption, insipidité, est l'*élément* français. Pourquoi faire ainsi remonter au maillot les rancunes des peuples vieillis?

Ce qu'il y a d'incontestable, c'est que les poètes français, dans le cycle guerroyant de Charlemagne, n'ont été surpassés de leur temps par aucun de leurs imitateurs. Dans le cycle d'Arthus, ils ont, de l'aveu des Meistersaenger, combiné toute la fable; ils ont inventé tous les événements. Mais sur le fond des imaginations provençales et normandes, les Allemands ont jeté une végétation efflorescente, à la manière des ornements répandus sur l'ogive d'abord nue du douzième siècle. Les Meistersaenger ont été, en quelque sorte, les imagiers et les foliaciers de ce genre de poésie. Ils en ont aussi, comme il a été dit ci-dessus, conservé le sens austère et religieux.

D'ailleurs, moins agile, moins gracieuse, moins

naïve que celle de Chrétien de Troyes, la langue d'Eschembach est, par compensation, plus étendue, plus élevée et plus grave. Les trouvères allemands ont prêté à la poésie française un panthéisme enfantin qu'elle ne connaissait pas. Cette sympathie vague des fleurs, des ruisseaux, des forêts avec les héros provençaux et bretons, appartient entièrement aux traducteurs. Je citerai de cela un seul exemple, mais il est frappant, et tiré du poème le plus populaire du moyen âge.

Tristan et Yseult la Blonde, après avoir bu le breuvage enchanté, se sont enfuis au fond des bois. A peine arrivé dans ces solitudes, le Tristan français est obsédé par les difficultés de la vie matérielle. Pour protéger la vie d'Yseult, il déploie une extrême activité. Il ne quitte pas son arc; les aboiements de son lévrier retentissent à côté de lui dans la forêt. De ses flèches empennées, il poursuit les daims, les cerfs, les chamois. Il rapporte à la reine sa proie saignante. Il la prépare de ses mains, à la manière d'Achille, et ce genre de vie finit par devenir si difficile à supporter, qu'il le quitte à la première occasion.

Bien différent est le poème de Gottfried de Strasbourg. Ses deux amants ne boivent ni ne mangent. Si vous demandez comment ils se nourrissaient, dit le vieux poète d'Alsace, c'est moi qui vous le dirai : au fond des forêts et sous la ramée, ils trouvaient un meilleur breuvage que sur la table d'Arthus ; c'était la douce confiance, l'amour (1) embaumé ; ils avaient pour serviteurs l'ombre et le soleil, le vert tilleul, la rivière et la source, l'herbe, la feuille et le bourgeon. Pour messagers, ils avaient aussi le petit et pur rossignol, l'alouette et la linotte, et les gais oiselets des bois. Mainte douce langue *chantait* et *déchantait* pour eux (2). L'arbre, le pré verdoyant, la fleur sous l'herbe, et la douce rosée, leur souriaient quand ils passaient : que leur fallait-il davantage ?

Les différences des deux peuples ne sont-elles pas déjà toutes marquées dans cet exemple ? Ce Tristan, chasseur industrieux, si vite rassasié de son idéal solitaire, si empressé à retourner parmi les paladins au milieu des tournois, n'est-ce pas le génie de la France elle-même, si promptement lassée des forêts enchantées du moyen âge, si avide de la vie active des temps modernes ? Au contraire, ce Tristan, perdu dans ses rêves, qui, au lieu de son arc, emporte sa harpe dans les bois, qui vit éternellement d'un invisible souffle, qui

---

(1) *Die gebalsamite minne.* (Gottf., v. Strasb., p. 230.)
(2) Ces mots français, ainsi qu'un grand nombre d'autres (même des vers français tout entiers), sont dans le texte de Gottfried. Je remarque qu'on ne les retrouve pas dans le passage correspondant du poème français. Gottfried aurait donc eu sous les yeux un autre poème que celui dont il nous reste des fragments, et que l'on attribue à Chrétien de Troyes.

passe les heures et les jours à s'enivrer du breuvage de ses propres désirs, pour qui la blonde Yseult remplace tous les paladins de la chevalerie, et tous les bruits du siècle, ce Tristan, on pourrait dire ce Werther de la chevalerie, contemplatif, oisif, n'est-ce pas l'Allemagne telle qu'elle devait nous apparaître plus tard? Et n'est-il pas sensible que de ces deux poésies, la première, en grandissant, ira aboutir au sensualisme de Voltaire, et la seconde au panthéisme de Goethe? Si l'on pouvait comparer les versions italiennes, danoises, anglaises, on arriverait à des résultats analogues. Les instincts et les tempéraments des peuples se trahiraient ainsi dès leur berceau.

CHAPITRE XIII.

QUE LA GRANDE ÉPOQUE DE LA POÉSIE FRANÇAISE REMONTE AU DOUZIÈME SIÈCLE.

Je suppose qu'après le long travail des trouvères, la France, au foyer de toutes les traditions épiques, eût produit un homme capable de les résumer dans un monument durable. Je ne crois pas qu'en aucun temps, poëte eût trouvé sa tâche plus avancée. D'une main hardie, il se serait emparé des ébauches que le siècle produisait partout en Europe. Souvent, il ne fallait à ces ébauches qu'un trait de plus pour sortir de la barbarie et s'élever aux formes d'un art indestructible. L'Homère féodal eût absorbé ainsi le génie épars des rhapsodes de la féodalité.

Dans la lutte de Mahomet et du Christ, était naturellement contenue l'unité de son sujet. A ce fondement il eût rattaché les épisodes innombrables qui s'en étaient séparés, et auxquels il ne manquait rien que la main du maître pour s'ordonner entre eux. Cet Arioste sérieux, que j'imagine ici, eût mêlé dans une même action le cycle d'Arthus et le cycle de Charlemagne, c'est-à-dire l'Église et la féodalité, le Nord et le Midi. En même temps que la monarchie réunissait les provinces, il eût absorbé tous les fiefs de poésie dans un poème-roi; et sous cette forme, l'épopée eût été l'image et la réalisation anticipée de la société française.

N'oubliez pas que la langue propre à ce monument était plus qu'à demi achevée. Le rythme avait été créé par l'instinct des troubadours et par l'imitation des chants mauresques. Quant au caractère de la stance épique, il semblait indiqué et préparé par les tirades où dominait dans la rime continue un son fondamental. Que fallait-il à ces vers du poème de Roncevaux, d'une partie de Guillaume, de Gérard de Vienne, de Garin le Loherain, de Renaud de Montauban, de Fierabras pour se dépouiller de leur enveloppe grossière? Ils contenaient tous les rudiments d'une langue héroïque. Quoi de plus? Les ébauches étaient préparées; tous les fils étaient tendus. Pourquoi l'artiste a-t-il manqué à l'œuvre? Faute d'un homme, le travail des générations est demeuré stérile.

Nous voyons aujourd'hui les membres épars du poème; mais le poème, qui le verra jamais? Ni demain ni plus tard, la vie ne reviendra à ces généreux trouvères, Adenez le Roy, Girardin d'Amiens, Huon de Villeneuve, Jehan de Flagy, ni à tant d'autres dont je voudrais savoir les noms pour les redire. Un insondable oubli pèse également sur eux tous ; et pourtant ils furent poètes. Plus d'un noble cœur, en les entendant, a battu sous la cuirasse ; plus d'un homme de fer a pleuré sous sa visière. Eux-mêmes, que de fois n'ont-ils pas été troublés et exaltés par l'écho de leur voix ?

Ouvriers de génie, ils sont morts secrètement, sans souci, confiants dans le maître qui devait couronner après eux leurs travaux commencés ; et le maître n'est pas venu. Plus vains que les fables qu'ils ont chantées, personne n'a achevé leur œuvre, ni ne se souvient de leur œuvre ; et aujourd'hui tant d'efforts, tant de saintes inventions des peuples, tant de vaillantes images, tant d'héroïques traditions, bien faites pour encourager et enhardir à tout jamais le cœur des hommes, resteront évanouies, parce qu'il a manqué une bouche pour les répéter et leur prêter le secours souvent profane de l'art. La Babel du moyen âge a été élevée jusqu'à effleurer le ciel ; mais avant de le toucher, elle a croulé en cendre, et ceux qui en montrent les restes doivent consentir à être raillés par une postérité incrédule.

Le fatalisme historique, je le sais bien, démontrera magistralement que si cette œuvre a manqué, ç'a été pour le plus grand bien des générations suivantes et de la nôtre en particulier ; que c'eût été un immense malheur pour la France de posséder un poème dantesque, lequel eût imposé à sa langue le sceau du moyen âge, et l'eût inféodée comme l'italienne à l'imagination et à la poésie. Nous conviendrons, tant qu'on voudra, que la France a couru cet énorme danger ; même en secret, les portes closes, nous regretterons de n'avoir pas à endurer cette infortune.

Au reste, ces rhapsodies n'ayant pas été recueillies quand le génie des temps le permettait, elles durent promptement se transformer et disparaître. Les poètes du moyen âge croyaient sincèrement avoir exprimé tout ce qu'ils voyaient ou sentaient dans leurs cœurs. Les hommes auxquels ils s'adressaient le croyaient avec eux. Mais le jour où les salles des châteaux se dépeuplèrent, où le concours d'objets qui donnait à ces fêtes de poésie une puissance éphémère vint à changer, ce jour-là, il ne resta qu'une ébauche monotone et muette, à la place de l'épopée qu'avaient entendue ou cru entendre les hommes d'un autre siècle. A mesure que la société féodale déclina, ses poèmes, déchus des vers à la prose, disparurent comme elle. La France ne devait avoir ni sa charte des barons comme l'Angleterre, ni sa *Comédie divine* comme l'Italie. Appelée à ruiner le passé, il semble qu'elle ne devait laisser en arrière aucun établissement durable.

Le tiers état qui surgissait ne pouvait guère nourrir un amour profond pour ces épopées dans lesquelles il ne jouait que le rôle du serf. Ce n'était pas pour lui qu'elles avaient été composées. Il n'y trouvait que le tableau de son abaissement. Outre cela, il s'était fait sa propre poésie dans l'apologue et la grande composition du *Renard;* poésie corvéable et mainmortable qui n'ose pas s'exprimer par une bouche humaine; quand elle sera affranchie, c'est à elle que se rattachera La Fontaine.

Quelques lambeaux de l'épopée sérieuse survécurent par hasard. Au plus haut du paradis, Dante rencontre Roland dans l'étoile de Mars, Guillaume dans l'étoile de Jupiter. Le grossier Obéron du onzième siècle reparaît dans une *Nuit d'été* de Shakspeare, Fierabras dans un des mystères de Calderon, Charlemagne dans Boiardo, Pulci, Arioste, Cervantes; voilà les miettes tombées de la table d'Homère.

Il y avait, au reste, dans le sublime du treizième siècle, un côté ridicule qui devait finir par être découvert. Pour que les esprits n'en eussent pas été frappés plus tôt, il fallait même qu'ils fussent aussi sincèrement préoccupés qu'ils l'étaient en effet. Ces anachronismes qui supprimaient le temps, cette géographie héroïque qui supprimait l'espace, ne pouvaient pas toujours durer. L'ignorance céleste sur laquelle tout reposait devait cesser un jour; et alors le rire allait remplacer les éternelles larmes des amants de Cornouailles.

O rire plus amer que les pleurs! renaissance plus triste que le tombeau, quand le calice du Graal se remplit du vin de Toscane, et que les lèvres ascétiques y burent l'oubli de l'antique espérance! La menace comme les promesses, la foi des vivants comme la foi des morts, tout avait été déçu. Ni le monde n'avait fini à l'heure publiée par le *Dies iræ*, ni les morts trop attendus n'étaient ressuscités, ni Arthus ne s'était réveillé dans la forêt de Bretagne. Sur le tombeau de Tristan et d'Yseult, le lierre et la rose s'étaient flétris l'un l'autre. Au sommet du *Mont-Sauvage*, le fantôme de l'idéal avait disparu avant d'avoir été atteint par la chevalerie.

Qui pourrait dénombrer les désenchantements de l'homme à la fin du moyen âge? et que sont les nôtres à côté de ceux-là? Le quinzième siècle et le seizième s'en vengèrent par un rire héroïque. C'est du milieu des démocraties d'Italie que sortit la première satire du grand poème de la féodalité. Pulci est du pays de Savonarole et de Machiavel.

Après lui, Arioste et Cervantes se partagèrent la double épopée de la chevalerie. Dans ce dernier moment, la division primitive des deux cycles fut encore maintenue, et la raillerie consommée avec une étiquette royale. Roland Furieux resta le neveu de Charlemagne et représenta tout le cycle évanoui des Carlovingiens. Quant à don Quichotte, poursuivant à travers monts et vaux son idéal inaccessible, qui ne reconnaît le dernier-né de la famille des paladins d'Arthus et du Saint-Graal ? Je voudrais que quelqu'un racontât les expériences qu'il a fallu au monde pour descendre peu à peu de Parceval le Gallois à Gargantua et à Grandgousier, et de Béatrix de Portinari à Dulcinée du Toboso.

Par degrés, la poésie féodale tomba dans un si grand oubli, qu'autant eût valu qu'elle n'eût pas existé. Depuis Malherbe, tout data de la Renaissance. Contre les analogies manifestes de l'histoire, il demeura décidé que, par une exception sans exemple, la poésie en France était née en l'an 1510 environ, de l'épigramme et du sonnet, dans le cabaret des écoliers de Paris. Tout son passé chevaleresque lui fut retranché. Villon et Marot furent les vénérables aïeux, à barbe blanche, qui présidèrent à ce berceau et le tachèrent de lie. Avec moins de préoccupation, il eût été possible de s'apercevoir que le madrigal, le sonnet, la ballade affectée, l'épître, le triolet, et les autres formes artificielles de ce temps-là, annonçaient la décadence d'un art ancien, aussi bien que les essais d'un art nouveau. Par delà les poètes des Valois, auraient apparu les poètes de Philippe-Auguste.

En effet, si quelque chose doit être conclu de tout ce qui précède, c'est que la poésie en France n'a pas eu de moindres origines que dans le reste de la société chrétienne. Elle n'est pas de plus chétive lignée que l'italienne, l'espagnole, l'allemande, l'anglaise. Elle est née dans le berceau commun à tous, dans l'Église. Avec la féodalité, elle a grandi hors des villes, dans les châteaux, parmi les chants des troubadours et les pompes des fêtes provinciales. Au treizième siècle, elle est parvenue avec la constitution du moyen âge, à une sorte de maturité. Après cela, elle a, comme une littérature formée, parcouru les longues phases du sophisme et de la décadence; le roman ergoteur de la Rose appartient à ce déclin.

Les fabliaux du seizième siècle sont les épisodes détachés du grand poème du treizième. Villon, Marot, Saint-Gelais, ces prétendus ancêtres, ont perdu déjà la trace du passé. De l'épopée, ils sont descendus au madrigal; de la simplicité débonnaire des romans de chevalerie, à la mignardise du rondeau. Ingénieux et subtils dans le mécanisme des vers, ce qui leur manque, c'est la pensée. Toutefois, jusque sous la Ligue et Louis XIII, un reste du vieux génie héroïque se perpétue emphatiquement dans les Amadis. En ce moment, le fantôme des traditions disparaît, avec la féodalité, sous Richelieu.

En un mot, la poésie française a eu deux époques principales, l'une toute féodale, au temps des croisades, l'autre toute royale, au siècle de Louis XIV. L'intervalle qui les sépare comprend la dissolution de la première et l'avènement de la seconde. De plus, ces deux époques n'ont entre elles presque aucun rapport de continuité dans les formes, l'une n'étant point renfermée dans l'autre, ni produite par l'autre; et ce divorce apparent d'avec la tradition est ce qui donne à la poésie en France un caractère particulier et presque unique en Europe.

CHAPITRE XIV.

POURQUOI L'ESPRIT FRANÇAIS A REJETÉ LES TRADITIONS NATIONALES.

Faut-il regretter que le siècle de Louis XIV ait en partie rejeté le passé national, et qu'il se soit plié aux formes de l'antiquité, au lieu de continuer l'œuvre ébauchée du moyen âge? Cette question, qui est au fond celle de la société française, en renferme mille autres. Elle se résout par cette unique considération, que le retour à la tradition était impossible. Il n'y avait plus aucune convenance entre la naïveté des traditions ecclésiastiques et chevaleresques, et le scepticisme pieux auquel on touchait alors. Si la France eût tenté de recommencer son passé et de remonter à son âge d'innocence, elle n'eût pu y réussir que par un mensonge social. Arthus et Louis XIV étaient mal faits l'un pour l'autre; le moyen âge avait manqué sa tâche; ce n'était pas à la monarchie à refaire l'œuvre de la féodalité.

Que serait-ce, au contraire, si de cet oubli de la tradition était née en partie la puissance sociale du siècle de Louis XIV, et si c'était là le point par où le génie de ce siècle s'accorde le mieux avec le génie permanent de la France moderne? Or, c'est ce qu'on ne saurait nier. Dans le reste de l'Europe, la tradition des formes du moyen âge a persisté dans les lettres comme dans la société politique. Dès les croisades, on aurait pu prédire les développements successifs de la poésie italienne, espagnole, allemande, anglaise. Le spectacle des Mystères contenait déjà l'ébauche du drame de Calderon, de Shakspeare, de Goethe. Dans les épopées religieuses et chevaleresques se trouvent les premières origines de Dante, d'Arioste, de Spencer. Pétrarque et Camoëns ont des rapports frappants avec les troubadours ; Raphaël en a avec Fiesole, avec Masaccio. Il n'en est point ainsi du siècle de Louis XIV.

Sans passé, né de lui-même en apparence, il s'est levé à l'improviste, dans la famille des siècles, comme la coupole demi-chrétienne, demi-païenne, de Saint-Pierre, parmi les cathédrales du moyen âge. Des formes que l'humanité a produites, orientales, grecques, romaines, féodales, il a choisi librement celles dont il lui a plu de se rapprocher. Il s'est donné les aïeux qu'il a voulus ; et ordonnant, reniant, brisant, renouant ainsi à son gré le lien des générations, le siècle de Louis XIV est devenu le premier acte des révolutions dans lesquelles la France devait engager le monde.

Appelée à abolir le moyen âge dans les lois et dans les mœurs, la France a commencé par l'abolir dans les formes de la poésie. Sa littérature a été, comme ses institutions civiles, un acte de choix et de libre arbitre, non de nécessité et de tradition.

Par là s'expliquent la défiance, l'antipathie instinctive de la France pour les formes et pour les habitudes des littératures étrangères. Il est clair que, continuant l'œuvre des traditions abolies, ces littératures semblent être en contradiction perpétuelle avec le génie de la France et le principe de son action. Aussi, aura-t-on beau faire; Dante, Calderon, Shakspeare, apparaîtront longtemps encore parmi nous comme les fantômes d'un passé ennemi.

D'autre part, j'ai souvent entendu remarquer avec étonnement que les ennemis les plus ardents du régime politique de Louis XIV sont les plus fidèles partisans des établissements et des principes littéraires de cette époque. C'est au milieu des réactions les plus violentes contre le passé que cette royauté de l'art a jeté les racines les plus profondes au cœur de la nation. Le dix-septième siècle a triomphé même en 89 et en 93. Pourquoi cela? Précisément parce que les formes de cet art, n'ayant pas de fondements profonds dans l'histoire féodale, se prêtent à tous les changements, et peuvent survivre à tous les naufrages. Émancipées du servage du moyen âge, ces formes s'appliquent à la France nouvelle plus qu'à la France ancienne; et il est dans la nature des choses, que plus ce pays s'affranchira des souvenirs et des liens de son passé, plus cette poésie lui ressemblera ; en sorte que les changements de mœurs, de lois, de régimes, qui vieilliront tout le reste, ne feront que la rajeunir.

Voilà pourquoi il est bien inutile de s'inquiéter de la gloire du siècle de Louis XIV. Ce siècle, éternellement triomphant, est le génie même de la France; il lui apparaît chaque nuit sous sa tente. Et pourtant le monde aujourd'hui est plein d'hommes au langage funèbre, qui vont partout prophétisant sa ruine, s'ils ne lui portent secours. Ne les arrêtez pas ; ne leur parlez pas; ils se hâtent, et peut-être arriveront-ils trop tard. En effet, ils ont pris sous leur très noble, très haute et très puissante protection, ce siècle défaillant.

Ces chevaliers de la gloire se sont faits les défenseurs des faibles et des affligés, à savoir, de Bossuet, de Pascal, de Corneille, de Racine, de Molière, de Voltaire et de plusieurs autres orphelins de cette famille. Ils se travaillent incessamment pour la cause de ces opprimés; ils ne boivent ni ne mangent, ni ne sommeillent; ils en mourront. Ne pourraient-ils pas, en conscience, et sans danger pour leurs pupilles, se permettre quelque repos, et dormir sur leur lance?

Si, en effet, le moyen âge a été le berceau des croyances populaires et de la poésie instinctive, le siècle de Louis XIV est celui qui nous en sépare irrévocablement. La France a goûté vers ce temps-là le fruit de l'arbre de la science du bien et du mal. Elle ne peut retourner en arrière dans son âge d'innocence. Austère, inexorable, l'époque de Louis XIV est comme l'ange à l'épée flamboyante, qui ferme sur nous les portes de cet Éden mystique. Toutes les fois que les peuples commencent à défaillir, et tournent avec regret la tête vers ce paradis perdu, le grand siècle se soulève de lui-même, et rend le retour impossible. Nul de nous ne rentrera dans l'Éden de la poésie et de la foi des ancêtres. Les portes ciselées par les archanges ont été closes avec fracas. En vain mille efforts se déchaîneront contre elles ; la barrière élevée subsistera ; le genre humain n'aura point de transfuges.

Épopée des jours passés, trouvères, chevalerie, amours enchantés, légendes, charmes commencés, larves, images ébauchées, poésie qui aurait pu être, qui n'a été qu'à demi, flottez, errez dans les limbes des vides souvenirs. Vainement vous redemandez à naître : il est trop tard ; un monde nous sépare de vous. Spectres des temps évanouis, que deviendriez-vous parmi nous ? Vous nous feriez mourir, et nous ne vous ferions pas vivre une heure.

De la comparaison de la littérature française à ces deux époques, au moyen âge et sous Louis XIV, résulte une autre conséquence plus triste, à mon avis ; c'est que rien n'est faux comme la maxime de nos temps, qui veut que les époques les plus religieuses soient aussi les plus propres au développement des arts. Ah! si la croyance faisait les ouvrages durables, quelle poésie eût été plus accomplie que celle des trouvères? Née dans des siècles de sainteté, de quelle hauteur ne dominerait-elle pas tous les âges modernes! Mais il n'en est point ainsi, et plus je réfléchis sur ce point, plus je m'aperçois que cette fausse opinion dérive d'une idée fausse de la religion et de l'art.

Ne vous aveuglez pas sur la valeur de l'art, et, retombant dans la vieille erreur, n'allez pas prendre l'idole pour la divinité. Examinez, étudiez, comparez tous les monuments achevés du génie humain ; vous trouverez en chacun d'eux un sentiment de critique qui exclut l'ingénuité de la foi. A proprement parler, l'art lui-même ne commence à exister qu'à la condition de se séparer du culte et de la liturgie, c'est-à-dire d'établir une église dans l'église, un Dieu nouveau au sein du Dieu antique.

Le prêtre crée les symboles ; l'artiste les détruit. L'Orient sacerdotal a fait les dieux ; la Grèce impie a fait les statues. Quand je lis les poètes du temps de Périclès, je pense aux impiétés naissantes dans l'école de Socrate. Le siècle d'Auguste commence ; mais déjà les augures ne peuvent se regarder sans rire. Au moyen âge, l'époque des troubadours est celle des hérésies des Albigeois et des Vaudois. Qu'est-ce que la prétendue orthodoxie de Dante, si ce n'est un perpétuel blasphème contre la papauté ? Quoi de plus ? Le siècle de Léon X est le siècle de Luther. Aux époques religieuses par excellence appartiennent les sphinx de Thèbes, saint Jérôme, Tertullien, saint Hilaire, les hymnes et les proses ecclésiastiques, les trouvères, les mystères, les crucifix de Cimabué. Aux époques où naît le scepticisme appartiennent les marbres du Parthénon, l'Antinoüs, Michel-Ange, Raphaël, Arioste, Shakspeare, Milton, Cervantes, Pascal, Molière, Racine, La Fontaine, Voltaire. De quel côté sont les croyants ? de quel côté sont les artistes ?

Ne confondez donc plus la religion et l'art, si vous ne voulez les détruire l'un et l'autre et l'un par l'autre. On demande aujourd'hui à l'artiste d'être prêtre, c'est-à-dire de n'être ni prêtre ni artiste. Quant au poète, il ne lui est plus permis de rimer un couplet sans affirmer quelle est sa foi en matière d'ontologie, ce qu'il affirme touchant l'origine de la terre et du soleil, de la mer et des étoiles, du travail et du salaire, d'Ormuzd et d'Ahriman. Profondeur fausse et décevante, mère de frivolité et d'impiété réelle.

De là aussi il est résulté que notre époque, en qualité d'hérétique, a été mise à l'interdit, et comme telle livrée au bras séculier. Ce siècle a trouvé, parmi nous, un nombre infini de prédicateurs, qui, la corde au cou, le cilice aux reins, et portant par avance le deuil de leur propre génie, vont prêchant la fin du monde, à savoir: de la jeunesse qui les quitte, de la beauté qu'ils ont perdue, de l'amour qui les fuit, de l'espérance qui les abuse. Et de cette somme effroyable de sermons, mandements, homélies, il est resté démontré: premièrement, que rien n'est plus chétif que la vue du monde ébranlé, par trois fois en moins de trente ans, jusqu'en ses fondements, par la Révolution française; tant d'assemblées fameuses, de grands courages, d'échafauds bravés, de révoltes vaincues et ranimées; tant de rois en exil et mourants sans tombeaux; tant de batailles rangées sur terre et sur mer; aux deux bouts de la chaîne, l'Amérique et le Grèce affranchies; un empire détruit en une nuit, et partout la paix plus inquiète que la guerre; deuxièmement, que rien n'est plus antipoétique ni plus indigne de l'examen d'un galant homme que l'époque qui a réuni, dans un même chœur diabolique, Goethe, Byron, Klopstock, Alfieri, André Chénier, Schiller, Chateaubriand, Wieland, madame de Staël, Herder, Lamartine, Uhland, Manzoni, Walter Scott, Coleridge, Hugo, Wordsworth, Tieck, Jean Paul, La Mennais, Béranger, le tout couronné par le roi des nains, Napoléon !

CHAPITRE XV.

L'ÉPOPÉE ALLEMANDE.

DES TRADITIONS GERMANIQUES. — LES MIGRATIONS DES EDDAS, PREMIERS ÉLÉMENTS DES POÉSIES DES NIBELUNGS.

Soit que les guerres religieuses qui éclatèrent sur les plateaux de l'Inde aient été la première cause des migrations orientales, soit que la tradition de la montagne de Mérou, où siégeait sur son trône d'or le dieu des richesses magiques, ait attiré les peuples primitifs vers les contrées du Nord, soit qu'ils aient cédé à une impulsion instinctive en descendant des lieux les plus élevés avec les fleuves, on voit à l'origine de l'histoire la race indo-germanique s'ébranler et cheminer lentement des sources du Gange dans la Bactriane, la Médie, le long des flancs du Taurus, et s'amasser peu à peu contre les murailles du Caucase.

Quelques écrivains reconnaissent les traces d'une communication non interrompue entre l'île de Taprobane et la Colchide, dans le commerce du corail et des perles de l'Inde. Sur les bords du Bosphore, le culte du soleil est un reflet du culte de Java et de l'Iran. Dans sa marche rapide, les pieds du jeune Dieu laissent derrière lui une empreinte de deux coudées, sur les rochers de Ceylan, sur le granit du Paropamise, sur les sables de la mer Noire. C'est là (1) que se rencontrèrent, pressées entre le Pont-Euxin et la mer Caspienne, des populations qui, dans leurs marches, s'étant arrêtées çà et là, avaient pris chacune une forme distincte : au centre de la Colchide la race égyptienne, que ses cheveux crépus, sa langue, ses vêtements de laine et le principe de la circoncision, distinguaient de ses voisins ; près d'elle, sur le Thermodon, les Syriens, les Chaldéens ; au sud les Persans ; enfin les Hyperboréens fermant le cercle.

Quand les tribus ainsi acculées commencèrent à se gêner, elles s'ouvrirent un chemin par les Portes Caucasiennes, et tournant le Pont-Euxin par le Palus-Méotide et la Tauride, elles vinrent déborder d'abord sur l'Ister, puis dans la Grèce septentrionale. Chacune apportait ses dieux et ses images. Avec les Hyperboréens, l'Artémis descendait de Dodone en Eubée et à Delos ; le Mithra de l'Iran cheminait avec les Doriens de la Thessalie dans la Piéride et la Béotie : avec les Dar-

---

(1) Herodot., lib. IV, 104-125. — Strab., VI, p. 28. — Ritter's Erdkunde, II, p. 617. — Geier, *Urgeschichte*, 332. — Klaproth, *Asia polyglotta*.

daniens, le Zeus de l'Inde s'établissait sur les terres nouvelles de la Crète et de la Samothrace ; l'Hermès égyptien errait avec les Pélasges en Arcadie.

Tous, sous les profonds mystères qu'ils enveloppaient, portaient les traits de la race à laquelle ils appartenaient. La Pallas des Scythes rappelait, par son génie guerrier, l'instinct des peuples qu'elle avait connus sur le Phase. Ce n'est que sous l'influence hellénique qu'elle prit le génie des arts, unissant dans sa double nature le caractère de deux époques séculaires. Ainsi, chacun avait au sein de sa tribu sa place et son temple favori.

Venus de tous les bouts de l'horizon, ces dieux se distinguaient, aussi nettement que les histoires et les origines. Non seulement ils s'excluaient, mais ils en vinrent aux mains. L'histoire conserve les traces de ces luttes profondes qui armèrent des sacerdoces ennemis. Le dieu de la lumière, l'Apollon asiatique, persécuta longtemps le Bacchus-Osiris venu de l'Éthiopie ; et les deux races japhétiques et sémitiques, venant à se rencontrer sur le sol de la Grèce, reprirent les anciennes haines qui les divisaient en Orient.

Peu à peu ces oppositions s'usèrent par la lutte. Quand les éléments épars du monde grec parvinrent à l'unité, les dieux se rapprochèrent et sympathisèrent entre eux comme les tribus. Égaux en grandeur et en âge, mille liens naquirent qui les enchaînèrent mutuellement. Ils firent échange de symboles et d'idées. La lumière du sabéisme pénétra le génie mystérieux de la religion égyptienne; l'aspect sauvage des dieux hyperboréens fut tempéré par la grandeur majestueuse de la mythologie de l'Inde. Autant d'abord les cultes avaient semblé différents, autant alors ils parurent alliés de près. Des sommets de l'Himalaya, des plaines de l'Euphrate, des oasis de l'Éthiopie, des gorges de la Colchide, des bords du Tanaïs, toutes les sources religieuses débordèrent dans la pensée de la Grèce; l'idée de Dieu, jusque-là répandue et divisée par fragments entre les races, se concentra et rayonna tout entière dans la merveille de la théogonie olympienne.

Quand ce mouvement fut achevé, des mêmes lieux où il s'était préparé, s'ébranla en silence une nouvelle race qui eût suivi le même chemin et peut-être reproduit la même histoire, si le monde antique, encore debout, ne lui eût opposé une invincible barrière. Refoulée par la chute de Mithridate, cette race d'hommes s'avança par un vaste détour, sur les marais du Volga, dans les déserts de la Russie, sur les bords de la mer du Nord; quoiqu'elle ne trouvât nulle part d'obstacle qui l'inquiétât, elle s'établit à l'écart dans les terres inconnues de la Chersonèse Cimbrique prête à fondre sur sa proie quand le temps serai venu.

Quelques-unes de ses tribus appartenaient à la race des laboureurs que Cyrus avait appelés à la révolte ; d'autres étaient issues des colonies mèdes établies en Géorgie ; il y en avait une sur le Bosphore Cimmérien, qui formait une caste indienne, et conservait son ancien nom. Quoique sorties du Pont-Euxin, leur départ fut à peine aperçu ; et ce n'est que lorsqu'elles eurent déterminé par leur arrivée le déplacement des Teutons et des Cimbres, que l'Italie commença à regarder l'orage qui se formait au Nord.

Pendant près d'un siècle, elles suivirent cette voie, d'un côté touchant à la Chersonèse Cimbrique, de l'autre aux Portes Caspiennes, leur centre appuyé sur la Duna. On les cherchait au Nord pendant qu'elles débouchaient à grandes masses par l'Orient. L'empire, découvert de ce côté, leur ouvrit la vallée du Danube ; les Alains et les Goths asiatiques s'y précipitèrent. Sur les frontières de l'Hæmus, ils se joignirent aux Gètes d'Hérodote, qui, depuis longtemps, placés à la source de la mythologie orphique, s'étaient soumis aux règles de Pythagore, et faisaient le lien des traditions scandinaves avec le génie du midi de la Grèce. Je veux rechercher jusqu'à quel point le souvenir de ces migrations universelles a survécu dans les poèmes indigènes du Nord, et si on peut en reconnaître la trace dans l'épopée allemande du moyen âge.

Dès le sixième siècle, le Goth Jornandès (1) attribue une ancienne épopée aux peuples de sa race assis sur les bords de la mer Noire; il nomme même un des héros qui reparaît dans le cycle des Nibelungs. Après lui, l'époque de la domination franke nous a laissé un fragment de ces chants, qui, quoique mutilé, suffit pour montrer l'antiquité de la tradition transmise alors par des espèces de rhapsodes. Ces chants n'échappèrent pas à l'attention de Charlemagne; il fit recueillir les poèmes des nations barbares. S'il ne fut pas pour eux ce que l'on croit que Pisistrate et Lycurgue ont été pour Homère, si, en les enchaînant à l'écriture, il ne put les marquer pour toujours du caractère de son temps, c'est qu'ils vivaient encore dans l'imagination des peuples, et qu'ils continuaient de se développer au souffle épique de la multitude.

Vers la fin du dixième siècle, la Norvége entrevoyant à peine le christianisme, son roi Olof écoute les scaldes de son palais chanter sur leur lyre l'ode de Sigurd, de Brynhyld et de Gudrun, c'est-à-

---

(1) Jornandès, *de rebus geticis*, c. IV. — Eginhart, c. XXIX, 107. — Goerres, *Zeitung für Einsiedler.* — Nicol. Olaus, *Vita Attilæ.* — Freher, *Origin. Palatinæ*, p. 11. — Grimm, *Alt. Teuton. Waelder.*

dire l'histoire des principaux personnages de notre cycle héroïque. Un peu plus d'un siècle après vient le témoignage important de Saxo Grammaticus. Selon lui, Magnus le Jeune, fils d'un roi danois, ayant formé une conspiration contre Canut, envoie un chantre saxon l'inviter à une conférence secrète où il se prépare à l'égorger. Le Saxon, uni à Canut par les liens de l'amitié et d'une commune origine, prend pitié de son sort; il cherche à l'avertir du danger sans trahir ses serments. Pour éveiller les soupçons du prince, il chante la trahison de Grimihl envers ses frères.

Voilà donc un poème assez populaire, assez vivant, pour servir d'interprète, de langage convenu entre les individus d'une même race. C'est aussi l'époque où la tradition a atteint sa plus haute puissance. Elle a parcouru toutes ses phases, et, incapable de s'accroître, elle n'aspire plus qu'à se fixer dans une œuvre d'art. Le flot de poésie qui jusque-là a coulé à pleins bords avec la race germanique, se concentre dans la pensée d'un homme de génie. Soit qu'il ait seul achevé l'œuvre, soit que plusieurs y aient concouru, son nom reste un problème comme celui des architectes des cathédrales gothiques. Mais la preuve qu'il recueillit vraiment à sa source, et sans en omettre aucun, les éléments vitaux de la tradition, c'est qu'il ne paraît après lui aucun effort pour accroître son monument. Au contraire, son œuvre ne tarde pas à déchoir du poème à la prose du roman populaire.

Je ne reproduirai pas les témoignagnes des chroniques rimées, ni ceux des troubadours du Nord. Les allusions que ces derniers font aux Nibelungs sont si fréquentes, qu'ils semblent tous s'y rattacher comme à une origine commune. Il suffit de dire qu'à la renaissance des lettres, un empereur d'Allemagne fit faire des fouilles à Worms, la ville des Héros, dans l'espoir d'y trouver les restes du géant Siegfried. Le mauvais succès ne dissipa point le prestige, et les montagnards de la Bavière, les paysans de Hongrie continuent avec une persévérance presque incroyable de chanter, après mille ans, dans les soirées d'hiver l'Attila des Huns, le Dietrich des Goths, la fille de Gontran le Mérovingien.

Le mouvement de la Réforme qui emporta l'Allemagne dans un monde nouveau fut seul capable d'interrompre le fil de ses souvenirs épiques. Plus tard, enchaînée au joug du siècle de Louis XIV, elle oublia complètement l'épopée nationale; mais à peine eut-elle commencé dans le dernier siècle à reprendre la vive conscience de ses forces, ce poème, comme le génie attaché à ses pas, et qui lui apparaît à chaque époque solennelle de son existence, se réveille de la poussière. On le croyait pour jamais perdu et évanoui, quand il se retrouva dans le fond du monastère de Saint-Gall. Il se montra au jour en même temps que Kant; et, ce qui était naturel, il reçut la même condamnation du roi Frédéric.

Maintenant si, comparant les âges divers de la tradition, nous cherchons la première ébauche, ou plutôt le germe primitif d'où est né ce poème, voici le récit que nous rencontrons dans la mythologie des Eddas Scandinaves :

A l'origine de la race des Franks (1), un enfant flottait sur les eaux, dans un vase de cristal, où la reine des Volsungs l'avait déposé à sa naissance. Jeté sur le rivage de la mer, où il poussait des cris perçants, une biche vint lui donner son lait; elle le nourrit dans la forêt avec ses faons. Un jour, Redgin le nain l'ayant rencontré dans le bois, l'emmena dans sa chaumière et l'adopta pour son fils. Dès l'âge de neuf ans, Siegfried ou Sigurd (c'était le nom de l'enfant) était si fort, qu'aucun homme ne pouvait lui résister. Après avoir essayé ses forces sur ses compagnons, il va consulter Gripir, le plus sage des devins : « Dis-moi, noble roi, vois-tu d'avance au loin, sous la tente du ciel, les nobles faits de Siegfried ? — Toi seul tu vaincras le dragon de feu qui repose sur le Guitaheidi. Dans l'antre de Fofner, tu enlèveras ses

---

(1) Edda Saemund. *Edda Snorro.* — *Chants de Gripir, de Volundur,* etc. — *Volsunga saga.*

trésors sur le dos de Grani, et tu iras rejoindre Giuki, le héros à la bonne armure. » Après une longue prophétie, dans laquelle tout l'avenir du jeune héros est dévoilé, Gripir, pressé par ses questions, finit par lui avouer que la possession du trésor lui coûtera la vie.

De retour chez le nain, Siegfried apprend l'histoire magique de ses ancêtres. Quand les dieux, dans l'origine, parcouraient le monde, Odin, Loki et Hæner arrivèrent au bord d'un fleuve; le dieu Loki saisit dans une cascade le devin Andvari, métamorphosé en poisson. « Je m'appelle Andvari, dit ce dernier, Oinu est le nom de mon père. J'ai roulé de cascades en cascades. A ma naissance, une méchante norne a décidé que je vivrais dans les flots. » Pour se racheter, Andvari livre au dieu toutes les richesses qu'il a entassées dans le fleuve ; il retient pourtant un anneau d'or que Loki lui reprend. Le nain rentre alors dans son rocher et prononce une solennelle malédiction sur le trésor qui lui a été enlevé. Son frère Fofner s'empare du trésor, se change en dragon de feu, et veille jour et nuit sur sa proie.

Tels étaient les récits du nain à Siegfried. Un jour il l'aborde et lui dit : « Bienvenu soit le fils de Sigmund ! il a plus de courage qu'un homme fait. J'ai l'espérance de revoir un lion hardi. Le descendant d'Yngry est venu jusqu'à nous ; ce roi sera le plus puissant sous le soleil. » Il lui apprend alors que Fofner repose sur le Guitaheidi ; il lui fait une épée qui partage un flocon de laine sur les eaux, et il l'envoie combattre le dragon.

Siegfried s'embarque sur un vaisseau. Un violent orage survient. Du haut d'une montagne, un homme se lève et dit : « Qui s'en va sur les coursiers de Ravil, sur les vagues bondissantes, sur la mer orageuse ? Les chevaux sont couverts d'écume ; les filles des eaux ne résisteront pas au vent. » Redginn répond : « Sigurd et ses hommes flottent sur l'arbre des mers ; un vent de mort souffle sur nous. La vague monte plus haut que le mât ; le cheval bronche couvert d'écume. Qui nous appelle ? — Ils me nommaient Hnicarr quand je réjouissais les corbeaux dans le combat des jeunes Volsungs ; aujourd'hui nomme-moi l'homme de la montagne. » Ils abordent. L'homme de la montagne entre dans le vaisseau et apaise la tempête ; c'était le dieu Odin, que Sigurd interroge sur les signes divins de la victoire. « Il y a plusieurs signes divins : d'abord, d'entendre le croassement du noir corbeau sous l'arbre du glaive, puis d'apercevoir au loin deux hommes avides de gloire qui viennent à ta rencontre, enfin, d'entendre le hurlement des loups sous les branches des frênes. »

Après ces avertissements, Sigurd s'avance contre le dragon, qui vomit du poison et du feu. Il lui enfonce au cœur son épée Granur. Fofner s'ébranle, il frappe l'air de sa tête et de sa queue. Sigurd s'élance hors de l'antre, et entame avec le monstre un long dialogue. Il commence par lui cacher qui il est ; car c'était la croyance de son temps que la malédiction d'un mourant avait pleine puissance, lorsqu'il appelait son ennemi par son nom. Il interroge Fofner sur plusieurs sujets de la mythologie cosmogonique. « Dis-moi, toi qui sais tant de choses, quelles sont les nornes qui délient le destin et assistent à la naissance des enfants? — Bien différentes entre elles sont les nornes : il y en a de la famille des Ases, d'autres de la race des Elses, d'autres qui sont filles de Dvalinn. » Sigurd reprend : « Dis-moi, Fofner, toi qui sais toutes choses, quel est le champ où Surtur et les Ases versent et mêlent l'eau du glaive ? — Il s'appelle Oscopnir. C'est là que les dieux jouent avec la lance. Bilramst l'entr'ouvre, quand ils y font rouler leurs chars, et les chevaux frémissent dans les eaux du Molda. »

Le monstre expire en renouvelant la malédiction déjà attachée à la possession de son trésor. A peine le sang qui ruisselle sur les doigts de Siegfried a-t-il touché ses lèvres que, semblable au Gwyon des Celtes, il comprend l'avenir et entend le langage des oiseaux prophétiques : « Ceins autour de toi, Sigurd, les anneaux d'or. Je connais une vierge, la plus belle des vierges, toute vêtue d'or ; si tu la veux atteindre, de verts sentiers conduisent à Giuki. »

Sigurd pénètre dans l'antre du dragon ; il ouvre les portes de fer ; il s'empare du casque enchanté d'Agir ; il charge son cheval du trésor qui était enfoui sous terre, et il s'avance vers le haut Hindarfial. De loin il aperçoit un château environné de flammes. Son cheval Grani s'y élance ; au fond d'une salle, il arrive en face d'un guerrier endormi dans son armure ; il lui ôte son casque, et reconnaît les traits d'une femme. Il brise avec Granur les liens qui la retiennent. Elle se lève, et dit : « Qui brise mes liens ? Depuis longtemps je dormais. Combien sont longs les maux des hommes ! Odin n'a pas voulu m'éveiller plustôt du sommeil des runes. »

Sigurd se place près d'elle, et lui demande son nom. Alors elle prend une corne pleine d'hydromel, et lui donne le breuvage d'amour. « Jour, salut ! salut, vous fils du jour ! nuit, salut, et filles de la nuit ! Contemplez-nous de vos yeux propices, et donnez la victoire à ceux qui s'asseyent en repos. Salut, vous, Ases ! salut, femmes des Ases ! salut, terre qui nourris toutes choses ! donnez-nous la parole et la sagesse, et le salut des mains aussi longtemps que nous vivrons. »

Elle se nommait Brynhild ; c'était une valkyrie. Sigurd la prie de lui enseigner la sagesse, afin qu'il connaisse la science de toutes les parties du monde. Vient alors un long dithyrambe, dans lequel elle lui apprend des chants magiques, à cueillir des simples, à composer des breuvages sacrés, des dents du sanglier, de la langue du serpent, de la mâchoire du loup, du bec de l'aigle, d'or et de gazon, de crânes humains, mêlés dans le vin et l'hydromel. Voilà les secrets des runes, fameux parmi les Ases, fameux parmi les Elses ; c'est l'hydromel des runes : « Boisen à longs traits, jusqu'à ce que les dieux périssent. »

Tels étaient, tels nous ont été conservés, presque sous leur forme originale, les premiers chants des Teutons, quand, réunis autour de leurs chaudières sacrées, ils faisaient leurs invocations nocturnes aux puissances du Nord, ou qu'ils renouvelaient, sur le taureau d'airain, leurs serments de vengeance par la pointe du glaive, par la corne du cheval, par la proue du vaisseau, par le bord du bouclier; pendant que sur le sommet des montagnes, les prêtresses (1), vêtues de blanc, les pieds nus, ornées d'une ceinture de cuir, versaient goutte à goutte le sang des prisonniers avec des faucilles d'or, ou regardaient leurs entrailles au rayon du matin, ou mêlaient au bruissement

---

(1) Strab., lib. VII. — Plutar., *Vita Marii*.

des forêts, au râlement des victimes égorgées, au retentissement des vagues, le frémissement des peaux tendues autour des bannes des chariots.

CHAPITRE XVI.

THÉOGONIE DES BARBARES.

LEURS TRADITIONS POPULAIRES COMPARÉES AUX TRADITIONS DES GRECS. — LES CONTES DE FÉES.

On peut ne remarquer dans ces chants que le génie anthropophage. Ce dithyrambe, enivré d'hydromel et de carnage, dépeint mieux qu'Hérodote la vie des hordes scythiques. Mais il y a autre chose que du sang dans ce poème, comme dans les entrailles prophétiques des captifs que les prêtresses déchirent de leurs faucilles d'or. Il contient toute une théogonie, les secrets des dieux, les mystères des spéculations sacerdotales, et c'est là son plus profond caractère.

Nous rencontrons ici la société humaine à son berceau, déjà éveillée à la science théologique. Son étonnement de l'univers, son ardeur à s'inquiéter des forces de la nature, ce besoin qui éjà la poursuit de la connaissance du bien et du al, dominent si fortement, que tout autre intérêt st sacrifié à cette curiosité. Qu'un dieu, une alkyrie, un nain, un dragon, se succèdent dans ces poèmes, les événements ne se hâtent ni ne se compliquent. Chaque dénoûment est une leçon d'un dieu, et l'action ne se poursuit qu'au profit de la science des runes.

Encore tout empreinte de l'esprit du sacerdoce, la fable se meut avec lenteur, soumettant les aventures héroïques aux lois de la cosmogonie. Immobile au milieu des scènes de l'épopée naissante, le symbole paraît sans art sous sa figure primitive. Les mystères de la nature, sa force immédiate et inconnue, font tout le pathétique du drame. Ce n'est qu'à mesure que cette puissance de l'univers sur l'homme commence à déchoir, qu'il se contente du spectacle des races et de l'histoire. Il démêle pour la première fois les nations du milieu des théories mythologiques. Le drame alors grandit avec le peuple.

Chose en apparence paradoxale, l'épopée, née de la religion, fondée sur elle, n'achèvera de se former qu'à mesure que la religion commencera à décroître. Voilà donc un fragment de cette époque de transition qui n'a laissé dans l'antiquité grecque que des monuments contestés. L'épopée qui apparaît avec toute sa beauté dans l'*Iliade* et l'*Odyssée*, se montre ici à découvert dans ses rudiments; et ces chants, formés d'éléments différents, tenant à la fois de l'esprit religieux des Eddas et du génie héroïque des Nibelungs, représentent, dans leur double caractère, la période qui, chez les Grecs, fit un jour le lien de la théologie à la poésie, d'Orphée à Homère, du prêtre à l'artiste.

Née avant la séparation des tribus, la tradition remonte jusqu'au berceau même du monde germanique. Or, sur ce principe que les éléments de l'épopée se transmettent dans une race de la même manière que tous les autres, nous ne serons point étonnés de retrouver l'origine de la fable là où nous rencontrons l'origine de la langue. Le dieu Odin rappelle le Mithra du Caucase, et les imaginations de la Scandinavie sont alliées à celles de la Colchide (1).

Fameuse par la magie, féconde en dragons, en serpents de feu, en trésors funestes, cette terre a été transportée par l'imagination des peuples dans les contrées du Nord; la cité divine du Pont-Euxin a fait naître celle de la Duna et du Rhin. La toison d'or cachée chez les Hyperboréens est devenue le gage de rédemption des Ases. Médée, la personnification de la contrée dont elle conserve le nom, de cette terre où les rois sont instruits à la magie, porte sa science dans les runes des Germains; sous le nom d'une valkyrie, elle s'enfuit

---

(1) Plat., *Alcib.*, p. 441. — Hesiod., *Theog.*, 281. — Apollod., l. II, p. 143. — Martial, XII, 53. — Kanne, *Mythol. der Griechen*, 149. — Warton's editor. — Hyde, *Relig. veter. Persarum*, p. 399. — Creuzer's Symbol., t. IV, 52. — Goerres, *Introduct. au livre des Rois*, 233.

sur le char enchanté qui déjà l'a conduite au Tartare pélasgique.

Quoique né dans les régions ardentes de l'Asie, le dragon du Phase ne s'est point engourdi sous les glaces de la Scandinavie ; le baume qui a rendu invulnérable le fils de Polymède a conservé sa vertu pour le fils de Sigmond. Mais la tradition ne se contente pas de puiser à une source. Comme les personnages de Jason et de Persée étaient d'abord profondément unis dans le culte de la Pallas hyperboréenne, la mythologie du Nord les mêle et les confond tour à tour. Siegfried est, de même que Persée, confié, à sa naissance, aux vagues de la mer. Tous deux recueillis par le nain Redginn ou par le pêcheur Dactys, à mesure qu'ils se rendent incommodes à leurs hôtes, les mêmes artifices les envoient combattre la gorgone d'Éthiopie ou le dragon du Guitaheidi. Chacun d'eux, avant de commencer sa carrière héroïque, va consulter les femmes ailées ou les filles de Phorcus.

L'épée forgée par Vulcain retentit de nouveau sous le marteau de Mimer. Le casque de Pluton, dont la vertu rend invisible, devient le casque d'Agir. Le Pégase, prenant son vol du milieu des animaux symboliques, des lions couronnés de Persépolis, continue sa course, quoique chargé du trésor des Nibelungs, jusque sur le roc enflammé du haut Hindarfial. Après un long sommeil, l'Andromède d'Éthiopie se réveille, oppressée de songes funestes, dans la salle gothique du château de Frackland.

Enfin, si Persée est un type national que les peuples d'Argos, les Persans, les Assyriens, les Égyptiens revendiquent tous à l'origine de leurs annales, Siegfried est un chef de race, placé à la tête de la généalogie des Volsungs. Il résume en sa personne les siècles inconnus de l'histoire des Franks, comme Persée les âges héroïques de l'Orient et de la Grèce. Partis des mêmes lieux, longtemps retenus sur les bords du Bosphore Cimmérien, ils ont respiré le même air, et se sont formés sur le même modèle.

La langue des peuples allemands ayant ses racines communes avec le grec et le persan, il est naturel que leur mythologie se soit alimentée aux sources de la Thrace et de la Médie, et que leur épopée repose, à l'origine, sur une base orientale et hellénique. Avant leurs migrations, c'est par là qu'ils se rattachent aux groupes primitifs des races humaines; et de même que les chaînes des montagnes du Taurus, de l'Arménie et de la Colchide, qui, en se partageant, conduisent leurs fleuves à des mers opposées, commencent par se confondre d'abord dans les masses du Caucase, ainsi les traditions héroïques qui, sous le nom de Persée et de Siegfried, étendent leurs rameaux dans l'Iran jusque chez les Chaldéens, dans l'Égypte jusqu'à Chemmis, dans la Germanie jusqu'au pays des Franks, s'unissent à l'origine dans les fables de la terre sacerdotale du Phase et de l'Araxe.

Sans doute, il y eut un temps où la mythologie du Nord mêlait ses couleurs à l'action du poème des Nibelungs; et ce serait l'œuvre d'une haute critique de chercher les vides que les dieux y ont laissés. Sans doute il y avait une place pour la ville fabuleuse des Ases; la louve de Freya, attelée de vipères, traînait son char funèbre dans le palais d'Etzel; les corbeaux de Wodan annonçaient sur le frêne Ygdrasil la venue de Siegfried; la mort de Baldur, le supplice de Loki, les murs du Walhalla y étaient rappelés sinon décrits.

L'Évangile n'a pu effacer de partout les traces de ce merveilleux. Mais ce n'est pas en Allemagne qu'il faut les chercher. En effet, le christianisme qui a extirpé dans ce pays jusqu'aux moindres vestiges extérieurs des religions barbares, n'y a pas davantage épargné l'épopée : images, emblèmes, cultes, prodiges, il lui a tout enlevé excepté ses héros. A la place de ses dieux dispersés, il lui a imposé à la hâte une croix de bois faite du chêne sacré; et le poème barbare, baptisé dans le sang, comme les Saxons de Charlemagne, n'est plus païen, et n'est pas encore chrétien.

Tout au contraire, en Suède et en Danemark, le christianisme qui n'a pas détruit les monuments d'Upsala ni une foule de pierres runiques (1), et d'autres symboles, a aussi ménagé davantage le vieil esprit des traditions. Les divinités disparues du poème allemand subsistent encore par lambeaux dans les versions scandinaves. Ce qui dans les Nibelungs est rabaissé à la mesure de l'homme, demeure dans les Sagas et les Eddas, à la hauteur de la race des géants. Odin y reparaît par intervalles ; les femmes sont encore les valkyries du Walhalla ; dans le chant de mort de Brynhild, les imprécations de la magicienne, parmi les ruines qu'elle habite, sont une véritable évocation des religions mourantes.

Même dans les Nibelungs, si le cycle des grandes divinités est effacé, non seulement leur esprit a survécu par intervalle, mais avec lui une foule de puissances inférieures que leur génie mobile, incertain, leur condition obscure, ont sauvées des jalousies comme des scrupules d'un culte nouveau. Tels sont les nains, quelque nom qu'ils prennent. Alliés de près aux cabires de Samothrace, aux dioscures de Lacédémone, sachant se proportionner à tous les événements, tantôt maîtres, tantôt esclaves, quelquefois même grandis-

---

(1) Ola. Worm., *Danicor. monument. lib. sext.*

sant jusqu'à l'idée de Dieu, ils se dérobent par leur petitesse, ils se montrent avec éclat quand il est nécessaire, assez souples pour survivre à tous les systèmes religieux. Telles sont encore les femmes des eaux, qui, si l'orage les menace, se retirent dans leurs palais de corail. Après s'être balancées sous le nom d'Avatars dans les flots de l'Oxus, sous la figure de sirènes, entre les récifs de la mer Noire, elles remontent le cours du Danube et vont raconter à sa source l'avenir des héros des Amales.

C'est qu'en effet, dès qu'une religion est condamnée à périr, elle se dérobe sous une forme humble et cachée à sa ruine complète. Menacée dans le sacerdoce, elle se retire et se survit dans le conte populaire. Autant un jour elle aspirait à grandir, autant elle se fait petite et modeste. Repoussée de ses temples, elle s'enfuit dans les forêts, se blottit dans les creux d'arbres, sous les chaumes des cabanes, au coin des foyers des bûcherons. Ses Titans deviennent des nains malfaisants, ses dieux olympiens des sylphes invisibles. Retiré dans les fentes des rochers, l'artisan de l'univers, le démiourgue de l'Orient, polit de son marteau de pygmée les cristaux des montagnes; il tresse des cheveux d'or et continue de forger le marteau de Thor, comme il forgeait jadis le trident de Neptune. L'Olympe des Grecs devient une mon-

tagne de diamants gardée par douze chevaliers.
Le même culte qui avait dominé l'univers n'est
plus que le jouet des enfants (1).

Comme l'humanité dans son premier âge recevait les enseignements de la nature par l'exemple
et l'instinct des animaux qui l'entouraient, alors
que le griffon d'Égypte, la licorne des Persans, le
serpent des Araméens lui révélaient le sens de l'univers, ainsi l'enfant est de nouveau accueilli encore aujourd'hui à sa naissance par ces interprètes
muets de la sagesse des temps passés. Encore tout
humide de la rosée des forêts druidiques, l'oiseau
bleu voltige autour de lui et perpétue le souvenir
des traditions des Gaulois et des Armoricains; le
dragon d'Orient, le sphinx de Thèbes, le pic vert
des Étrusques, reparaissent à ses yeux sous mille
formes, avec le pouvoir et la science que l'antiquité
leur attribuait; les oiseaux blancs luttent en sa
présence avec les oiseaux noirs, comme les elfes
des Ases ou l'Ahriman et l'Ormuzd des Persans.
Les siècles écoulés se pressent ainsi autour de lui
sous la figure de brillantes fées, de cobolds, de sylphes, et répandent sur ses jours à venir le parfum
des choses passées. Comme si le premier sentiment de l'homme nouveau-né devait être l'impression des souvenirs les plus anciens du genre hu-

(1) Welker's, *Trilogie*. — Les frères Grimm, *Kinder-und Haus-Maehrchen*, II.

main, et que ses yeux dussent s'arrêter d'abord sur les ruines, l'enfant qui croit n'entendre dans les contes de fées que la voix de sa nourrice, recueille en effet la poussière des religions depuis longtemps écroulées et disparues.

CHAPITRE XVII.

LE CHRISTIANISME EST ÉTRANGER AUX NIBELUNGS.

CARACTÈRE ICONOCLASTE DE CE POÈME, OPINION DE LA CRITIQUE MODERNE.

Le christianisme n'a fait d'ailleurs aucun effort pour se substituer à la mythologie qu'il effaçait. Assez fort pour renverser, trop faible pour édifier, il n'a point remplacé, dans les Nibelungs, les dieux qu'il a détruits. Les fondements du monument des Barbares paraissent et s'étendent au loin; mais le génie moderne n'y a point encore ajouté ses chapelles, ses voûtes, sa mystique architecture. Au reste, ce n'est pas le hasard, mais le génie même de la race gothique qui a donné au poème cette forme austère et nue. Si, dans l'origine, le temple était sans idoles, l'épopée est restée sans prodiges : aucune puissance fabuleuse ne la domine; elle se meut par sa seule force intime; et plus elle est dépouillée de merveilleux, mieux elle représente le génie iconoclaste des populations gothiques.

Ce dénûment d'images mythologiques est si

frappant, qu'il ne se retrouve au même degré que dans l'épopée d'une race alliée à la race germanique, dans le Shanameh des Persans; car je montrerai ailleurs combien les poèmes d'origine celtique, nés au centre du catholicisme, sont plus riches en symboles. Le même génie qui, dans les cultes de Mithra et d'Odin, excluait les images visibles des dieux, a donc aussi privé l'épopée des ornements extérieurs de la religion. Or, ce qui se marquait à l'origine dans les fables et dans la poésie s'est confirmé dans la suite de l'histoire; et les religions des Goths, le génie iconoclaste de leur épopée, les innovations de la réforme de Luther, répondent à une seule et même pensée qui, toujours conséquente avec elle-même, s'accroît et se développe dans le sein d'une même race.

De toutes les formes que revêt la pensée humaine, la moins exclusive est l'épopée. Combinant dans ses inventions ce que l'histoire sépare, elle n'arme point un siècle contre un autre; elle n'abandonne pas le paganisme pour le christianisme, ni les mœurs des Germains pour la chevalerie; elle ne se convertit point à un culte, à un siècle, à une école: elle transporte tous les temps l'un dans l'autre; elle jette les pensées et les formes les plus diverses dans le moule et l'unité du génie national.

C'est pour avoir plus ou moins méconnu ce principe que la critique des Nibelungs présente jusqu'ici un résultat si incomplet. On a cherché à les expliquer par une période de temps déterminé, tandis que leur génie est de les confondre tous. Les uns ont cru voir dans le poème une représentation cosmogonique de la nature, une théogonie pareille à celle des Indiens et des Grecs; les autres ont voulu le circonscrire dans l'époque d'Attila. Goettling, rapprochant les origines, y retrouve l'histoire des Mérovingiens et les traditions des Franks. Quelques-uns y reconnaissent les débats des Guelfes et des Gibelins; enfin, trompés par la richesse même de la tradition, il en est qui, opposant ces explications l'une à l'autre, les niant toutes également, regardent cet ouvrage comme le fruit des imaginations fantastiques de la chevalerie.

Par ces contradictions on voit assez quels éléments variés se sont coordonnés dans le long travail de l'épopée. Aux traditions de la Colchide et de l'Iran, aux images lointaines des dragons de Jason et de Persée, aux fables de la terre du soleil, se joignent les souvenirs des émigrations gothiques, les traces d'Odin, la terreur encore présente de l'approche des Huns. Les scènes tragiques du palais de Childéric de Soissons, de Gontran de Bourgogne, se lient par une fabuleuse transposition aux débats de l'empire germanique et de la cour de Rome. L'effroi s'augmente avec l'histoire jusqu'à ce que la chevalerie renvoie quelques rayons de sa lueur naissante sous les voûtes ensanglantées du palais d'Attila.

Le poëme qui, d'une part, touche aux sources du Phase, qui, d'un autre côté, atteint avec les Ostrogoths le sol de l'Italie, avec les Franks la vallée du Rhin, unit dans sa lente formation la végétation riche, pauvre, sombre, brillante de chacun de ces climats. Non seulement il s'empare de tous les faits que le temps lui présente, mais il se les assimile, il les change, il les métamorphose, il les rend méconnaissables. Le paganisme s'empreint de christianisme. Nés de l'accouplements des loups et des esprits de ténèbres, les Huns brillent de toute la courtoisie des mœurs féodales.

A peine si quelques grandes figures, Siegfried, Théodoric, résistant à ce travail de formation, conservent quelques traits de leur physionomie réelle. Qu'est devenu l'Attila de l'histoire, l'Attila de Jornandès, celui dont Priscus nous a laissé l'image? Si une tradition non interrompue ne s'attachait à son nom, qui le reconnaîtrait sous la figure effacée d'Etzel, ce roi qui pleure et s'épouvante du sang versé? Or, tel est le caractère de l'épopée qu'en s'élevant au-dessus de la vérité individuelle, en disposant à son gré des faits particuliers, en renversant les rôles et les vicissitudes du monde, elle ne reste fidèle qu'à l'idée générale exprimée dans une époque.

Même en défigurant le caractère du chef des Huns, elle s'attache à l'impression de terreur répandue dans l'univers à son approche. C'est pour elle le fait dominant qui l'absorbe; loin de l'altérer elle le conservera plus terrible, plus complet, plus présent que l'histoire. Le lieu, le temps, les personnages, seront transposés et changés; et la pensée des peuples au quatrième siècle restera vivante et immuable. Du barbare qui a retrouvé le glaive magique du dieu Thor, la tradition fera un timide châtelain; des hordes de l'Asie, les gardes d'un manoir féodal; du choc des nations Mongoles et de l'empire romain, la querelle d'une femme et de quelques vavasseurs.

Mais le génie exterminateur des invasions planera en effet sur tout le poème et l'enveloppera de ses voiles. Les torrents de sang versés dans les champs catalauniques inonderont dans les Carpathes le palais d'Etzel; les héros épuisés en boiront à longs traits, comme dans le récit de Jornandès. De tout un peuple, il ne restera que le vieillard Hildebrand pour en annoncer la fin; et l'horreur qui suivit les dernières migrations sera si fortement empreinte sur chaque figure, la destruction sera si complète, si acharnée, les vainqueurs et les vaincus seront si bien confondus dans une égale perdition, que les scènes de l'histoire paraîtront superficielles et inachevées, à côté des scènes de l'épopée qui ne saisit qu'une idée, mais qui s'y perd et s'y ensevelit.

Sur les bords du Danube, dans les marais d'Osnabrück, dans les bruyères du Danemark, on trouve encore, sous des futaies de chênes, de vastes éminences couvertes de gazon, et que l'on prend communément pour des tombeaux de Huns. Dès qu'on approche, les hiboux et les corbeaux battent des ailes sur la cime des arbres, les cerfs s'enfuient sur les feuilles des forêts. Des masses de granit, entassées dans le nord en carènes de vaisseau, au sud en forme de retranchements, cernent la base de ces monticules. A leurs flancs sont éparses des pierres couvertes d'inscriptions runiques. Au dedans, ils sont soutenus par des assises de rochers qu'ont soulevées des races de géants, ils regorgent de débris d'os humains, de cadavres, de fers de chevaux, de cornes de métal incrustées de figures hiéroglyphiques, d'amulettes, d'armes, de vases, restes amoncelés des champs de bataille. Ces monuments de carnage sont aux Nibelungs ce que sont à l'Iliade les tombeaux de Mycènes.

CHAPITRE XVIII.

TRADITIONS ÉPIQUES DES SLAVES.

CHANTS POPULAIRES, HÉROÏQUES DES BOHÈMES.

Un mystère plane sur la race slave. Son histoire ressemble à ses chants populaires; c'est toujours un cavalier qui s'en va par des chemins inconnus, et, sans laisser ni trace sur le sol ni ombre derrière lui, disparaît sitôt qu'on le regarde. Après les invasions germaniques, cette race de Sarmates et de Scythes accourt au galop dans l'histoire, pour arriver à temps au grand rendez-vous du moyen âge. Mobile comme le sol d'alluvion sur lequel elle s'agite, on ne sait où elle va ni où la retrouver. Quand la race germanique eut sauvé l'Europe des invasions des Sarrasins du côté de l'Espagne, la race slave repoussa à son tour à Olmütz la dernière invasion de l'Orient, sous les fils de Dschemgis-Khan. Adossées l'une à l'autre, comme l'aigle à deux têtes, ces deux races déchiquetèrent, chacune à sa manière, le côté de l'Orient qui vint les attaquer.

Après cette lutte, qui donna à la race son unité,

toutes les tribus se débandèrent. L'une d'elles, véritable aventurière, s'insinua plus avant au cœur de l'Allemagne. C'est la Bohême à laquelle appartiennent les chants dont nous allons parler. Égarée dans sa route, cherchant fortune à l'étranger avec ses sorcières, ses enchanteurs, ses bateleurs, ses villes des morts, sa langue vive et résonnante, son origine équivoque ; heureuse, joyeuse sous le ciel de Prague, au bord des flots de l'Elbe, cette petite nation isolée est elle-même dans l'histoire une folâtre Bohémienne au milieu du cercle grave des tribus germaniques dont elle est entourée.

Mais cet isolement fit qu'elle cultiva mieux qu'aucune autre tout ce qui pouvait lui rappeler son origine. Séparée par l'histoire politique des populations auxquelles elle était alliée par le sang, elle chercha du moins à se rattacher, par l'imagination et la religion du passé, à la souche commune dont elle avait été violemment retranchée. Les recherches les plus profondes sur la race slave ont été faites en Bohême. C'est là que la science des origines a été secondée par un patriotisme exalté auquel s'est joint le hasard.

Il y a quelques années, en 1818, un homme (1), en montant dans la tourelle de l'église de Koeniginnhof, découvrit, sous des piliers écroulés, un

---

(1) M. Hanka.

rouleau de feuilles de parchemin. L'écriture de ces manuscrits était en lettres latines du douzième siècle ; les lignes se suivaient sans interruption comme dans un ouvrage en prose. En les examinant au jour, on trouva que ces manuscrits contenaient des fragments de poésies des temps primitifs de la Bohême. La même année, ils furent publiés, et ils excitèrent un enthousiasme pareil à celui qu'avaient fait naître, à divers intervalles, les romances du Cid, le *Heldenbuch* ou livre des héros des Allemands, les chants russes de Wolodimir et l'Ossian gallique.

Ces fragments sont de deux sortes, les uns lyriques, les autres épiques. Ce qui distingue les premiers de la plupart des chants slaves, c'est que plusieurs remontent à l'époque païenne. On admire, à la lecture de ces poèmes, qu'une pensée, une plainte, un désir, un soupir échappés dans les langueurs de la vie primitive, à l'on ne sait quel descendant d'un Sarmate, en paissant ses troupeaux de chevaux sur le Danube, aient eu plus de durée et de vie que les révolutions des religions et des empires. Une larme, tombée ainsi des yeux d'un pâtre sur l'herbe des Carpathes, laisse après des siècles son empreinte sur la terre.

Ces chants n'ont pas la vivacité et les chutes naïves de la ballade d'Écosse. Ils auraient plutôt quelque analogie avec le chant populaire de l'Allemagne, si doux, si serein, qui se dit en rêvant, à demi-voix, dans les bateaux des pèlerins, ou bien en tournant le rouet dans les châteaux des seigneurs, ou en veillant dans la nuit de Noël, ou en levant les filets, au bord des îles du Rhin.

C'est le repos des forêts primitives, toujours mêlé d'une horreur secrète. L'eau est dormante, le feuillage assoupi ; le cerf marche tranquillement sous la ramée, le cygne a plié son cou sous son aile ; mais dans le fond des bois l'ennemi est caché avec ses flèches et son cheval noir. C'est, en effet, le caractère de ces chants, qu'avec une douceur infinie, ils se terminent presque tous par la mort, une mort résignée, facile, inévitable, telle que celle d'un oiseau devenu vieux, qui se blottit sous l'herbe, ou d'un chêne séculaire qui se dépouille en frémissant de ses derniers rameaux. Telle est, surtout, l'impression des deux petits poèmes que je réunis ici. Le second est le plus ancien du recueil.

« Un soupir du vent sort du bois ; il se hâte vers une jeune fille ; il se hâte vers le ruisseau ;

« Elle puise l'eau dans un seau aux cercles de fer ; le flot apporte à la jeune fille un bouquet ;

« Un bouquet odorant de violettes et de roses. La jeune fille se penche pour le cueillir. Malheur ! voilà qu'elle tombe dans l'eau glacée.

« Toi, fleur odorante, si je savais qui t'a semée dans une terre légère, je donnerais volontiers mon anneau d'or.

« Charmant bouquet, si je savais qui t'a lié avec une écorce nouvelle, je donnerais volontiers l'aiguille de mes cheveux.

« Toi, beau bouquet, si je savais qui t'a jeté dans le ruisseau glacé, je donnerais volontiers la guirlande de ma tête. »

LE CERF.

« Un cerf s'élance à travers monts et forêts, il erre, il bondit çà et là à travers monts et vallées, il porte au loin sa belle ramure. Avec sa riche ramure il entre dans les broussailles, il s'élance dans les bois en sauts rapides.

« Voyez! Un jeune homme erre à travers la montagne, il s'élance à de rudes combats à travers la vallée, il élève ses orgueilleuses armes; de ses orgueilleuses armes, il renverse une foule d'ennemis.

« Loin d'ici, jeune homme de la montagne! A l'improviste l'ennemi sauvage s'élance contre lui; contre lui à l'improviste ils roulent leurs yeux sinistres qui étincellent de colère; ils lui frappent la poitrine de leurs furieuses haches d'armes, et les bois tremblants murmurent de tremblants gémissements. Que son âme parte, sa douce âme de jeune homme!

« De sa poitrine inclinée, elle s'exhale ; de sa poitrine, sur ses lèvres rosées.

« Voyez ! Il est étendu là ; avec son sang chaud son âme dégoutte ; le sol boit avidement le sang chaud. Chaque jeune fille en est triste, au fond du cœur.

« Dans la terre froide le jeune homme repose ; le chêne croit sur lui de la racine jusqu'au faîte ; ses branches s'étendent au loin.

« Et le cerf, à l'épaisse ramure, s'enfuit ; il s'élance en sauts rapides, il relève son cou svelte vers le feuillage.

« De toutes les parties de la forêt, des essaims d'éperviers affamés se rassemblent sur le chêne, les ailes étendues ; tous glapissent sur le chêne ; le jeune homme est tombé par la colère de l'ennemi : autour du jeune homme, chaque fille va pleurer. »

Les fragments épiques appartiennent à des époques différentes, autant par la forme que par les sujets. Dans la plupart de ces pièces, on retrouve les traditions nationales qu'avant l'année 1125, l'ancien chroniqueur bohême, Cosmas, a recueillies de la *bouche des vieillards*. Ils comprennent un intervalle de plus de dix siècles ; d'où il résulte qu'ils sont, en quelque manière, un abrégé poétique de la destinée entière de la Bohême. Les deux premiers racontent les luttes de la race slave contre les Thuringiens après son arrivée sur les bords de l'Elbe, plus de deux cents ans avant sa conversion au christianisme.

Le culte des oiseaux de proie et des arbres domine encore; ce qui anime les peuples contre leurs ennemis, c'est le sacrilège des tribus qui ont coupé les chênes sacrés des forêts et dispersé les éperviers. L'un de ces poèmes s'applique aux guerres de la Bohême et de la Pologne, dans le onzième siècle, et à la prise de Prague par Jaromir; un autre est un chant de détresse du treizième siècle, pendant la tutelle du margrave de Brandebourg, un cri de douleur et de colère pendant l'oppression saxonne. Enfin les débris de l'épopée bohême se groupent autour des souvenirs de l'invasion mongole des fils de Dschemgis-Khan, pendant le treizième siècle, comme l'épopée germanique s'était déjà formée autour de la figure et des compagnons d'Attila.

L'époque du poème est l'invasion de Batu, fils de Tschutschi, sur le Volga, avec cinq cent mille Mongols. Les Russes, épuisés déjà par les Livoniens, sont vaincus et payent le tribut. Le palatin de Hongrie est renversé en 1241, et s'enfuit à toute bride. C'était le moment où la discorde des Guelfes et des Gibelins affaiblissait le plus l'Occident. La Bohême, avec son roi Wenzel, sauva l'Europe.

Dans ce poème, la tradition populaire produit un effet d'art d'une extrême beauté. L'arrivée des hordes mongoles est précédée par le voyage d'une jeune fille d'un khan, belle *comme la lune elle-même;* elle a appris qu'il y a un pays vers le soir, et elle est venue le visiter. C'est elle qui sera cause de la guerre, comme Hélène.

Mais le repos et l'innocence de ce début contrastent d'une manière admirable avec les massacres qui vont suivre, quand le vainqueur apportera, sur sa selle, la peau de son ennemi. La jeune fille est tuée sur le chemin. Le khan appelle à lui ses hommes; il consulte les bâtons brisés des magiciens; il marche contre l'Occident; Kief et Novogorod sont en son pouvoir; tout succombe devant lui; une dernière bataille s'engage sous Olmütz.

« Malheur! un bruit s'élève, un effroyable gémissement. Malheur! déjà les chrétiens sont en fuite; après eux les Tartares accourent avec des cris sauvages.

« Ah! Jaroslaw s'élance, l'aigle! Un rude acier entoure la poitrine du fort; sous l'acier bondissent l'héroïsme et la valeur; sous le casque étincelle l'œil ardent du chef; l'héroïsme étincelle dans son regard de feu. Dévoré de fureur comme le lion irrité quand il voit le sang chaud nouvellement versé, quand, blessé d'une flèche, il bondit sur le chasseur, ainsi bondit Jaroslaw sur les Tartares.

« Après lui, les Bohêmes comme une nuée de grêle. Il s'élance avec rage sur le fils de Kublay; un terrible combat commence. Ils bondissent avec leurs épées l'un sur l'autre. Toutes deux se brisent en éclats. Jaroslaw, sur son cheval baigné dans le sang, fouille de son épée dans le cœur du fils de Kublay; il lui partage les épaules et la poitrine; le cadavre tombe à ses pieds. Sur lui retentissent les carquois et les arcs.

« Le peuple sauvage des Tartares s'épouvante; il jette loin de lui ses javelots longs de six pieds; il court, il se hâte tant qu'il peut du côté d'où le soleil se lève brillant. Et le Hana fut délivré de la colère des Tartares. »

Ainsi ces poèmes nationaux touchent, d'un côté, avec l'histoire de la Bohême, aux premiers temps de l'histoire d'Allemagne, et de l'autre aux révolutions tartares. Ils retracent les principaux événements qui ont marqué la vie de ce peuple, et ils forment entre eux un chant toujours prolongé d'une génération à une autre génération dans le sein d'une même tribu. Surtout ils ont gardé l'empreinte des temps et des lieux où ils sont nés. Ce n'est pas le vers homérique, qui se balance comme le flot dans la rade de Pylos, ou qui rejaillit comme un rayon doré sur l'Acropole de Corinthe. Ce n'est pas le Shanameh qui se prolonge sans fin comme un conte sous la tente dans les nuits de l'Asie, et qui bondit comme un cimeterre nu dans la main d'un delhi ; ce n'est pas le Ramayana qui s'épanouit nonchalamment dans le calice du lotus, qui s'exhale dans les forêts des palmites, au loin, sous les savanes de Cachemire. Ce ne sont pas les Nibelungs qui s'écoulent lentement comme les flots du Rhin à Worms, qui s'amoncellent pesamment comme les nuages sur les cimes de la forêt Noire, qui retentissent tristement comme le sol sous un cheval caparaçonné. Ce ne sont pas les poèmes d'Arthus qui soupirent à tous les vents comme un bouleau sur les tours d'un vieux château de Bretagne, qui replient leurs anneaux comme un serpent sur les pierres druidiques de Carnac ou d'Irlande.

Les poèmes bohêmes ne ressemblent à aucun de ceux-là. Ils s'en séparent d'abord par leur rapidité fougueuse. Échevelés comme les cavales des Sarmates et des Scythes, ils courent sans savoir où. De brèves paroles, dont le vent emporte la moitié, des appels aux armes, puis des paysages, des forêts, des montagnes, puis une action qui passe et qu'on a vue à peine, feraient croire que ces poèmes ont été composés en poursuivant l'ennemi à perdre haleine, à travers les steppes.

Le rythme des plus anciens contribue encore à augmenter cet effet. Les strophes sont composées dans une sorte de trochée analogue à l'iambe de Shakspeare. Mais pour peu que l'action gagne de vitesse, la mesure se raccourcit arbitrairement et s'enfuit sans frein avec elle. Dans un de ces poèmes, deux frères exposent, devant une assemblée royale, leurs droits à l'héritage d'un chef de tribu. Tous les autres fragments sont des chants de guerre, et rappellent le genre de vie si longtemps précaire des Slaves. Il faut qu'ils aient été inspirés par les événements, presque sur le champ de bataille; car ils les suivent avec une angoisse qui s'efface toujours à distance.

La fable n'y est pas encore mêlée à l'histoire; ils tirent toute leur beauté de la réalité présente et passionnée, du bruit des haches, des hennissements des chevaux, des flancs de la montagne, des détours du sentier. Tout haletants, ils font encore partie des événements, soit qu'en effet le temps ait manqué pour y ajouter un autre drame que celui des faits, soit plutôt que le génie de la race slave embrasse plus volontiers le côté extérieur des choses, et y subordonne l'idéal, même dans la poésie.

Dans leur élan vagabond, ces chants font le lien des traditions épiques de l'Europe avec la poésie des Tartares et de la Mongolie, de la même manière qu'en Allemagne et en France les épopées d'Arthus et les poèmes carlovingiens rattachent, par un autre anneau, la poésie de l'Occident à la poésie de l'Arabie et de la Perse. Avant qu'on les eût découverts, ce lien était rompu; tout incomplets qu'ils sont, ils achèvent néanmoins de clore le rideau de cette grande tente de poésie, sous laquelle s'endort l'Europe primitive, pour y voir en songe, comme le Richard III de Shakspeare, ses destinées du lendemain.

Voici la traduction du premier de ces chants :

« Du sein de la forêt Noire surgit un rocher; sur le rocher gravit le fort Zaboj; il regarde les clairières de tous côtés; toutes les clairières frémissent autour de lui; il soupire, comme quand les colombes pleurent. Longtemps il reste assis, longtemps il couve sa douleur; puis il se dresse en sursaut, semblable au cerf. Au loin, à travers le bois, à travers les sentiers nus, il court d'un homme à un autre homme; il court d'un héros à un autre héros dans tout le pays : à tous il dit en secret de courtes paroles, il s'incline en face des dieux, il se hâte vers d'autres.

« Un jour se passe, un autre lui succède; et comme la lune paraît à la troisième nuit, les hommes s'assemblent dans la forêt Noire. Là,

Zaboj les conduit dans la vallée, il les conduit dans la forêt profonde, jusqu'au fond de la vallée. Au loin au-dessous d'eux, se place Zaboj ; il prend sa guzla résonnante.

« Hommes aux regards de flammes! frères par le cœur, je vous chante un chant, je vous le chante du fond de la vallée ; c'est du cœur qu'il part, c'est du fond du cœur oppressé par la douleur.

« Allez trouver les aïeux de vos pères ; laissez derrière vous dans la terre d'héritage les enfants orphelins ; laissez les femmes orphelines, et qu'il ne soit dit à personne : Frère, dis-leur des paroles de père.

« Voici l'étranger qui vient avec violence dans la terre d'héritage ; avec la langue de l'étranger, ici règne l'étranger ; et ce qui est la coutume dans la terre de l'étranger, du matin jusqu'au soir, sera la loi des enfants et des femmes : une seule compagne doit nous suivre depuis Wesna jusqu'à Morana (1).

« Du fond des bois, ils chassent les éperviers ; il faut nous prosterner devant les dieux que les étrangers adorent, leur apporter des offrandes. Il n'est plus permis de frapper nos fronts devant les dieux, de leur apporter la nourriture à l'appro-

---

(1) Wesna, déesse de la jeunesse ; Morana, déesse de la mort.

che du soir, là où notre père allait chanter leurs louanges. Oui, ils ont abattu tous les arbres, ils ont brisé et effeuillé tous les dieux.

« Zaboj, tu as chanté, chanté du cœur au cœur, du fond de ta douleur, semblable à Lumir, qui, par des paroles, ébranle le Wysehrad (1) et toutes les contrées d'alentour. Ainsi, toi, tu m'ébranles, moi et tous nos frères. Oui, les dieux aiment le vaillant chantre. Chante, car c'est à toi qu'il a été donné de chanter du fond du cœur contre notre ennemi.

« Zaboj lance aux Slaves un regard ardent de flamme, il trouble leur cœur en continuant de chanter :

« Deux enfants, dont la voix vient à peine de prendre l'accent de l'homme, sont sortis de la forêt. Là, avec le glaive et la hache d'armes, ils exercent leurs bras ; là ils se tiennent en secret ; de là ils reviennent à la joie, et quand leurs bras se sont roidis à la manière des hommes, quand leur esprit s'est aguerri à la manière des hommes contre leurs ennemis, quand les autres frères aussi sont devenus grands, ah! tous ensemble ont fondu sur l'ennemi ; et leur colère a été la tempête du ciel, et au pays est revenue, est revenue la gloire passée.

(1) Ancienne demeure des rois de Bohême.

« Ah! tous se sont élancés vers Zaboj, ils l'ont pressé dans leurs bras vigoureux, et du cœur au cœur ils ont étendu leurs mains ; un mot va prudemment de l'un à l'autre, et la nuit se retire devant le matin ; ils sortent un à un de la vallée, au loin le long des arbres, au loin de tous les côtés du bois.

« Un jour s'est passé, un autre lui succède ; après le troisième jour, comme la nuit descend obscure, Zaboj entre au bois, après Zaboj une troupe de guerriers ; Slawoj entre au bois, après Slawoj une troupe de guerriers : tous pleins de foi dans leur guide, tous murmurant contre le roi, tous, avec des armes aiguisées.

« Allons, frères Slaves! là, sur la montagne bleue qui surgit de tous côtés ; c'est là que nous pressons nos pas! là, sur la montagne, où le soleil se lève. Voyez, quelle sombre forêt! C'est là que nous tendons les mains! Toi, gravis de ce côté, rapide comme le renard ; c'est là aussi que je gravis pour m'y poster.

« Ah! frère Zaboj, comme nos armes vont retentir terribles du haut de la montagne! Laisse-nous d'ici nous précipiter sur les bandes du roi.

« Ah! frère Slawoj! veux-tu détruire le dragon? marche-lui sur la tête. Tu y réussiras ; et sa tête, elle est ici.

« Voilà que la troupe se partage dans la forêt ;

elle se partage à droite, puis à gauche ; elle avance ici à l'ordre de Zaboj, là, à la parole du fougueux Slawoj, là sur la montagne bleue, au fond de la forêt.

« Le soleil paraît pour la cinquième fois, et les mains des héros s'atteignent, et plus rapides que des renards, ils s'élancent sur l'armée du roi.

« Toute son armée périra, toute son armée à la fois. Ludiek, tu n'es qu'un esclave, l'esclave des esclaves. Dis à ton frère jumeau que sa parole puissante ne vaut, pour nous, pas plus que la fumée.

« Et Ludiek frisonne ; il appelle l'armée d'un cri soudain. Tout alentour le ciel brille du reflet des haches ; et dans l'éclat du soleil brille le rayon de l'armée du roi. Tous les pieds sont prêts pour la course, toutes les mains pour l'attaque à la voix de Ludiek.

« Allons, frère Slawoj ; c'est là, bondis comme le renard : je leur présente le front.

« En avant s'élance Zaboj, en avant, pareil à une nuée de grêle ; et à ses côtés s'élance Slawoj, pareil à une nuée de grêle.

« Frères, voyez, ce sont eux qui ont brisé nos dieux ; ils ont renversé nos arbres et chassé les éperviers de la forêt. Les dieux nous promettent la victoire.

« Voyez, un sourire sauvage échappe à Ludiek

quand d'innombrables guerriers marchent contre Zaboj. Zaboj s'élance contre Ludiek avec des yeux brillants de flamme ; la tempête pousse le chêne contre le chêne, qui se brise au bord de la forêt. Zaboj se précipite sur Ludiek, loin en avant du reste de l'armée.

« Voyez, Ludiek se lève avec son épée frémissante, et son bouclier couvert d'une triple peau. Zaboj brandit sa hache d'armes. Ludiek s'élance de côté. La hache rencontre un arbre, et l'arbre tombe sur les guerriers ; trente d'entre eux s'en vont rejoindre leurs pères.

« Ludiek frémit. Ah ! toi, loup des forêts, toi, dragon sauvage, lutte contre moi avec l'épée.

« Et Zaboj s'élance sur son épée. Il frappe un coup sur le bouclier. Ludiek a saisi son épée ; mais l'épée a glissé sur le bouclier de cuir. Tous deux s'enflamment à un horrible combat ; ils se cherchent tous deux avec le glaive, ils couvrent la terre de sang, et avec le sang les étincelles jaillissent autour d'eux dans un meurtre sauvage.

« Le soleil a marché vers le milieu du jour ; le milieu du jour s'approche déjà du soir, et le combat dure encore ; et ni ici, ni là, on n'a encore vaincu. Si bien a lutté Zaboj, si bien a lutté Slawoj.

« Va à Bies, toi, lâche ! que veux-tu ? Boire notre sang ? Zaboj saisit sa hache d'armes. Ludiek se détourne. Zaboj brandit sa hache d'armes ; il la lance sur l'ennemi ; la hache atteint l'ennemi, et le bouclier se brise, et le bouclier aussi se brise par derrière, et la poitrine de Ludiek se brise. Sous la hache furieuse, l'âme a tressailli ; car la hache a atteint l'âme ; elle rebondit dans l'armée à plus de vingt pas.

« Un cri d'alarme est sorti de la bouche de l'ennemi ; la joie éclate dans la bouche des guerriers ; elle retentit dans la bouche des guerriers de Zaboj ; elle rayonne dans des regards d'allégresse.

« Frères, ah ! les dieux nous ont donné la victoire ! De notre troupe que les uns se partagent à droite ; de notre troupe que les autres se partagent à gauche. Amenez des chevaux de toutes les vallées ; que les chevaux hennissent tout autour dans le bois !

« Ah ! frère Zaboj ! toi, brave lion ! ne lâche pas l'ennemi dans la tempête.

« Ah ! Zaboj reprend son bouclier, dans une main son épée, dans l'autre sa hache. Ainsi, il court à travers les sentiers contre les ennemis, et les oppresseurs rugissent ; et il faut que les oppresseurs se dispersent. Tras (1) les chasse du champ de bataille ; en criant, l'effroi les saisit à la gorge.

---

(1) Tras, le dieu de l'épouvante.

« Que les chevaux hennissent à l'entour dans le bois ! Allons, à cheval, à cheval ! Après l'ennemi ; à cheval ! sur tous les sentiers. Chevaux rapides, emportez-nous, emportez-nous contre eux, rapides comme notre colère.

« Les bataillons se pressent sur des chevaux rapides ; crinières sur crinières, ils chassent devant eux leurs oppresseurs. Coups sur coups, ils sont haletants de colère, et les plaines s'émeuvent ; et s'émeuvent montagnes et forêts ; à droite, puis à gauche, tout s'enfuit devant eux.

« Voyez, un fleuve sauvage gronde ; les vagues roulent sur les vagues ! L'une sur l'autre aussi la foule roule sur la foule ; tout se précipite à travers le bruit du fleuve. Le flot a dévoré un grand nombre d'étrangers. Il porte ceux du pays de l'autre côté, il les porte sur l'autre bord.

« A travers les clairières, au loin, tout alentour, au loin la bande sauvage étend ses larges cercles ; seule elle s'élance à toutes ailes ; la foule des guerriers de Zaboj se précipite au loin ; tout alentour à travers la plaine, ils s'élancent furieux sur leurs oppresseurs. Ils les renversent, ils les foulent des pieds de leurs chevaux ; furieux après le lever de la lune, furieux sous le soleil brûlant du jour, puis furieux encore dans la nuit ténébreuse, puis après la nuit, dans la brume du matin.

« Voyez, un fleuve sauvage gronde, les vagues

roulent sur les vagues. L'une sur l'autre la foule roule sur la foule ; tout se précipite à travers le bruit du fleuve. Le flot a dévoré un grand nombre d'étrangers. Il porte ceux du pays de l'autre côté, il les porte sur l'autre bord.

« Là, sur la montagne grise ! là, nous attend notre vengeance.

« Vois, frère Zaboj ! nous ne sommes plus loin de la montagne. Vois les troupeaux d'ennemis, comme ils fuient honteusement !

« Rentrons dans les clairières, toi ici, moi là ; que tout ce qui est au roi périsse !

« Les vents murmurent, la foule murmure à travers le pays ; à droite et puis à gauche, en rangs amoncelés, la foule marche avec des cris de joie.

« Frères, voyez, la montagne s'obscurcit ! Ah ! les dieux nous ont donné la victoire ! des troupeaux d'âmes flottent çà et là, d'arbre en arbre. L'Épouvante tremble devant leurs ailes ténébreuses. Il n'y a que les hiboux qui n'ont pas peur. Là-haut sur la montagne, enterrez les cadavres ; portez aux dieux une offrande à leur gré ; aux dieux, aux sauveurs, portez une riche abondance d'offrandes ; chantez pour eux les chants qu'ils aiment ; consacrez-leur la dépouille des ennemis tombés. »

DES

ÉPOPÉES FRANÇAISES

INÉDITES

DU DOUZIÈME SIÈCLE

27.

AVERTISSEMENT

Cet opuscule, publié il y a vingt-six ans, a soulevé contre moi à son apparition une si étrange tempête, que le lecteur me permettra de m'y arrêter un moment. Il parut en 1831 sous le titre : *Rapport à M. le Ministre des travaux publics, sur les épopées françaises du douzième siècle, restées jusqu'à ce jour en manuscrit.* C'est le premier ouvrage où l'on ait signalé à l'attention publique les monuments les plus anciens et les plus féconds de notre littérature.

Aussi, comme il arrive toujours en pareil cas, ces pages ont-elles déchaîné contre moi de bien vives colères, assoupies aujourd'hui, Dieu merci.

Les hommes qui semblaient les plus compétents me nièrent alors des choses qu'ils admettent maintenant comme les premiers éléments de la question, par exemple, que les poèmes en vers ont précédé les rédactions en prose, etc., etc. M. Génin, qui depuis a donné une si remarquable édition de l'un de ces chants épiques, me niait publiquement qu'il y eût des poèmes carlovingiens en *vers de douze syllabes.*

Quant au fond des choses, le scandale fut plus grand encore. Je me souviendrai toujours de l'aimable colère du très respectable M. Raynouard, auquel M. Fauriel voulut me présenter, pour se divertir, je pense, de ce spectacle. M. Raynouard s'indignait de me voir soutenir qu'il y a des éléments celtiques dans les poèmes du cycle d'Arthus. Cette pensée le mettait hors de lui. Ce qui ne l'empêcha pas de me montrer beaucoup de cordialité sous cette colère d'érudit et m'a fait regretter de n'avoir pas cultivé davantage la société de ce savant homme.

Malgré de si vives oppositions, je ne m'en tins pas à la discussion littéraire ; je ne désespérai pas d'inspirer au gouvernement l'idée d'entreprendre une édition nationale de nos monuments ; c'est ce que je tentai dans la lettre suivante :

Monsieur le Ministre,

J'ai l'honneur de vous adresser un rapport sur de précieux monuments littéraires de l'ancienne France, qui, depuis près de six siècles, restent ignorés dans les manuscrits de nos bibliothèques. L'intérêt qui s'attache à ces monuments est d'une nature si puissante, que je n'hésite pas à les croire dignes d'attirer au plus haut degré votre attention. Pour vous convaincre du vide qu'ils laissent dans l'histoire nationale, et de l'urgente nécessité de leur publication, les rapides développements dans lesquels je vais entrer suffiront, je l'espère. Je prendrai la liberté de vous exposer un projet qui les concerne, et pour lequel je réclamerai l'appui du gouvernement.

EDGAR QUINET.

Paris, 11 avril 1831.

La pensée d'agrandir de trois siècles l'horizon de notre histoire littéraire me semblait digne d'occuper un homme public.

Les dégoûts que l'on accumula alors autour de moi m'empêchèrent d'exécuter mon projet, mais ne m'y firent jamais renoncer. Aujourd'hui encore, je me berce de l'espoir que, si je revois mon pays, je pourrai publier, moi aussi, quelques-uns de ces monuments qui ont été si longtemps et qui n'ont jamais cessé d'être une de mes préoccupations littéraires.

Si je fus attaqué à outrance, je fus défendu de même ; la vérité ne manqua pas d'écrivains pour la mettre en lumière. Au premier rang, je retrouve là comme toujours M. Michelet. Il fit paraître, dès le commencement de cette petite guerre, une lettre concluante. M. Charles Magnin me prêta l'appui de sa critique si savante et si délicate ; M. Jules Janin, dans le *Journal des Débats*, m'aida de sa verve, de son bon sens, de son admirable tact littéraire ; Carrel m'ouvrit le *National*. M. de La Mennais, que je ne connaissais pas alors, publia de lui-même mon rapport dans l'*Avenir*. Ainsi nos paladins du moyen âge trouvèrent des champions dignes en tout de leur cause.

Au reste, tous les points que je soutenais alors le premier (car l'honorable M. Fauriel n'avait pas encore fait son cours sur ces matières) ont été depuis confirmés et acceptés : le fond celtique des poèmes d'Arthus, l'antériorité des poèmes sur les versions en prose, la différence des cycles marqués par la différence des mètres, l'importance des monuments épiques de Charlemagne et de la Table-Ronde pour notre histoire littéraire, dont le berceau se trouve ainsi reporté du quinzième siècle au douzième et au onzième.

Non seulement ce que j'avançais a été confirmé, mais ce que je proposais de faire a été fait, ou se fait chaque jour. Ceux-là mêmes qui contestaient la valeur ou même l'existence de ces monuments travaillent à les publier.

Il est donc vrai qu'il suffit d'attendre pour qu'une idée juste finisse par être reconnue et acceptée. J'ai longtemps mis flamberge au vent et bataillé pour ces nobles poèmes, quand tout le monde les reniait. Aujourd'hui qu'ils sortent de la poussière et qu'ils ont la victoire, personne ne se souvient que j'ai le premier combattu et plaidé pour eux.

Parmi tant de travaux précieux, utiles, honorables, qui paraissent chaque jour sur ce sujet, mon travail, qui les a précédés et qui, j'ose le dire, les contenait en germe, n'a jamais été, que je sache, cité ou mentionné par personne depuis 1831 (1). J'ai commencé l'œuvre, d'autres en auront l'honneur. C'est là une vieille histoire, je ne suis plus assez jeune pour m'en étonner ou pour m'en plaindre.

Edgar Quinet.

Bruxelles, 9 mai 1857.

(1) M. Henri Martin, auquel rien n'échappe, s'en est souvenu dans sa belle *Histoire de France*, tome IV.

DES

ÉPOPÉES FRANÇAISES

INÉDITES

DU DOUZIÈME SIÈCLE

L'antiquité entière est d'acord sur ce point, qu'avant l'invasion romaine et dans les temps qui échappent à toute appréciation historique, les peuples celtiques possédaient des livres sacrés dont les collèges de prêtres conservaient le dépôt, et que les bardes étaient chargés d'accroître incessamment. Il est facile de juger de l'étendue qu'avaient ces recueils du sacerdoce, en considérant que la jeunesse gauloise mettait ordinairement vingt années à les étudier; nous ne pouvons nous les représenter autrement que semblables aux Védas des Indiens, au Zend-Avesta des Persans, aux recueils hermétiques des Égyptiens. De même que ces monuments, ils contenaient deux parties : 1° les dogmes théologiques sur la formation de l'univers; 2° la généalogie et l'histoire primitive de la race indigène. Après l'invasion romaine, ces dogmes et les souvenirs des dynasties devinrent le fond des traditions populaires, et continuèrent de se développer avec elles. Sans rien changer aux doctrines, les livres sacrés empruntèrent quelques détails aux traditions des peuples latins. Mais ce ne fut qu'après la grande invasion du cinquième siècle que ces recueils cessèrent de se répandre dans la langue où ils avaient été écrits.

La civilisation celtique, successivement opprimée par le poids de deux conquêtes, par celle des Romains et par celle des Barbares, n'eut d'abord de liens et de rapports moraux qu'avec les conquérants qui la touchaient de plus près, et partageaient son sort, c'est-à-dire avec la société romaine : le clergé devint l'interprète nécessaire et le conciliateur de ces deux mondes.

Dès que le sacerdoce chrétien s'établit dans les Gaules, son premier effort de prosélytisme le conduisit à rencontrer face à face les dogmes druidiques ; et c'est par le combat qu'il apprit à connaître ce qui faisait alors la vie intellectuelle et religieuse de ces contrées. Aussi dès l'origine le trouve-t-on occupé à reproduire dans sa langue les monuments religieux et historiques des idiomes des provinces celtiques. On eut ainsi les traductions latines des poèmes de l'Armorique, de

ceux de Cornouailles, d'Irlande, et du Gévaudan.
On eut la traduction des livres de l'Espagne et de
la Catalogne, qui contenaient, à ce qu'il paraît,
les doctrines sacerdotales des Turdetains, auxquels Strabon attribue de vieilles épopées de six
mille ans. Les Latins, frappés du caractère extraordinaire de ces monuments, inventèrent un titre
pour les désigner, et ils les appelèrent livres d'exaltation (1), *libri exaltationis*. Au onzième siècle, on
les possédait presque tous ; aujourd'hui il ne nous
reste que ceux de Bretagne, publiés quelques
années après la découverte de l'imprimerie, et
presque aussi rares aujourd'hui que le manuscrit. J'y ai remarqué un fragment d'oracle druidique que l'on ne peut comparer, pour le génie
de la douleur et l'audace lyrique, qu'à une exultation de Daniel ou d'Isaïe ; ces fragments sont pour
l'histoire ce que sont pour l'archéologie les pierres
druidiques et les pyramides de la plaine de
Carnac.

Mais ces livres sont-ils en effet perdus ? N'en
reste-t-il aucune autre trace que celle que je viens
d'indiquer ? Est-il impossible de retrouver les souvenirs de la race celtique, si précieusement et si
longtemps accumulés ? ou bien, nous auraient-ils

---

(1) N'est-ce pas plutôt *livres d'exil*, comme le prouve le texte
suivant : *Cum librum de exulatione eorum transtulero ?* Il faudrait
donc lire *exulationis* au lieu d'*exaltationis*. — 1857.

été conservés sous une autre forme, dans une langue nouvelle, dans de vastes ouvrages littéraires tout éclatants du génie des temps primitifs, et qui seraient restés inédits et oubliés en France depuis plusieurs siècles ? C'est ce que je vais examiner.

Tant que dura le premier débrouillement des langues modernes, elles restèrent impuissantes à lutter avec le génie de l'épopée. Le latin fut donc à peu près seul interprète des traditions primitives depuis le cinquième siècle jusqu'au dixième. Dans cet intervalle, les traditions s'essayèrent dans la bouche du peuple à parler les idiomes nouveaux ; mais elles ne furent pas encore déposées dans des monuments écrits. Ce n'est que vers la fin du onzième siècle que la langue romane servit de truchement aux traditions celtiques de la Catalogne ; et Flagetanis, si savant dans les livres païens, et lui-même étranger au christianisme, fut un des traducteurs arabes de cette époque.

Dès le commencement du douzième siècle, les choses changent brusquement ; alors les deux langues d'oc et d'oïl sont distinctes, et s'essayent à l'envi sur les livres sacrés de l'Europe occidentale, très faiblement altérés dans les versions latines. C'est une chose vraiment merveilleuse que de voir avec quelle ardeur ces langues naissantes reproduisent dans un mètre nouveau les traditions sacerdotales et les fables originales des Celtes. En moins d'un demi-siècle, toutes les vieilles provinces furent couvertes de vastes épopées romaines qui chacune établissait son centre là où avait été jadis un collège de Druides ou de Bardes.

Celles qui se formaient près des vallées de l'ancienne Catalogne s'affiliaient aux traditions orientales des Arabes et des Persans. Celles qui cherchaient leur point d'appui autour des pierres druidiques des Ardennes, s'associaient aux traditions germaniques des bords du Rhin. Les plus pures de tout mélange étaient celles qui se ramifiaient dans l'Irlande, le pays de Galle et de Cornouailles, la basse Bretagne et l'île de Jersey. Il est à remarquer que, dans leur composition, elles sont contemporaines de la première des Eddas scandinaves, et qu'elles ont devancé les Nibelungs de près d'un demi-siècle.

Or ces vastes épopées nous ont été conservées intactes dans la langue et le mètre du douzième siècle ; seulement jusqu'à ce jour elles sont restées inconnues dans les manuscrits des bibliothèques. J'en ai compté environ soixante et dix, en ne faisant entrer, dans cet examen, que celles dont l'intérêt est de premier ordre. Elles forment, à elles seules, dans l'obscurité où on les laisse, une littérature entière, dont les plus savants critiques, tels que les éditeurs du *Recueil des historiens fran-*

çais, loin de connaître la valeur, n'ont pas même soupçonné l'existence.

Ces épopées, comme les livres sacrés des Druides, se divisent en deux classes : les unes sont des généalogies des dynasties celtiques, les autres ont le caractère de la cosmogonie et des fables théologiques.

Les poèmes généalogiques sont, pour la race des Celtes, ce que sont pour les Hébreux les livres des Juges, pour les Goths l'histoire de Jornandès, pour les Indiens les Pouranas; et la critique y trouve les mêmes conditions de vérité historique. Ces monuments révèlent près de trente générations de chefs Bretons et Galls antérieures à la conquête de César. On remonte à la première occupation des terres du Nord par les races humaines. Les traditions historiques de ces temps jusqu'au contact des Gaules avec la civilisation italique se développent avec ordre sur un fonds mêlé de mythologie. Puis apparaissent, sous le point de vue national et indigène, les luttes de la race celtique contre les Romains. Le récit continue jusqu'à la première invasion scandinave. L'étonnement des vieilles populations des îles en présence des conquérants germaniques est dépeint en traits primitifs qui rappellent l'arrivée des Espagnols au Mexique. Les poèmes ne s'arrêtent que lorsque les chefs Gaëls ont embrassé le christianisme.

De ces traditions, il en est plusieurs que Shakspeare a empruntées. Par exemple l'histoire entière du roi Lear est racontée avec une simplicité vraiment homérique. Au reste, la forme de ces poèmes se distingue moins par l'élan et l'inspiration qui sont là fort mesurés, que par le caractère sacramentel et la conformité religieuse avec les livres primitifs où a été puisé le texte original. Or, cette régularité monotone est précisément ce qui donne à ces tables de généalogie le caractère profondément historique qui leur appartient.

C'est la langue du livre des Juges, des inscriptions égyptiennes, des premiers mythes grecs et du second livre de l'Iliade. Ces poèmes sont ainsi appelés à reculer de plusieurs siècles l'horizon de l'histoire des Gaules. Ce que l'on trouvait jusqu'ici à la tête de toutes les races humaines, ces monuments qui tiennent à la fois de la régularité de la généalogie et des rituels du sacerdoce, qui se rencontrent au berceau de tous les peuples dont l'existence a été complète, manquaient encore à notre histoire : il est donc d'une importance inappréciable d'en réhabiliter les textes. Tant qu'ils ne seront pas connus, tout ce que l'on pourra dire de nos origines sera absolument privé de force et de profondeur.

Mais, quel que soit l'intérêt de ces poèmes, il en est d'autres, en plus grand nombre, qui ne sont pas moins ignorés, malgré la gloire littéraire dont ils ont été autrefois justement environnés. Si je disais que nous avons en France des épopées, les unes de 20,000 (1) vers, les autres de 30,000 et même de 70,000, qui remplissent près de cinquante volumes in-folio ; que ces épopées brillent autant par la profondeur des traditions que par l'éclat du langage, par le génie individuel des poètes, l'imagination radieuse qui les soutient sans cesse, par la largeur et l'ampleur de l'idiome ; que tous ces poèmes unis entre eux par mille liens, à proprement parler, n'en font qu'un seul qui se divise et se ramifie à l'infini, on croirait sans doute que je parle des épopées indiennes, écrites sur l'écorce des palmiers, et cachées dans leurs étuis de bois odoriférants.

Eh bien, ces épopées sont françaises. Elles ont été citées et admirées par Dante. Trois siècles après leur complet achèvement, elles ont été imitées en détail par l'Arioste ; elles rivalisent avec lui d'éclat et de pittoresque, et l'emportent sans contredit par la profondeur, par le naturel et la naïveté. Ces épopées, nous les possédons sur des manuscrits du douzième siècle, avec les moralités qui précèdent chacun des livres d'Arioste.

Que l'on se figure le caractère intime des cinq

---

(1) Aymery de Narbonne a plus de soixante-dix-sept mille vers.

premiers siècles de notre histoire représenté au vif et en relief dans une action complexe comme cette époque elle-même. Le jet abondant des traditions armoricaines qui pénètre et se fait jour à travers l'ébauche inachevée de la société féodale, ce fonds de croyances et de formes primitives à demi recouvert des teintes du christianisme ; tous nos âges héroïques rassemblés et résumés dans un cycle unique ; la période mérovingienne avec ses petits chefs, ses royautés errantes ; les anciens Bardes réduits aux rôles de mages et de devins : tout ce monde au berceau est réfléchi dans les épopées dont il est ici question, avec une incroyable transparence.

Non seulement elles offrent ainsi le tableau le plus profond du système de l'Europe occidentale, après l'invasion ; non seulement elles ont pour nous, peuples modernes, un intérêt privé et domestique ; mais elles se rattachent par mille liens aux traditions universelles de l'humanité primitive ; et il est évident, qu'au fond, elles sont la succession naturelle et le développement des doctrines sacrées de l'Orient. C'est ainsi que toute la partie du Saint-Graal ramène incessamment à l'histoire des religions Indoues, Persanes et Pélasgiques.

Quant à la langue, dès le premier bond, elle a atteint, par la force et l'élan des hommes de génie et des écoles d'artistes qui viennent de la créer, toutes les qualités fondamentales de l'esprit français, l'éclat, la marche vive et impatiente, la grâce, la richesse dans le récit, la clarté jusque dans le mystère, et avec cela des qualités tout à fait perdues aujourd'hui, et dont se compose la vie épique. Ce qu'il y a vraiment de frappant, c'est que le plus Français de tous nos écrivains modernes, Voltaire, est aussi celui avec lequel ces rhapsodes primitifs ont le plus de rapport ; mais il faudrait se figurer un Voltaire naïf et croyant, un Voltaire du douzième siècle.

Ajoutons que ces poèmes ont paru dans la même époque où l'architecture gothique arrivait, de son côté, à sa plus belle expression. On pourrait montrer que l'art, dans leur formation et dans le choix de leurs éléments, a suivi à peu près la même marche que dans l'achèvement et la construction des monuments d'architecture contemporaine. Les trois Épopées des Celtes, des Franks et des Byzantins, se superposent dans la grande Épopée du moyen âge, qui, dans chaque partie, reproduit cette triple origine, et s'ordonne ainsi sur un plan analogue au plan des cathédrales. Sans entrer dans aucun autre détail, je dirai que, pour conduire à sa fin un de ces poèmes, c'était presque toujours, comme pour la tour d'une abbaye, plusieurs générations d'artistes, qui l'une après l'autre y venaient mettre la main. Souvent on trouve ainsi quatre ou cinq vies d'hommes de génie, mises bout à bout pour former seulement le tissu d'un épisode. En suivant cette ressemblance, on reconnaîtrait que l'éclat de couleurs et l'espèce d'auréole dont ils environnent chaque personnage, chaque détail de l'action, rappelle les tableaux des vitraux et des rosaces des cathédrales.

Ainsi les ouvrages de nos modernes rhapsodes naquirent du mouvement naturel des traditions indigènes ; ils s'aidèrent des premières versions qui avaient été faites en latin, et leurs épopées se rattachèrent à un texte historique auquel elles recouraient au besoin, de la même manière qu'un siècle auparavant, l'épopée des Persans modernes s'était appuyée sur le texte des traditions orientales recueillies dans une prose qui ne devait pas lui survivre.

En effet, à mesure que cette forme plus vive s'imposa à la tradition, les anciennes versions tombèrent dans l'abandon ; elles ne tardèrent pas à se perdre entièrement. A quel point la rhapsodie française est-elle restée conforme à la leçon primitive ? nous avons assez d'éléments pour résoudre cette question, puisqu'il nous reste une de ces traductions latines et l'ouvrage français qui en a été tiré, je veux dire la chronique de Monmouth et le poème de Brut. Or, à la première vue, il est manifeste que le poème français est demeuré fidèle en tout au sens et à l'ordre même du texte primitif ; ce qui doit s'étendre aux ouvrages en vers pour lesquels nous ne sommes plus en état de faire cette comparaison. Mais une chose montre, d'une manière encore plus évidente, combien la tradition primitive est restée dominante, et presque sans mélange, c'est de voir que les poètes du douzième siècle, sous la préoccupation des souvenirs de Charlemagne et de la Croisade que prêchait saint Bernard, ne font entrer aucun de ces éléments postérieurs dans le système et la contexture de leurs épopées du cycle Breton.

J'achève de les suivre dans leurs dernières destinées. A peine furent-elles composées et eurent-elles couvert le sol et les débris de l'Europe celtique, qu'elles devinrent populaires dans tout le reste de l'occident. Ce fut alors un zèle inouï chez les peuples étrangers à les reproduire dans leur langue. L'Allemagne, l'Angleterre, l'Italie, même les iles Scandinaves se disputèrent de les traduire librement. Les plus grands poètes de ces pays mirent leur gloire à suivre pas à pas nos poèmes originaux et à en faire des versions où leur caractère indigène se développait encore à l'aise. Chacun de nos grands cycles héroïques trouva ainsi au dehors plusieurs poètes qui le refirent et l'interprétèrent à leur manière.

C'est ainsi que le Tristan fut traduit deux fois par les deux Meistersaenger les plus illustres de cette époque de l'Allemagne; la France eut alors, sur le développement littéraire de l'Europe, une influence qu'elle n'a plus retrouvée que dans le siècle qui suivit celui de Louis XIV.

Ces poèmes brillèrent dans leur forme la plus pure pendant le douzième siècle et la première moitié du suivant. Comme s'ils eussent dû partager et reproduire en tout les phases de l'architecture, ce fut au quinzième que leur dégénération s'accomplit. Le mètre fut aboli. Le sens profond des originaux se perdit de plus en plus; réduits à une prose triviale, ils ne furent plus qu'un texte où entraient pêle-mêle toutes les idées, toutes les formes à mesure qu'elles se dissolvaient avec le moyen âge. On les paraphrasa comme on fit de la Bible; vers le seizième siècle, ils étaient défigurés et inconus comme elle.

De là, cette incroyable opinion qui s'est formée depuis ce temps, que les hommes les plus savants dans notre histoire ont répandue à plaisir, et qui enfin est aujourd'hui la conviction générale : que la poésie française n'a commencé qu'au seizième siècle, et qu'excepté les troubadours de la langue provençale, tout ce qui a précédé n'est que barbarie et basse latinité. Les poèmes que j'ai sous les yeux sont destinés à établir un fait précisément contraire, à savoir : qu'avant le siècle de Louis XIV, une grande et magnifique ère de poésie a éclaté en France dans le courant du douzième siècle, et que c'est dans ces monuments d'art indigène, moitié Celtiques, moitié Français, que se retrempera à une autre époque le génie national. On verra que, faute de ces épopées, la science de nos origines est complètement ajournée ; grâce aux recueils de nos chroniques, nous pouvons citer nos Hérodote ; mais pour notre époque homérique, celle-là nous est encore inconnue comme si elle n'eût jamais été.

Je viens de parler des imitations qui se firent de nos rhapsodes dans toutes les langues de l'Europe du moyen âge. N'est-il pas remarquable qu'à mesure que l'étude des origines se répandit au commencement de notre siècle, le premier résultat de ce mouvement fut de produire au jour les versions des poèmes dont nous avons en France les manuscrits originaux et inédits ? Les hommes les plus distingués de l'Allemagne travaillèrent à cette œuvre. Goerres publia le *Lohengrin*, Müller le *Parceval*, Docen les fragments du *Titurel*, Lachmann le *Wigalois*, Benecke l'*Iwein*. Il se fit deux éditions différentes du plus important de ces monuments, du *Tristan* (1), dont nous

---

(1) Dans son édition en deux volumes du *Tristan* allemand de Gottfried (Breslau, 1823), Hagen a publié en quelques pages le seul fragment qui reste, et encore tout mutilé, du poème fran

avons eu en France l'impardonnable tort de perdre l'original, lequel ne se retrouve plus nulle part dans aucune bibliothèque publique ou privée.

En Angleterre, on ne resta pas oisif. Walter Scott, pour se préparer à ses propres conceptions, publia le *Tristrem Écossais*, Southey la *Mort d'Arthus*, en deux volumes in-4°. Je pourrais remplir ces pages des titres seulement de travaux analogues dus aux hommes les plus éminents de notre époque, tels que Goethe, Tieck, les frères Schlegel (1). Qu'en est-il résulté ? A l'aide de nos propres ressources, que nous nous obstinons à vouloir ignorer, les étrangers ont fondé chez eux la critique des temps modernes sur une base assurée. Grâce à la publication des monuments, la lumière peut se faire sur les antiquités nationales celtiques, druidiques, chrétiennes, au moins autant que sur l'antiquité grecque ou romaine. Au lieu que chez nous, on peut dire que, faute de ces bases primitives, tout est vacillant dans la critique des temps modernes ; aucune grave question d'origine, de race ou d'art, n'y a de solution possible.

C'est d'après ces considérations que je me suis

çais. Nous ne craignons pas d'être démenti par un juge compétent, en disant que cet épisode, sauvé on ne sait comment, peut être comparé, pour la profondeur et la grâce, à ce que l'on a produit de plus parfait.

(1) Fréd. Schlegel a traduit Gérard de Nevers.

résolu à faire tout ce qui dépendra de moi pour tirer de l'oubli où on les laisse ces monuments du génie national, si importants qu'il n'en est point qui les surpasse. Déjà je préparais les matériaux nécessaires à une collection des principaux débris de nos cycles héroïques quand je fus envoyé en Morée par l'Institut. Depuis, la nécessité de ce travail m'a paru de plus en plus imminente, à mesure que mes recherches sur ce sujet se sont aussi accrues. Après avoir, en divers voyages, comparé les manuscrits allemands avec les manuscrits français, il n'y avait pour moi qu'un embarras entre tant de richesses, celui du choix. Ne pouvant publier à la fois qu'un seul de ces poèmes, je me suis arrêté d'abord à deux épopées d'un caractère entièrement différent, au Brut et au Parceval. Il serait vraiment à regretter que l'une et l'autre ne fussent pas immédiatement publiées ; mais, devant opter pour l'une d'elles, je me suis décidé pour le Parceval. Voici par quelles raisons.

Le Brut, il est vrai, a une richesse incalculable de traditions historiques : ce sera la mine nécessaire de toutes les recherches futures sur nos origines; mais le génie de l'écrivain, quoiqu'il s'y décèle par intervalles, est enchaîné au texte de la généalogie d'un peuple ; et j'espère, dans mon introduction générale, donner un examen suffisamment complet des éléments historiques du Brut, en attendant la publication, qui est indispensable (1).

Quant au Parceval, c'est une œuvre d'artiste : langue, couleur, récit, plan, tout est là d'un grand et puissant écrivain ; le mutiler dans un résumé, serait un sacrilège; on n'y peut pas songer. Ce poème a vingt mille vers, presque le double de l'Odyssée. C'est le fruit le plus beau, le plus suave, le plus riche de notre littérature jusqu'à Louis XIII et Louis XIV, puisque le Tristan est perdu. Il formera deux volumes que précédera un travail étendu sur les sources des traditions celtiques, et le rapport qu'elles ont avec l'Orient et le Nord. A la seule comparaison des textes, les oppositions fondamentales par lesquelles les caractères des races se distinguent dans les poèmes germaniques, ou les *nibelungen*, et dans nos poèmes celto-romains, se montreront d'elles-mêmes. Il ne sera pas moins facile de découvrir, ce qui n'a pu être fait encore, faute de monuments, les différences nationales que les traducteurs étrangers ont introduites au moyen âge dans le système de nos cycles héroïques, et la part d'originalité qu'ils

---

(1) Il y a six ou sept ans, un savant Danois, M. Abrahams, vint à Paris tout exprès pour publier le Brut. Cette entreprise a été malheureusement abandonnée depuis fort longtemps. — Note de 1831.

Le Brut a été publié. — Note de 1857.

y ont apportée. A cette question doit répondre l'examen des manuscrits qui nous restent des Épopées tant françaises que provençales. Jusqu'ici, je n'ai parlé que de celles dont les traditions sont puisées dans le monde celtique et breton. Il en est d'autres qui sont d'origine franke et barbare. Un troisième cycle est entièrement fondé sur les souvenirs de la civilisation romaine et byzantine. Mais, quoique contemporains, jamais ces systèmes épiques ne se confondent; chacun poursuit son cours isolément sans dévier nulle part. S'ils descendent de sources opposées, il est surtout remarquable qu'ils ont chacun un rythme différent. Les poèmes d'origine celtique conservent tous le vers de huit syllabes, la mesure rapide du mouvement lyrique, la souplesse des chants populaires. Au contraire, les poèmes franks qui se groupent autour de Charlemagne, ont adopté le grand vers héroïque de dix ou de douze syllabes, le vers des Nibelungen, et des chansons latines.

Avec leur rime uniforme qui retentit toujours la même pendant des chants entiers, comme la lance sur le haubert, c'est la lourde marche, le sourd frémissement des bataillons appesantis sous l'armure et le harnais de la chevalerie naissante. Ainsi, par la forme autant que par le fond, ces épopées prennent soin elles-mêmes de se distinguer entre elles, comme l'accent, le vêtement, la condition des races, plutôt rassemblées et campées sur un même sol que confondues dans une même société ; on voit encore à découvert, dans l'ordre de formation historique, tous les fondements du monde moderne, qui plus tard se mêlent et se confondent dans l'harmonie idéale de Dante et d'Arioste.

Remarquez encore que les Latins avaient comme nous, dans les premiers siècles, des poèmes semblables aux nôtres, où toutes leurs traditions étaient contenues. Peu à peu ils les laissèrent périr, à mesure que l'intelligence de ces premières époques s'effaça davantage parmi eux. De là, la confusion et l'ignorance inouïe où ils arrivèrent touchant leurs origines. Il s'agit pour nous de ne pas retomber, après eux, dans la même faute ; il en est encore temps, quoique, ainsi que je l'ai dit plus haut, nos plus précieux manuscrits (1) et la plus belle de nos épopées

---

(1) Des quatre grandes épopées d'origine celtique, la première est perdue en langue française ; la seconde se trouve dans la bibliothèque du Vatican*. Il est indispensable d'en avoir au moins une copie. Celles qui nous restent sont *Lancelot* et *Parceval*. Les deux principaux manuscrits que l'on a de Parceval et qui se complètent l'un par l'autre, sont du commencement du treizième siècle, l'un grand in-folio, l'autre in-4° ; ils offrent de nombreuses variantes. Celui de la bibliothèque de l'Arsenal a disparu dans ces dernières années. Ce poème est dédié à Philippe, comte de Flandre, qui mourut à la croisade en 1191. Son auteur, Chrétien de Troyes, florissait dès l'an 1150. Après lui,

* Giron le Courtois. Vat. B. R. Chr. 1501.

soient déjà irréparablement perdus dans notre langue, et n'existent plus que dans les traductions étrangères. Je crois qu'il est inutile de montrer plus au long combien il est fâcheux pour l'histoire nationale, que les étrangers aient seuls, jusqu'à présent, le secret et les témoins de notre propre génie gallo-romain à son origine. Je ne sache pas qu'aucune entreprise plus nationale puisse vous être offerte, que de ressusciter ces merveilleux poèmes en qui nous trouvons tous les types les plus purs du génie de la France, et qui font remonter en arrière, de près de cinq siècles, sa grande ère littéraire et poétique.

On a compris dans ces derniers temps quelle protection est due à l'architecture du moyen âge; la conservation et la réparation de ces édifices sont devenues l'objet d'une attention particulière. Cette sauvegarde mise sur une partie de nos antiquités ne s'étendra-t-elle pas à ces monuments d'un autre genre qui ont suivi jusqu'à présent toutes les phases des cathédrales gothiques? Pour ceux-là, il ne s'agit pas de les conserver, mais bien de leur donner l'existence et de les

---

deux autres poètes continuèrent son ouvrage, qui ne fut achevé que vers la fin du siècle. Le Parceval allemand, de Wolfram d'Eschembach, l'un des chefs-d'œuvre de la grande époque des Hohenstauffen, a été composé entre 1195 et 1215, d'après l'original de Kyot de Provence, que nous n'avons plus, et qui différait beaucoup de celui de Chrétien de Troyes.

exhumer pour la première fois des manuscrits où ils demeurent ensevelis. Tout retard équivaut à une sorte de destruction ; leur influence, aujourd'hui si nécessaire, en s'ajournant plus longtemps, peut même finir par perdre son efficacité. Car ces monuments sont de ceux qui semblent avoir été tenus en réserve pour le temps où l'art national, après avoir épuisé toutes les voies et cherché toutes les solutions, ne peut plus retrouver de vie et de naturel qu'en se renouvelant dans les sources indigènes qui lui étaient restées inconnues.

1831.

FIN.

TABLE

LA GRÈCE MODERNE ET SES RAPPORTS AVEC L'ANTIQUITE.
(1829)

	Pages.
AVERTISSEMENT..	1
CHAPITRE Ier. — Les côtes de la Morée. — L'île de Sphactérie. — Navarin. — Modon.	9
CHAP. II. — Messène. — L'Ithôme.	25
CHAP. III. — L'Arcadie. — Mégalopolis. — Un orage sur le mont Lycée. — Le temple d'Apollon.	60
CHAP. IV. — Lycossure. — Harmonies de la nature et de l'art. — Une nuit au pied du Taygète.	83
CHAP. V. — Mistra. — Sparte. — Amyclée. — Les Doriens et les Croisés.	102
CHAP. VI. — Champ de bataille de Sellasie. — La Flore lacédémonienne. — Harmonies des formes végétales et des sociétés humaines. — Tripolitza. — Tégée.	129
CHAP. VII. — Mantinée. — Le président Capo-d'Istria. — Nikitas. — Colocotroni. — Caractère social de la révolution grecque.	145
CHAP. VIII. — Argos. — Tyrinthe. — Mycènes.	167
CHAP. IX. — Napoli. — Némée. — Corinthe. — Sicyone.	196
CHAP. X. — Hospitalité des monastères grecs. — Épidaure. — Égine. — Les fêtes de Pâques. — L'art éginétique.	212
CHAP. XI. — Athènes pendant le dernier siège.	236
CHAP. XII. — Les Cyclades. — Le Giaour. — Syra. — Les élections. — Retour.	272

DE L'HISTOIRE DE LA POÉSIE.
(1830-1836)

	Pages.
Avertissement.	291
Chapitre Ier. — L'épopée Grecque.—Homère a-t-il existé?	293
Chap. II. — Les Rhapsodes. — Comment ont été composés les poèmes d'Homère. — Si l'écriture était nécessaire	302
Chap. III. — Influence des poèmes d'Homère sur la religion et l'unité sociale des Grecs.	311
Chap. IV. — Qu'est devenue l'inspiration épique après Homère ? — Aristote. — Les modernes.	320
Chap. V. — L'épopée romaine. — Traditions nationales de l'Italie ancienne. — Système de Niebuhr.	328
Chap. VI. — Réfutation du système de Niebuhr. — Hypothèse d'une épopée plébéienne. — Le chant populaire chez les Romains	335
Chap. VII. — Pourquoi l'imitation a été la règle des Romains.	349
Chap. VIII. — Caractères différents de la décadence chez les anciens et les modernes.	361
Chap. IX. — L'épopée française. — Les légendes, les chants de guerre. — Traditions celtiques. — Cycle d'Arthus.	369
Chap. X. — Épopées Carlovingiennes. — Différences de l'histoire et de la tradition populaire. — Caractère des trouvères français.	385
Chap. XI. — Quel rang occupent dans l'art les poèmes chevaleresques ? Comment ils étaient composés et publiés. — Les rhapsodes du moyen âge.	395
Chap. XII. — Les poèmes originaux et les versions étrangères. — Unité de la poésie au moyen âge. — Le Tristan français et le Tristan allemand.	401
Chap. XIII. — Que la grande époque de la poésie française remonte au douzième siècle	408
Chap. XIV. — Pourquoi l'esprit français a rejeté les traditions nationales.	417
Chap. XV. — L'épopée allemande. — Des traditions germaniques. — Les migrations. — Les Eddas. — Premiers éléments des poèmes des Nibelungs.	426
Chap. XVI. — Théogonie des Barbares. — Leurs traditions populaires comparées aux traditions des Grecs. — Les contes de fées.	441
Chap. XVII. — Le christianisme est étranger aux Nibe-	

lungs. — Caractère iconoclaste de ce poème. — Opinions de la critique moderne.................. 451
CHAP. XVIII. — Traditions épiques des Slaves. — Chants populaires, héroïques des Bohêmes............ 457

DES ÉPOPÉES FRANÇAISES INÉDITES DU DOUZIÈME SIÈCLE.

AVERTISSEMENT..................... 479
Épopées françaises inédites du douzième siècle........ 485

FIN DE LA TABLE.

Paris. Soc. d'imprimerie PAUL DUPONT. (Cl.) 136. 4 82.

EDGAR QUINET

La démocratie républicaine, tenant à honneur d'élever un monument aux lettres françaises et de populariser l'œuvre du penseur, du citoyen qui a si fidelement servi la patrie et la liberté, forme un Comité pour la publication des *Œuvres complètes* d'Edgar Quinet. Cette édition comprendra tous ses ouvrages (1825 à 1875), épuisés ou disséminés par vingt ans d'exil, et ses manuscrits inédits. Elle réunira à la fois les cours du professeur de Lyon et du Collège de France, l'œuvre entière de l'historien, du poète, de l'exilé et de l'intrépide adversaire de l'esprit clérical.

Philosophie. — Cours de Lyon. — Collège de France. Génie des Religions. Origine des dieux. Les Jésuites. L'Ultramontanisme. Introduction à la philosophie de l'histoire. Essai sur Herder. Examen de la vie de Jésus. Le Christianisme et la Révolution française. Philosophie de l'histoire de France. La Création. L'Esprit Nouveau. Vie et mort du génie grec.

Histoire : Les Révolutions d'Italie. Marnix. Fondation de la République des Provinces-Unies. Les Roumains.
La Révolution. Histoire de la campagne de 1815.

Voyages. — Critique littéraire : La Grèce moderne. Allemagne et Italie. Mes vacances en Espagne. Histoire de la Poésie. Epopées françaises. Mélanges.

Politique et Religion : Enseignement du peuple. La Révolution religieuse au xixe siècle. Situation morale et politique. La Croisade romaine. La Sainte-Alliance en Portugal. Pologne et Rome. Etat de siège. Le Panthéon. Le siège de Paris et la Défense nationale. La République. Le Livre de l'Exilé. Œuvres diverses.

Poèmes : Prométhée. Napoléon. Les Esclaves. Ahasvérus Merlin l'Enchanteur.

Autobiographie : Histoire de mes Idées. Correspondance.

Ont signé

PARIS : Ed. ADAM, ALLAIN-TARGÉ, BAMBERGER, BARODET, Louis BLANC, BRELAY, Henri BRISSON, CARNOT, CAZOT, CORBON, CRÉMIEUX, CANTAGREL, G. CASSE, CLÉMENCEAU, DENFERT-ROCHEREAU, DESCHANEL, FLOQUET, GAMBETTA, GREPPO, HÉROLD, Laurent PICHAT, LE ROYER, MARMOTTAN, Pascal DUPRAT, PEYRAT, B. RASPAIL, SCHEURER-KESTNER, SCHOELCHER, C. SÉE, SPULLER, TALANDIER, TIRARD, Victor HUGO (députés et sénateurs); ASSELINE, BIXIO, BONNARD, BONNET-DUVERDIER, Dr BOURNEVILLE, BRALERET, BRISSON, CADET, CASTAGNARY, CLAMAGERAN, Dr CLAVEL, COLLIN, Fr. COMBES, L. COMBES, DEBERLE, DELATTRE, DELIGNY, DENIZOT, Dr DUBOIS, DUJARRIER, DUMAS, ENGELHARD, FERRÉ, FOREST, GERMER-BAILLIÈRE, Yves GUYOT, HARANT, DE HÉRÉDIA, HÉRISSON, JACQUES, JOBBÉ-DUVAL, Sigismond LACROIX, LAFONT, LAUTH, Ernest LEFEVRE, LENEVEUX, LÉVEILLÉ, Dr LEVEL, Dr LEVRAUD, D^r Ch. LOISEAU, MALLET, MANET, MARAIS, MARSOULAN, Dr G. MARTIN, MATHÉ, MAUBLANC, Dr METIVIER, MORIN, MURAT, OUTIN, PÉRINELLE, RÉTY, E. RIGAUT, SONGEON, THOREL, Dr THULIÉ, VAUTIER, VIOLLET-LEDUC (membres du Conseil municipal de Paris).

D' Béclard, Hunebelle, Jacquet, Moreaux, Villeneuve (membres du Conseil général de la Seine). — **AIN** : Chaley, Gros-Gurin, Mercier, Robin, Tiersot, Tondu. — **AISNE** : Malézieux, Henri Martin, Éd. Turquet, Villain. — **ALLIER** : Cornil, Chantemille, Defoulenay, Laussedat. — **BASSES-ALPES** : Allemand. — **ARDÈCHE** : Challamet, Gleizal. — **AUBE** : Masson de Morfontaine. — **AUDE** : Bonnel, Marcou, Rougé. — **BOUCHES-DU-RHONE** : Bouchet, Bouquet, Labadie, Lockroy, Pelletan, F. Raspail, Tardieu. — **CHARENTE** : Duclaud — **CHER** : Devoucoux, Giraud, Rollet. — **CORRÈZE** : Général de Chanal, Latrade, Le Cherbonnier. — **CORSE** : Bartoli. — **COTE-D'OR** : Sadi Carnot, Dubois, Hugot, Joigneaux, Lévêque, Magnin, Mazeau, (députés et sénateurs), Amiel, Barberot, Beleime, Bouchard, D° Brulet, Coquengniot, Court, Cousturier, D' Cunisset, Enfert, (maire de Dijon) ; Garnier, président de la commission départementale ; Gleize, Leroy (secrétaire du Conseil général); Louet, Meugniot, Muteau, (secrétaire du Conseil général). Perdrix (vice-président du Conseil général) ; Piot, Robelin, (conseillers généraux). — **CREUSE** : Moreau, Nadaud. — **DORDOGNE** : Garrigat, Montagut. — **DOUBS** : Albert Grévy, Oudet, Viette. — **DROME** : Chevandier, Loubel, Madier-Montjau. — **EURE-ET-LOIR** : Dreux, Gatineau, Labiche, Maunoury, Noël Parfait, Truelle. — **FINISTÈRE** : Hémon, de Pompéry, Swiney. — **GARD** : Bousquet, Ducamp, Laget, Marcellin Pellet. — **HAUTE-GARONNE** : Constans, Duportal. — **GIRONDE** : Dupouy, Fourcand, Lalanne, Roudier, Simiot. — **HÉRAULT** : Devès, Lisbonne, Vernhes. — **ILLE-ET-VILAINE** : Le Pomellec. — **INDRE** : Leconte. — **ISÈRE** : Bravet, Brillier, Buyat, F. Raymond. Riondel. — **JURA** : Gagneur, Lelièvre, Tamisier, Thurel. — **LANDES** : Loustalot. — **LOIR-ET-CHER** : Dufay, Lesguillon, Tassin. — **LOIRE** : Bertholon, Chavassieu, Crozet Fourneyron. — **HAUTE-LOIRE** : Maigne. — **LOIRE-INFÉRIEURE** : Laisant (député) ; Lauriol, Leroux, Normand, Roch, Vezin (conseiller général). — **LOT-ET-GARONNE** : Fallières de Lafitte — **MAINE-ET-LOIRE** : Benoist, Maillé. — **MARNE** : Leblond. — **HAUTE-MARNE** : Maitret. — **MEURTHE-ET-MOSELLE** : Berlet, Cosson, Duvaux. — **MEUSE** : Liouville. — **MORBIHAN** : Ratier. — **NIÈVRE** : Girerd, Turigny. — **NORD** : Louis Legrand, Masure, Scrépel, Testelin, Trystram. — **PUY-DE-DOME** : Bardoux, Salneuve, Tallon. — **PYRÉNÉES-ORIENTALES** : Em. Arago, Escanyé, Escarguel, Massot. — **RHONE** : Andrieux, Durand, Jules Favre, Guyot, Millaud, Ordinaire, Valentin, Varambon (députés et sénateurs) ; — D' Alexis Chavannes (président du Conseil municipal de Lyon), Falconnet (président du Conseil général du Rhône), Carle, Gomat, Million, Vallier (conseillers généraux). — **HAUTE-SAONE** : Noirot, Versigny. — **SAONE-ET-LOIRE** : Boysset, général Guillemaut, de Lacretelle, Logerotte, Margue, Ch. Rolland, Sarrien (députés et sénateurs); Baudu, Bessard, Boullay, Bouiloud, Carion, Dulac, H. Druard, Ph. Druard, Gilliot, L. Goujon, L. Mathey, J. Martin Rambaud, E. Reyneau, Roberjot, Flochon, Sorlin, A. Thomas, Truchot (conseillers généraux). — **SEINE-INFÉRIEURE** : Desseaux, Le Cesne. — **SEINE-ET-MARNE** : Menier, Plessier, Sallard. — **SEINE-ET-OISE** : Albert Joly, Journault, Langlois. — **DEUX-SÈVRES** : Antonin Proust — **SOMME** : Barni, Douville-Maillefeu, Mollien. — **TARN** : Bernard Lavergne. — **VAR** : Allègre, Cotte, Daumas, Dréo, Ferrouillat. — **VAUCLUSE** : Gent, Naquet, Poujade. — **VENDÉE** : Beaussire. — **HAUTE-VIENNE** : Godet, Georges Périn. — **VOSGES** : Jules Ferry, Georges, Jeanmaire, Méline, Ponlevoy. — **YONNE** : Paul Bert, Dethou, Guichard, Lepère, Ribière. — **ALGÉRIE** : Gastu, Jacques, Alexis Lambert, Lelièvre. — **COLONIES** ; Godissart, Lacascade, Laserve, De Mahy (sénateurs et députés).

LA VILLE DE BOURG.

P. Bataillard, Alfred Dumesnil, Auguste Marie, Paul Meurice, Eugène Noel, Auguste Préault (membres du Comité de 1856, pour la publication des Œuvres complètes, édition Pagnerre).

Paris, 4 *août* 1876.

SOUSCRIPTION NATIONALE DE 1876
A L'ÉDITION DES ŒUVRES COMPLÈTES
D'EDGAR QUINET

Les admirateurs du grand penseur et du grand écrivain que la France a perdu l'année dernière, ceux qui regrettent dans Edgar Quinet le patriote inébranlable comme l'éloquent et profond philosophe, jugeront tous, comme nous, que le pays qu'il a tant honoré doit un monument à sa mémoire, et que le monument le plus digne de lui serait la publication intégrale de ses œuvres.

Nous proposons donc à ceux de nos concitoyens qui partagent les sentiments que nous avons voués à ce mort illustre, l'ouverture d'une souscription pour aider à préparer et à commencer cette œuvre vraiment nationale. Cette souscription serait fixée à 20 francs.

Il nous a paru qu'il conviendrait d'inaugurer la série des œuvres d'Edgar Quinet par la publication de sa correspondance inédite, qui ne saurait manquer d'offrir de précieux documents à l'histoire contemporaine. Les personnes qui enverront une souscription de 20 francs auront droit à recevoir *deux volumes de Lettres inédites*, et *quatre volumes des Œuvres complètes*.

EDMOND ABOUT, Publiciste; BARDOUX, Député; BATAILLARD, Publiciste; LOUIS BLANC, Député; H. BRISSON, Député; CARNOT, Sénateur; CASTAGNARY, Conseiller municipal; A. CRÉMIEUX, Sénateur; A. DUMESNIL, Publiciste; J. FERRY, Député; GERMER BAILLIÈRE, Conseiller municipal; HARANT, Conseiller municipal; A. MARIE; H. MARTIN, Sénateur; LAURENT-PICHAT, Sénateur; E. LEFÈVRE, Conseiller municipal; P. MEURICE, Publiciste; E. MILLAUD, Député; E. NOEL, Publiciste; E. PELLETAN, Sénateur; A. PREAULT; Dr ROBIN, Sénateur; SPULLER, Député; TIERSOT, Député; VACQUERIE, Publiciste; E. VALENTIN, Sénateur; VICTOR HUGO, Sénateur; VIOLLET-LE-DUC, Conseiller municipal.

ŒUVRES COMPLÈTES D'EDGAR QUINET
Trente volumes in-18
CHAQUE VOLUME SÉPARÉMENT : 3 fr. 50

Philosophie. — Génie des Religions. Origines des dieux. Les Jésuites. L'Ultramontanisme. Introduction à la philosophie de l'histoire. Essai sur Herder. — Examen de la Vie de Jésus. Le Christianisme et la Révolution française. Philosophie de l'histoire de France. La Création. L'Esprit Nouveau. Vie et mort du Génie grec.

Histoire. Les Révolutions d'Italie. Marnix. Fondation de la République des Provinces-Unies. Les Roumains.

La Révolution. Histoire de la campagne de 1815.

Voyages. — **Critique littéraire.** La Grèce moderne. Allemagne et Italie. Mes vacances en Espagne. Histoire de la Poésie. Épopées françaises. Mélanges.

Politique et Religion : Enseignement du peuple. La Révolution religieuse au XIXe siècle. Situation morale et politique. La Croisade romaine. La Sainte-Alliance en Portugal. Pologne et Rome. État de siège. Le Panthéon. Le Siège de Paris et la Défense nationale. La République. Le Livre de l'Exilé. Œuvres diverses.

Poèmes : Prométhée. Napoléon. Les Esclaves. Ahasvérus. Merlin l'Enchanteur.

Autobiographie : Histoire de mes idées. Correspondance.

Paris. — Imp. PAUL DUPONT (Cl.) 436 bis.7.95.

www.ingramcontent.com/pod-product-compliance
Lightning Source LLC
Chambersburg PA
CBHW051129230426
43670CB00007B/739